U0500099

丛

第三辑

先秦儒家工夫论研究

王　正/著

本书是中国博士后科学基金面上资助第56批（项目编号：2014M560858）的成果

知识产权出版社

全国百佳图书出版单位

图书在版编目（CIP）数据

先秦儒家工夫论研究 / 王正著. — 北京：知识产权出版社，2015.8

（儒生文丛 / 任重主编. 第3辑）

ISBN 978-7-5130-3479-1

Ⅰ.①先… Ⅱ.①王… Ⅲ.①儒家—研究 Ⅳ.①B222.05

中国版本图书馆 CIP 数据核字（2015）第 091866 号

责任编辑：江宜玲　　　　　　　责任校对：董志英

封面设计：张　冀　　　　　　　责任出版：刘译文

儒生文丛（第三辑）

先秦儒家工夫论研究

XIANQIN RUJIA GONGFULUN YANJIU

王　正◎著

出版发行：知识产权出版社 有限责任公司	网　　址：http：//www.ipph.cn
社　　址：北京市海淀区马甸南村 1 号（邮编：100088）	天猫旗舰店：http://zscqcbs.tmall.com
责编电话：010-82000860 转 8339	责 编 邮 箱：jiangyiling@cnipr.com
发行电话：010-82000860 转 8101/8102	发 行 传 真：010-82000893/82005070/82000270
印　　刷：北京科信印刷有限公司	经　　销：各大网上书店、新华书店及相关专业书店
开　　本：787mm×1092mm　1/16	印　　张：16.25
版　　次：2015 年 8 月第 1 版	印　　次：2015 年 8 月第 1 次印刷
字　　数：204 千字	定　　价：48.00 元

ISBN 978-7-5130-3479-1

"儒生文丛"总序

儒生者，信奉儒家价值之读书人也。"儒生文丛"者，儒家读书人之心声见于言说者也。近世以降，儒家斯文扫地，儒学几近中绝。国人等儒学于土苴，士夫视孔道为寇仇，遂使五千年尧舜故国儒家读书人渐稀，亿万万中华神胄儒生难觅！然则，所谓儒生者，儒家价值之担当者也；儒家价值者，神州中国之传承也；中国不复有儒生，是儒家价值无担当，中国之价值有所欠缺也。悲乎，痛矣！寅恪翁之言也！

今日中国，儒道再兴。儒生之见于神州大地，数十载于兹矣。今日中国文化之复兴，亦需今日儒生之努力，而儒家价值之传承，亦端赖今日儒生之兴起也。

"儒生文丛"主编任重君，儒生也。倾一己之力，编辑"儒生文丛"，欲使国人知晓数十年来儒家回归、儒教研究与儒学复兴之历程，进而欲使今日之中国知晓当今儒生之心声。故"儒生文丛"之刊出，不特有助于中国文化之复兴，于当今中国之世道人心，亦大有裨益也。

壬辰夏，余山居，任重君索序于余，余乐为之序云。

盘山叟蒋庆序于龙场阳明精舍俟圣园之无闷居

（吹剑修订于 2015 年）

目 录

绪　论

先秦儒学是儒学发展的第一期，也是儒家思想范式的建立期。因此，研究先秦儒学有助于从整体上把握儒家思想。而工夫论，则是儒家思想中的重要组成部分。因为儒家追求的目标是成圣成贤、内圣外王，而任何一个儒者想要达成此目标，都必须经过工夫的修养。因此，工夫论成为儒学中不可缺少的一环，具有基础性意义。所以，我们探讨先秦儒家工夫论的内容、起源和发展具有重要的理论意义和实践价值。

第一节　问题的界定与研究意义

在进入具体的讨论之前，我们首先对什么是工夫论、先秦儒家工夫论的主要讨论范围以及当下研究先秦儒家工夫论的意义等基础问题进行讨论，以确定论题的有效性和意义。

一、何谓工夫论

工夫论有广义和狭义之分，广义的工夫论就是儒家所讲的如何实现内圣外王的具体方法。其中既包含了内圣方面的道德修养和实践、心性工夫与内在超越，也包括了外王方面的治国、外交、军事等能力的习得与养成。因此，工夫论是每一个儒者都必须要做的，而且每一个儒者都应该始终处于做工夫的过程之中。因为在儒家看来，内圣外王不是阶段性可以完结的，而是贯穿生命始终的。因此，广义的工夫论至少应当包括三个方面的内容：①道德的体认、践行与内在超越；②知识的获得与实际致用；③技能的习得与现实运用。但是，有关客观世界的知识在儒家这里不具有真正独立的意义。儒家的知识主要是关于道德实践和政治技能的知识，所以实际上仍是内圣与外王两个方面的工夫。

然而，因为外王方面的实践需要很多客观条件，而且儒家认为外王要从内圣推出，所以儒家工夫论在很大程度上是偏重于内圣的，也就是如何获得道德认知、培养道德意识、进行道德实践、提升道德境界以及进行心性上的内在超越等问题。在这个过程中，既涉及道德认识的问题，也涉及道德修养、道德实践的问题，更含有心性上通过内在超越达到天人合一的问题，所以"工夫"一词要比修养等词汇的外延更大、包含更全。这也是本书采用"工夫"一词的原因。这一方面的工夫论可以称作狭义的工夫论，而这也是宋明儒学所主要关注的。

一般来讲，学界认为宋明儒者的工夫论偏重于狭义的内圣方面，这使得"工夫论"一词的使用常常集中在狭义的一面。但是就先秦儒家来讲，他们的工夫论其实是贯穿内圣外王的、广义的工夫论。在先秦儒者看来，工夫论指的是在一生的时间、空间中不尽的努力，指向的是君子人格、圣人境界、外王理想。因而他们的工夫论的内容十分丰富，范围也非常广大。具体说来，先秦儒者的工夫论集中于以下三个范围。

（1）学的范围。先秦儒者特别强调学习，而他们的学包括了大六艺和小六艺，既包含古典文献，也包含实用技能。同时他们特别重视对礼乐文明的学习，自觉地以礼来规范自身的言行。

（2）思的范围。先秦儒者特别重视人不同于其他物类的独特性，并认为人的独特性在很大程度上体现于"心之思"。而儒家的"思"，虽也有认知理性的意义，但更多的是道德理性的意义。也就是通过"思"来确定人的道德主体性，所谓"三省吾身""诚意""慎独""求放心"等莫不如此。

（3）行的范围。先秦儒家特别重视行，即将学、思所得的认识、领悟付诸实践、致用，以求内圣外王的实现。因此，本书的讨论既然以先秦儒家工夫论为主题，那么关注的当是广义的工夫论。当然，狭义的内圣工夫是其中重要的组成部分。

二、研究先秦儒家工夫论的现代意义

目前学界对儒家工夫论的探讨，更多的集中于宋明理学中的工夫论思想；对先秦儒家工夫论虽也有探讨，但重视程度明显不足。其实，作为宋明理学之根的先秦儒学，对工夫已经有了很深入、细致的思考。从孔子的"克己复礼"，到《大学》的"明明德""格物、致知、诚意、正心、修身"，《中庸》的"慎独""择善固执""其次致曲"，再到孟子的"求放心""养夜气"，荀子的"虚一而静""化性起伪"等，无一不是具有重要理论和实践意义的工夫论思想，值得我们认真研究和反思。因此，探讨先秦儒家的工夫论将有助于我们更全面地理解儒家。

而先秦儒家工夫论指向的目标，是使人首先成为一个挺立了道德主体的人。为此，它给我们提供了一系列至今仍有价值的道德修养方法，如"慎独""诚意"等。这在当代具有巨大的实践意义。先秦儒家工夫论中所包含的内外兼修、身心并建的双重面向，对我们当前的个人人格建设以及教育改良，也具有借鉴意义。

第二节　对研究现状的考察

工夫论是儒家"下学而上达"中"下学"的主要部分，是儒者

实现成圣、成贤目标的必要条件，因此对它的研究和实践代不乏人。不过，随着近代以来中国学术研究范式的转移和分科研究的建立，工夫论在哲学研究中并不是一个引人注目的问题。虽然研究中国哲学史和儒家哲学的著作一般也会提及工夫论，但是学者们大都没有把对它的研究作为一个单独的领域来进行。因此，工夫论研究的成果远不如人性论、心性论、形上学、宇宙论这些方面多。这一情况自 20 世纪 80 年代以来，开始得到改善。大陆方面，随着文化热、国学热的兴起，学者们开始认真而全面地研究儒家。因此，儒家的工夫修养论重新得到很多学者的重视，专门研究的论文和专著逐渐增多。而在港台方面，随着第二代新儒家的老去，后辈学者开始以更开放的眼光看待儒学，气论、身体观等问题开始成为研究儒学的新视野。这样，儒家工夫论也成为港台新儒学中一个重要的研究领域。因此，总结既有的先秦儒家工夫论的研究状况，可以判分为两个阶段：第一个阶段是自中国哲学这一学科建立起到 20 世纪 70 年代末为止，这一时期的工夫论研究基本是不独立出现的。但当时的各位大师、学者在他们的著作中都或多或少地提及工夫论的内容，而且他们的很多见解在今日仍然闪耀着真理的光辉；第二个阶段是自 20 世纪 80 年代以来的工夫论研究，工夫论开始具有了独立的研究意义。而且伴随着出土文献的发掘以及更多解读视角的开辟，先秦儒家工夫论的研究开始进入一个新的阶段。本书即欲在这样一个新的阶段中，做出自己的一些贡献。

一、第一个阶段先秦儒家工夫论研究综述

在第一个阶段的研究中，梁启超、冯友兰、李源澄、梁漱溟、牟宗三、徐复观、劳思光等先生，都对先秦儒家工夫论提出了自己的看法。

梁启超先生在《儒家哲学》（1926）一书中指出："儒家哲学，范围广博，概括说起来，其用功所在，可以《论语》'修己安人'一

语括之。其学问最高目的，可以《庄子》'内圣外王'一语括之。做修己的工夫，做到极处，就是内圣；做安人的工夫，做到极处，就是外王。至于条理次第，以《大学》上说得最简明。……《论语》说'修己以安人'，加上一个'以'字，正是将外王学纳入内圣之中，一切以个人的自己为出发点。以现在语解释之，即专注重如何养成健全人格。"梁启超先生一语道破了儒家哲学的基本架构，而他讲儒学所关注的重点在于工夫修养论，更是真知灼见。

冯友兰先生在他奠定中国哲学研究范式的两卷本《中国哲学史》（1934）中指出："中国哲学家注重'内圣'之道，故所讲修养之方法，即所谓'为学之方'，极为详尽。"这里指出中国哲学家一贯重视工夫修养论。冯先生认为："孔子教弟子，完全欲使之成'人'。"所以他以大小六艺教育弟子，并以"忠恕之道"为实现仁道的修养方法。而孟子的工夫论则主要有扩充"四端"、养"夜气""求放心"。他还指出："中国哲学中，孟子派之儒家，及庄子派之道家，皆以神秘境界为最高境界，以神秘经验为个人修养之最高成就。但两家之所用以达此最高境界、最高目的之方法不同。道家所用之方法，乃以纯粹经验忘我；儒家所用之方法，乃以'爱之事业'（叔本华所用名词）去私。"这一比较，对我们理解儒家、道家工夫论的关系，很有益处。

李源澄，是一位一直为学界所忽略的近代学者，但他对先秦儒家工夫论的研究非常深入。他在《儒道两家之论身心情欲》（1946）一文中指出："春秋以前，礼教未坏，士大夫熏陶于礼教之中。循礼则为君子，悖礼则为小人，礼教之外，无所谓修养之道。迨春秋之末，社会日变，民志不定，礼失其效，而道德日以陵夷，于是修养之道，始为时之哲人所论究。至于汉初，历时数百年，吾国人之道德修养率奠定于此，举凡宋明儒者所致意者，率已发其端。"这是对先秦儒家工夫论的来源及其影响的重要论述。他进一步指出，孔子之教虽然"以礼为先",但根本的措意所在为"仁"。因此孔子之学"为仁学、为心学",儒家工夫论从一开始就关注于心。孟子"发挥心之功用为极致",而且"孟子言性善,当合身与心而言,心固善也,身亦不可谓不善也"。因此孟子在工夫论上,一方面"不仅不绝情,而主于达情,……于私人修养,则主寡欲,……盖寡欲正所以同欲,多欲者必不能与人同欲,两者实相反相成也";另一方面"心与身为君臣关系,主从关系,理性与感情亦然。……不动心所以赖乎养气之功者,使心气合一而感情与理性交融也"。这对我们现在理解儒家工夫论中心、性、情、身、气的关系,仍有帮助。而对于荀子,李源澄先生认为:"春秋以来,言私人修养,本由于礼坏乐崩,人失其守,由政治问题,转为修养问题,荀子复欲还之政治而以政治解决之。……举春秋以来所论究之心身情欲理气诸问题,而用礼以解决之。……推原礼之功用,正以对治人之情欲。……治心之要,不外二端,以知言心,则重在解蔽;以情言心,则重在去私。"其对荀子思想的解析堪称切中肯綮。

作为公认的第一代新儒家,梁漱溟先生对工夫论极其重视。他在为《〈礼记·大学篇〉伍严两家解说》(1965)所写的"序"中指出:"儒家之学在求仁。'仁者,人也',即求实践其所以为人者而已。孟子固常言之:'形色天性,唯圣人为能践形。'儒家之学,要不外践形尽性,非有他也。"这也是将儒学归本于工夫修养之学。他认为,儒家修养的工夫当从《大学》入手,而他最推崇的是伍庸伯对《大学》的解释。他指出:"伍先生之讲'格物致知'也,全从《大学》本文内得其训释:'格物'即格其'物有本末'之物,'致知'即致其'知所先后'之知。天下、国、家、身四者一皆物也,而其本在身。达其本末,知所先务,一以修身为本(事事责己不责人),则心思力气一向驰骛乎外者渐得收拢来,刻刻在自身意念行动上用工夫,便自近道。……工夫要在诚意上做,而格物致知则其前提,以引入诚意者也。诚意工夫如何做？慎独、毋自欺是已。"梁漱溟先生认为，从文本的角度来讲，伍庸伯先生的看法是正确的，而且其将工夫归结到诚意和慎独上是最真切、最利于入手的。

作为港台新儒家的代表，牟宗三先生以汇通康德哲学来哲理化儒家思想。因此他更重视儒家的心性之学，而对儒家思想中工夫论以及气论的面向重视不够。尽管如此，他对先秦儒家工夫论的一些论述仍是真知灼见。例如，他在《中国哲学的特质》（1963）一书中指出："言工夫，一般人都易以为始自宋儒。其实孔子要人做仁者，要人践仁，此'践仁'即是工夫。孟子道性善，言存养扩充，尽心知性，此所言者，无一不是工夫。又孟子言养浩然之气，则更是工夫之著者。《大学》言明明德，言格物致知、正心诚意，均是道德实践的工夫。至于修身齐家治国平天下，更是实践的工夫。有'实践'处，便无不有工夫在。《中庸》言慎独、致中和——自喜怒哀乐处言致中和，此都是工夫。讲五达德、三达道，皆不能违离诚，而诚即是工夫。所谓'诚者自诚，不诚无物'，诚是关键之所在，亦即工夫之所在。"另外，牟先生对"慎独"的分析颇有见地。他在《中国哲学十九讲》（1983）中谈到："《中庸》讲'慎独'就是讲主体，是从工夫上开主体。《大学》也讲慎独。慎独这个学问是扣紧道德意识而发出来的。慎独这个观念孔子没讲，孟子也没讲。如果你要追溯这个观念的历史渊源，那当该追溯到谁呢？当该是曾子。慎独是严格的道德意识，在孔门中道德意识最强的是哪一个？就是曾子。……孟子曾经用两个字来说曾子，就是'守约'这两个字。守约就是慎独的精神。所以，慎独这个观念是紧扣孔门下来的。"这里对慎独之渊源及其在工夫论中之重要性的论述，堪为确论。

而另一位从思想史角度入手的新儒家徐复观先生，在《中国人性论史》（1962）中对先秦儒家工夫论有更多的讨论。他认为："由孔子而开始有学的方法的自觉，因而奠定了中国学术发展的基础。……西周金文中，已出现不少'学'字；春秋时代，已经有很明确的学的自觉；但似乎还没有明确的方法的自觉。中国似乎到孔子才有此一自觉。……《论语》上所说的学，有广狭两义。广义的学，兼知识、德行二者而言。狭义的学，则常是对德行而专指追求知识。"这里对孔子之"学"的解析，对我们理解工夫论发展的历史及其内涵具有意义。"为学的总的精神，我想以'主忠信'做代表。……一切方法、工夫，皆应由忠信精神所贯注，否则便知是空话。"这是对孔子工夫论的一些讨论。对于《大学》《中庸》中的工夫，他指出："'慎独'是在意念初动的时候，省察其是出于性抑是出于生理的欲望。……没有这种工夫，则人所率的，并不是天命之性，而只是生理的欲望。"不过，在徐先生看来，儒家最核心的工夫还在于"诚意""诚意在孔子为'忠信'，在《中庸》为'慎独'，在孟子则为'持志'。……诚意，是先秦儒家修养工夫发展的顶点"。而对孟子的工夫论，徐先生指出其核心在于"践形"，而这可以从两方面来说："从充实道德的主体性来说，这即是孟子以集义养气的工夫，使生理之气变为理性的浩然之气。从道德的实践来说，践形即是道德之心，通过官能的天性、官能的能力，以向客观世界中实现。……对于心，在消极的方面便主张求放心；在积极的方面，则特别重视'养'。"至于荀子，徐先生指出他是"要以外在的善，代替本性所有的恶，则在知善之后，必须有一套工夫。这一套工夫，荀子称之为'化性起伪'"。

而在港台颇有影响的另一位研究中国哲学史的学者劳思光先生，虽非新儒家成员，但他在《新编中国哲学史》（1967）中对先秦儒家工夫论的探讨，也颇有值得吸收的营养。他认为，孔子的工夫论可以分为前后两个阶段："不惑'以前之工夫，皆用在自觉意志之培养上，'知天命'则转往客体性一面。'不惑'时已知义，再能'知命'，于是人所能主宰之领域与不能主宰之领域同时朗现。由是主客之分际皆定，故由耳顺而进入从心所欲之境界。"这一分析让我们对孔子工夫论的深刻哲学内涵有所思考。"孟子之本旨乃成德之学，以德性我为主宰，故必以志帅气，且必以心正言。……以志帅气，其最后境界为生命情意之理性化，至此境界之工夫过程即孟子所谓'养气'。……生命情意若皆能理性化，则经理性化后之生命力量，即浩浩然广大无际。""就学之本性言，荀子以为所谓为学即以文化成绩改造自身；就学之目的言，荀子以为在于成圣；就所致力之对象言，荀子言礼；就进学之方法言，则荀子以为应有诵数、择友及用思等数者。"这里对荀子工夫论的描述堪称全面。另外，他还把考察的范围扩展到《礼记》。如他指出："《乐记》之思想乃以道德控制情绪为主，……礼与乐之特性皆在于对情欲立一种限制，即所谓节；以便使情绪受理性之支配。"尽管他对《礼记》诸篇成书年代的认识有问题，但很多哲学分析足资借鉴。

在第一个阶段中，还有许多学者也对先秦儒家工夫论有所讨论，其成果也很值得我们借鉴。比如：郭沫若的《十批判书》，侯外庐等的《中国思想通史（第一卷）》，陈大齐的《孔孟荀学说》，钱穆的《四书释义》《孔子与论语》《先秦诸子系年》，唐君毅的《中国哲学原论》，罗光的《儒家生命哲学》，蔡仁厚的《孔孟学哲学》，高明的《礼学新探》，陈满铭的《中庸思想研究》等。

二、第二个阶段先秦儒家工夫论研究综述

经由第一个阶段的积累，伴随着视野的开拓、材料的丰富、研究的深入，儒家工夫论逐渐成为儒家哲学中一个具有独立意义的研究领域。而先秦儒家工夫论的研究成果也越来越多。

作为一位秉持唯物论的中国哲学研究者，张岱年先生对工夫修养论的关注在 20 世纪 80 年代起了承上启下的作用。在《中国伦理思想研究》（1989）一书中，他指出："中国古代哲学家，自孔子、老子以来，都重视修养，提出了比较丰富的关于修养方法与修养境

界的理论。'修'指修身，'养'指养性或养心。修养即提高觉悟、培养高尚的品德。……儒家提出'修身''养心'之说，认为人必须提高道德的自觉性，这是保持'人之所以异于禽兽者'、体现人的价值的自觉活动。性善论者以为人们具有先验的善性，而此善性必须加以发展扩而充之。性恶论者不承认先验的善性，而肯定人有总结经验的智力，应依此智力改造本性、培养品德。……孔子提出'修己'之说；修己即整饬自己的言行，使自己的言行无不合乎原则，这样就可以'安人'了。……孟子讲性善，所以提倡养性，即扩充固有的善端。孟子亦讲养心，他说'养心莫善于寡欲'。荀子讲性恶，所以不说养性，而主张'化性'。但荀子也讲'养心'，他说'君子养心莫善于诚'，并著有《修身》之篇。可以说，修身是儒家所共同重视的，而后世所谓修养，主要是孟子修身养性学说的发展。……《大学》《中庸》提出系统的修养学说。……《大学》修身之道在于'正心''诚意'；所谓诚意即贯彻善良意志，使自己的意志纯善无恶，好善而恶不善，即在任何情况之下都坚持贯彻自己的善良意志，其中包含慎独。……正心即调节感情、端正思虑。诚意正心都是内心修养的方法。……（《中庸》）修养的基本原则……最重要的是'尊德性而道问学''极高明而道中庸'两句。德性即是近代所谓理性，问学即接受前人的经验；兼重理性与经验。高明指认识宏深，中庸指行动适度；指虽有宏深的认识，而行动上没有矫异之处。"另外，张先生指出："道德修养方法固然包括认识方法，而主要是行动的方法，提高生活境界的方法。道德修养兼赅知与行两个方面。"这是对儒家工夫修养论的不刊之论。

同一时期，曹德本先生在《中国传统思想探索》（1988）一书中，对先秦诸子的工夫修养论有一概括性论述："春秋战国时期，修养论基本上是沿着三条线索而发展的。一是墨家的以节用为主，注重实践活动的修养论。二是道家注重无为、寡欲、贵柔、心斋、坐忘的修养论，是一种被动的虚静其心的修养方法。三是儒家强调人的主观能动作用，注重后天行为的修养论。"他还指出："儒家的后天修养论以孔子思、学、行作为开端，后来发展为两种倾向：一种倾向是以孟子为代表的内向型修养方法，即注重内心修养；一种倾向是以荀子为代表的外向型修养方法，即注重身体力行的修养。这两种倾向都被后世具体阐发并逐步完善。"其论述的细致之处虽有可商榷者，但大体框架的把握是可靠的。

对先秦儒家工夫论探讨比较全面的，是郑淑媛的《先秦儒家的精神追求与精神修养》（人民出版社 2006 年版）一书。该书在具体分析先秦儒家修养论的同时，提纲挈领地指出："在物质性存在的人和精神性存在的人之中，先秦儒家更重视人的精神性存在，认为人的精神性存在才是人的本质性存在。……所以，对于人的精神性存在的自觉和提升，成为儒家精神修养的根本目标。""先秦儒者的道德修养活动分为两个方面：一方面是认知和遵守外在的道德规范（礼）；另一方面是认知培养自身所蕴含的道德性（仁）。""儒家将天作为修养的根据，把与天合一作为修养的目标。……（但）修养学不离开人的日常生活。……修养方法是理性认知和内心体验的相互交融。"这些看法，是值得采纳的。

另外，孔德立在《早期儒家人道思想的形成与演变》（巴蜀书社 2010 年版）一书中指出，研究先秦儒家的工夫修养论，不能忽视礼的部分。"以往对《中庸》与《五行》的研究往往忽略了外在的'礼'，礼的行为意义与典范作用仍然存在，'外铄'的光源依然照耀着修身之路。……儒家修身教化思想中的'外铄'力量，正是在子思到孟子思想的过渡时期消失的。'外铄'的消失，很容易导致经典与权威力量的消解。'外铄'力量退出主流的思想世界之后，进一步强化了中国传统思想中的道德优先意识。虽然荀子努力恢复礼治，但由于荀子突出了礼治的强化作用，忽视了礼的引导教化功能，所以荀子思想中的礼不再是照耀人内心深处的精神光源，而是侧重于政治制度的建设。'外铄'力量消失以后，中国文化客观的神圣性进一步消解。这样，秦汉以后，儒家思想中最有创造力的部分，越来越转向内省之学。"这一论述要求我们在研究先秦儒家工夫论时，要更加全面和细致。

而冷天吉在其《知识与道德》（中国社会科学出版社 2009 年版）一书中指出："儒家的成圣工夫是致知与成圣的统一、为学与为道的统一、知与行的统一。……《论语》提出了'一以贯之''下学上达''博文约礼'，原创性地确立了儒家仁智统一的为学成圣范式……《大学》着重考察了明明德、止于至善的步骤和次序。……在这个节目次第中，致知格物是最基础的工夫，它不仅指出了工夫开始于人的理性学习，也指出了工夫不能脱离日常生活的事物，与孔子的重学习、重现实的精神保持了一致。……《中庸》回答了德性可教的根据来自于人自身的本性，人自身的本性来自于天道之诚。……（以前的儒者）虽然都意识到了工夫应集中于主体自身上，但对主体的思维意识在工夫中的独特作用没有给予足够重视。《孟子》则在这方面做了发挥，他强调行为必须出自内心意识的抉择，否则缺少浩然之气。……《孟子》突出了道德意识在儒家为学成圣工夫中的地位，但是他对穿凿用智的反对，在一定程度上导致了对知识的偏见。"此书对知识与道德之关系的讨论，对我们研究先秦儒家工夫论中知识在成德之学中的地位问题很有帮助。

李存山先生的《中国传统哲学纲要》（中国社会科学出版社 2008 年版）一书虽没有专章讨论儒家工夫论，但在其中的"人论""知论"部分对先秦儒家工夫论多有涉及，许多观点很有价值。"'致知'与'涵养'即认识与德性修养的关系问题。儒家把'格物致知'作为明善的首要工夫，则其'致知'不是纯粹的认知理性，而是在价值理性统率下的真与善合一。因此，君子'修己以敬''尊德性而道问学''涵养需用敬，进学则在致知'，把认识与德性修养密切结合起来一直是儒家的传统。""'克己复礼'在孔子的思想中是一种修养的途径和方法，蕴含着将外在的行为规范内化为心中的道德准则之意。""孔子的'学''思'并重的认识方法，正体现了他从'博学于文'到'约之以礼'再到'一以贯之'的'闻道'过程。""感官欲望'蔽于物'，有碍于心性的存养，所以孟子提出'养心莫善于寡欲'。""《大学》'格物''致知'当包含'学''思'并重、见闻与思虑并用的意思；而且《大学》将'格物''致知'作为明善的首要工夫，也是可以肯定的。""'自诚明'是由天生的诚而明理，此乃性之自然；'自明诚'是由后天的明理而达到诚，此乃教（修道）之功力。""儒家之修养在于识仁，故强调内省慎独，戒慎恐惧，自强力行，寡欲或节欲，雍容谦和，温良敦厚，恭敬守礼，对世事具有忧患和自我担当意识，对一己之穷达则乐天安命，等等。"

另外，颜炳罡教授在其《生命的底色》（山东友谊出版社 2005 年版）一书中指出：孔子的"仁是道德主体的自觉活动，是一种修己工夫，是人生境界不断向上超升的不竭动源，它甚至是人之尊严的象征"。"孟子认为道德价值的实现主要有两种方式和途径：（1）反求诸己的方式；（2）扩充四端的方式。""荀子要求礼义顺乎人心，取径由外而内。……主张天人相分，履礼以合天。""《中庸》沿孔子之思路，完成孔子天人性命由天而人，由人而天之下贯与上达之双向回环，……道德主体是通过尽己之性，以至达到'至诚'之天道，从而与天道即天命相同，实现天人合一。""《大学》的意义在于完善了孔子'修己以安百姓'的内圣外王思想。"这些从先秦儒家哲学整体发展角度所谈及的先秦儒家工夫论，对我们的研究颇有助益。

20 世纪 90 年代以来，随着郭店楚简等一批新材料的发现，从简帛文献出发来重新探讨先秦哲学史成为学界的热点。郭沂在其《郭店竹简与先秦学术思想》（上海教育出版社 2001 年版）一书中，就依靠简帛文献，对先秦儒家工夫论多有论述。他的讨论主要集中在思孟学派上："人的性善只是人们修道、修身的条件或潜能，子思认为，只有通过礼，修道修身才得以具体落实。……只有首先搞清什么是善的，什么是恶的，才能够继而选择善的加以学习与修行。怎样判断是否已经真正得到诚了呢？这就要靠'反身'，即反省自身。诚是实实在在的东西，通过内心的省察，总是可以感知的。通过修行得到的诚，乃一偏之诚，非全体之诚。不过，子思认为，通过推广这一偏之诚，亦可以达至至诚之心。""孟子完全继承了老子关于返归心之本然状态的思维方法，他称之为'求放心'。……如何求放心呢？孟子提出了'思'的方法、'学'的方法和'自反'的方法等。……思的第一层含义是思虑、想、认为；第二层含义是特指对本心、善端的思。……本心既然已经通过思、学、自反等途径被找回来了，那么，如何保存本心就成了当务之急。……所以，孟子非常重视'存心'。……仅仅存心还是不够的，还应该滋养本心。……如何养心呢？孟子从消极和积极两个方面做了论证。从积极的方面看，孟子注重理、义的培养；从消极的方面看，孟子认为必须寡欲。"

在港台方面，杨儒宾先生对儒学工夫论、气论、身体观研究的提倡，对推动港台儒学界重视工夫论的研究起到了重要作用。他所编纂的两部论文集《中国古代思想中的气论和身体观》（台湾巨流图书公司1993年版）、《儒学的气论与工夫论》（台湾大学出版中心2005年版），可以说是具有标志性的著作。他在《儒学的气论与工夫论》一书的导论中指出："'工夫'或'工夫论'是传统中国哲学的语汇，放在当代的学术分类下考量，它的范围接近于哲学部门所谓的道德哲学或伦理学，也接近于宗教学的'灵修'领域。但说接近也就是接近而已。……'工夫'此一词语不见于先秦儒家，它的语义演变史仍有待学界做更精确的考察，但笔者相信此一词语恐怕要到宋代后，才逐渐出现在儒家典籍。到了明代，学者使用此一词语更是翕然成风，它几乎成了先秦儒家成德之学的代称。"所以，虽然先秦并无"工夫"一词，但实在可以从工夫论的角度来切入先秦儒学。而对儒家工夫论的研究应"强调个人修行所引发的生命境界之提升，包含其方法、其境界之叙述"。即工夫论研究不仅应重视具体修养方法的演变，更要注重对修养目标和修养结果的探讨。杨儒宾先生的这些说法，对我们研究先秦儒家工夫论具有纲领性意义。

另一位台湾学者黄俊杰，则进一步从身体的角度对先秦儒家工夫论进行了探讨。他在《"身体隐喻"与古代儒家的修养工夫》（载于《东亚儒学史的新视野》，华东师范大学出版社 2008 年版）一文中指出，先秦儒家工夫论主要解决的是两个问题："（1）如何使自己的身体在空间做最适当的展现或安顿？（2）如何从身心的不完整性走向身心一如的境界？……第一个问题所触及的是儒家的修养工夫问题。……（即）如何在社会政治脉络下适当地安顿自己的身体。……古代儒家思考这个课题，发展出一套严谨的'礼学'。……第二个问题所触及的是人的修养工夫的内在层面问题，也就是人的身体结构的层次如何分野以及如何统一的问题。……儒家以'践形'说为中心，提出了一套内在的修养工夫论。""孔子强调在社会或政治空间里，通过适当的动静周旋的规范，来安顿自己的身体。……所谓圣贤气象就是将身体的主体性与身体的社会性交融为一之后，所显示出来的境界。"这里对工夫论的身体性探讨颇具新意，对人有所启迪。

另外，杜维明先生也曾在《道学政》（上海人民出版社 2000 年版）一书中，对儒家的工夫修养理论有精彩论述。他首先指出了小学和小六艺对儒家工夫修养的重要意义："古典儒学意义上的教育就是学做人。它有一个整体上的次序，先是小学，后是大学。小学基本上指日常礼仪，大学则指旨在体现人类感受的一切层面的修身。两种学都致力于发展日益净化的自我意识。……（小）六艺可以被理解成修身的方法。这不仅是身体上的训练，还包括思想和精神方面的教育。……这种训练是一种协调一致的努力，意在将举止行为转化为内在思想与精神资源的恰当表达。……身体仍然是精神训练乃至整个事业的基础，传统的儒家教育也的确是这么认为的。这样看来，身体就不单是物质实体，而且还与思想精神密不可分。……严格来说，小学的各个方面并不是修身的科目，而是其根本。……小学所包含的正是通过实践来实现宝贵的儒家信条：可以在一般的人类存在中获得生命的终极意义。"在这一基础上，杜维明先生进一步指出了儒家工夫论所蕴含的丰富内涵："儒家的修身不采取独自追寻自身内在崇高的方式，而是使自我参加到诸多生命之流的汇聚之中，从而充实自我。……学使我们能够澄清和显示'明德'，将之从潜在的可能转化成实际的、日常的行为。……修身的中心地位取决于如下观念，即自我是一个开放的体系，将其感觉伸展到不断扩大的互相联系网络中，永远向外部世界学习。……'格物'就是为了理解我们自身以及周边世界而探索自然现象与人类事务。……修身就是始于意识到学做完人包含着痛苦，实现内心平静之乐所要求的修习充满艰辛。"

在这一时期，专门或涉及性的先秦儒家工夫论研究仍有很多。书籍有：李景林的《教化的哲学》（黑龙江人民出版社2006年版），蒙培元的《情感与理性》（中国人民大学出版社2009年版），王博的《中国儒学史（先秦卷）》（北京大学出版社2011年版），梁涛的《郭店竹简与思孟学派》（中国人民大学出版社2008年版），周与沉的《身体：思想与修行》（中国社会科学出版社2005年版），欧阳祯人的《先秦儒家性情思想研究》（武汉大学出版社2005年版）等。论文有：江雪莲的《儒家为学体验新论》（载《中国哲学史》2003年第3期），胡治洪的《论〈大学〉之道的成德进路、体知基础及其当代意义》（载《孔子研究》2009年第1期），胡文钦的《〈论语〉所述"直"的意义与实践工夫》（载《孔孟月刊》2009年12月号），王鸿鹏的《先秦儒家生命安顿之工夫》（载《当代儒学研究》2009年12月号），戴珵璋的《儒家慎独说的解读》（载《中国文哲研究集刊》2003 年 9 月号），王钧林的《从孔子到孟子的儒家"修己"思想》（载《孔子研究》1994 年第 4 期），叶蓬的《儒家修养论与基督教修行论的比较研究》（载《孔子研究》2001 年第 4 期），杨儒宾的《论孟子的践形观：以持志养气为中心展开的工夫论面向》（载《清华学报》1990 年第 1 期），陈昭瑛的《情与气——荀子工夫论》（载《汉学研究通讯》第 49 期）等。还需提及的是，国外汉学界对先秦儒家的工夫论也有所研究。尤其是一些重要的汉学名著都对该问题有所涉及，值得我们关注。比如：史华慈的《古代中国的思想世界》（江苏人民出版社 2004 年版），倪德卫的《儒家之道》（江苏人民出版社 2006 年版），芬格莱特的《孔子——即凡而圣》（江苏人民出版社 2002 年版），牟复礼的《中国思想之渊源》（北京大学出版社 2009 年版）等。

　　总之，迄今为止对先秦儒家工夫论的研究成果虽算不得汗牛充栋，却也是相当丰富。在研究之前，需得花大力气好好吸收一番。但是，我们也发现：从发展史的角度来对先秦儒家工夫论进行研究的著作，还有所欠缺。正是在这样一个考量下，我决心写作本书。

第三节　研究方法与研究内容

一、研究方法

　　（1）文本释读的方法。充分重视原典的阅读，做到从文本出发，通过解读文本的真实意义，梳理出先秦儒家工夫论的发展脉络。因此，本书的研究方法是释古的方法。即在尽可能解决文献的时代问题之基础上，对原典进行细致的解读，从而准确地把握文本、以文本为本，避免主观化地强求于文本。同时，注重哲学义理的考察，以求在文本中把握先秦儒家工夫论的内在面貌和演变历史。尤其注意探寻文本中工夫论思想的内在推动力，即其中的问题意识，并用哲学史的形式将之描述出来。这样，将使研究更深化、更鲜活。

（2）多视角的诠释。充分利用现有的研究成果，借鉴、吸收近现代学者在工夫论领域的探讨，从而使自己的研究既能少些废话，又能博采众长，具有真正的创新性。同时，也要注意比较研究的方法，即关注先秦儒家工夫论与同时期其他各家工夫论的关系，以求展现儒家工夫论的独特面貌。另外注意参考西学的相关成果，如道德哲学、身体观、意义治疗理论、人类学尤其是礼仪研究等方面的内容。

（3）关注理论与实践的联系。因为工夫论本身就是一个实践性的问题，所以在探讨先秦儒家工夫论的时候，要注重其实践意义。尤其是要参考历代儒者的工夫论实践，以便能对先秦儒家工夫论做一个全面而正确的研究。即在注重从理论角度解读先秦儒家文献的同时，也试图兼顾实践的意义，以求分析出一条切实可行的修身之道来。这是我写作本书的一个初衷，也期待能通过对工夫论的阐发和建构，体现出儒家在现代社会的力量所在。

二、研究内容

本书的主体部分设计为五部分。

第一章从源流上探讨先秦儒家工夫论的起源问题。欲从思想发展的内在逻辑和社会历史文化背景两方面，给出答案。

第二章论述孔子的工夫论思想。孔子作为儒家的至圣先师，他的工夫论可以说是开创范式，后世一切工夫论的思考都奠基于他。孔子的工夫论在既重视传统礼乐规范的基础上，更突出人的内心自我修养，所以其相关条目是"克己复礼""修己以敬"和"忠恕之道"。

第三章讨论孔门众弟子的工夫论。他们是第一批实践儒家工夫论的人，也是第一批对工夫论进行论辩的人，因此很值得讨论。但是因为材料的限制，无法进行细致而翔实的叙述，所以只能集中在一章中论述。主要围绕颜回、曾子、子路、子夏、子游、子张、有子、公孙尼子、漆雕开等对后世具有影响的孔门弟子。

第四章论述近年来最为学界所重视的思孟学派。子思、孟子对儒家工夫论给予了巨大推动：他们从人性论、心性论的角度入手，将修养工夫的细致度和深入度大大推进。后世之所以视他们为道统所在，确实有一定道理。

第五章讨论荀子的工夫论。荀子作为先秦时代的最后一位大儒，其思路与思孟学派不同，但同样有丰富的工夫论思想。他对工夫论做了知识化和政治化的处理。虽然在道家思想的影响下，他十分重视内心状态的调适，但其工夫的指向却是外向的。

最后，在结语部分拟从先秦儒家工夫论的诸多论述中，总结出一条儒家一以贯之而又切实可行的工夫修养之路来，以对现代社会有所助益。

第一章　儒家工夫论的起源

正如儒家思想是对中国上古文化的继承性创新一样，先秦儒家工夫论也是在上古文化基础上形成的。所以考察先秦儒家工夫论的开端问题，不能仅仅从儒家学派的出现——即孔子开始，而必须上溯至上古文化思想。这一开端就是《中庸》所说的"祖述尧舜，宪章文武"，从尧舜的上古时代到西周以及春秋时期的众多思想都为先秦儒家工夫论奠定了基础。虽然中国哲学也开端于上古宗教，但是中国的上古宗教却与西方的、印度的宗教模式不同。它始终没有形成彼岸思想和外在超越的思维，因此由这样一种只有一个世界的宗教模式过渡到更加关注人本身的思维模式是顺理成章的。于是，在"以德配天"的天人模式中：一方面，"推天道以明人事"成为人们理论思维的基本范式；另一方面，这一思维始终关注的是人的世界。人才是真正的目的，所以人的问题实际上是中国传统文化关注的根本问题。因此，比较成熟的教育制度在西周时期就已出现。而在制度和人事之间，传统文化更关注人事。于是在春秋那个政治失序的时代，人们愈加地把政治问题的解决也归结到人的养成上来。修身的工夫思想也就开始萌发出鲜活的枝芽。

第一节 西周以前宗教思想中的工夫论意涵

中国的上古社会主要指西周及其以前的时期。这个时期是由宗教思想占据统治地位的时期，不过其中已经开始出现人文德性的因素。本节考述在尧舜时期和夏商两代中，人们的思想世界以及这其中所蕴含的工夫论的一些先声。

一、"慎厥身，修思永"——工夫修养论的先声

司马迁将中国上古史推端于黄帝，但他也说明："然《尚书》独载尧以来；而百家言黄帝，其文不雅驯，荐绅先生难言之。"（《史记·五帝本纪》）所以他虽然经过文献和实地的考察，肯定了尧舜以上三帝的真实性，但在实际的记载中或者过于简略，如颛顼和帝喾；或者掺杂着神话色彩，如记载黄帝的"生而神灵，弱而能言"。而儒家的六经系统对上古史的讨论更是只从尧开端，因此我们的工夫论讨论也就从尧舜时代开始。

《尚书》中对尧舜，包括大禹的记载，可以统称为禅让时代。尽管后人对尧、舜、禹禅让的实质有颇多争议，如韩非子就认为三代禅让实际上是臣弑君，如近代以来有学者认为三代禅让实际上是部落联盟中实力派的更迭；但就目前所见的文献材料来看，始终没有确切的材料可以推翻尧舜禅让的史实。所以，我们虽然要认识到《尚书》中的很多记载确实是经历了后来儒家的编订，会有所谓"层累的"修饰和改编，但其中一些基本的事实还是要肯定的。

《尚书·尧典》的开篇一段即是对中国传统文化和政治的最重要观念——德和德治的一个概括性描述："曰若稽古，帝尧曰放勋，钦明文思安安，允恭克让，光被四表，格于上下。克明俊德，以亲九族。九族既睦，平章百姓。百姓昭明，协和万邦。黎民于变时雍。"这段

话是后世的一段追述：尧自身的德行很高尚，他以此高尚的德行使得本部族人民和睦，进而使得天下万邦都和谐相处。在这里，突出的是尧的高尚德行以及由此德行而自然而然形成的良好政治。中国文化和政治的重德特色十分确切而突出。而尧、舜、禹禅让，更是将德与政治联系起来——最高政治权力的转移标准在于德。舜之所以得以继承尧的大位，其中最重要的原因在于他的德行。"瞽子，父顽，母嚚，象傲；克谐以孝，烝烝乂，不格奸。"（《尚书·尧典》）舜在家庭极其不和谐的情况下，还能始终坚持对父孝、对弟悌，保持着高尚的德行。而大禹也是如此，他在德行、功业上都很有建树。由此我们可以说，在中国上古时代，很早就形成了德和德治的观念。正因为这两种观念，所以对自身修养的重视、对百姓生活的关怀、对贤人的尊重成为中国文化和政治的根基。因此，当舜在和大禹、皋陶探讨为政治国之道时，皋陶首先提出："慎厥身，修思永"（《尚书·皋陶谟》）。即首先要谨慎自身的言行，并修养自己的德行使之符合人世的常道，继而还要"在知人，在安民"。大禹认同皋陶的观点，并指出"知人则哲，能官人。安民则惠，黎民怀之"（《尚书·皋陶谟》），认为只有能知晓贤能才能举官得当，只有善待民众才能使民众安宁。显然，这里的论述在一定程度上已经具有后来儒家内圣外王的思想架构了。这表明中国文化在尧、舜、禹时代就已经对德和德治有了丰富而深刻的认识。但是，他们的看法在一定程度上是笼罩于宗教思维之下的。所谓"天工人其代之"（《尚书·皋陶谟》），即人主是天帝的人间代理者。所以这里的思想实际上是天命崇拜下的民本思想，人本身的自觉还没有到来。

尽管如此，我们可以说，尧、舜、禹时期已经为中国文化后来的人文主义奠定了基础；而其中对个人德行的重视，尤其是皋陶提出的"慎厥身，修思永"，堪称儒家工夫论思想的先声。应当说，谨慎而珍重自己、长久地进行自我的修养这两条，表明此时期的人们已经认识到自身及其行为在社会生活中的重要意义，因而必须加以修养，而这个修养过程则是长期的，并可能会伴有一定的艰难。另外，这里提到的"慎""修""思"等观念，成为后来工夫论讨论中最重要的几个语词。

二、殷商宗教的人文转化及其中的工夫论意涵

前文已经指出，上古社会在很大程度上是受宗教支配的，而这一特征以殷商时代为最。殷商时代是宗教信仰强烈的社会，其宗教是以上帝信仰为核心的、融合了自然和祖先崇拜的复合型宗教。主宰一切的具有人格意志的至上神是"上帝"，对商人来讲，如何了解上帝的旨意是其生活的核心。[①] 所以，人如何与上帝沟通是商人生活的核心问题。商人认为通过占卜可以了解上帝的旨意。这样，殷商的上帝实际上是不直接对人说话的，人对于上帝需要通过媒介来进行认知，这个媒介就是占卜。[②] 由此，上帝的旨意只能间接地降临于我们，而对上帝意志的解读权实际上在人的手中。由此我们说，中国的上帝宗教与基督教的大大不同，而且在上帝宗教中早早地就埋下了人文理性的基因。

这样一个伏笔在盘庚迁殷的时候得到了爆发，从而使得人文性的因素开始成长。《尚书·盘庚下》[③]记载，当盘庚颁布迁殷令而被很多贵族反对后，他把那些反对者叫到王宫进行教导。贵族们之所以反对迁殷，在于他们拥有占卜的有利结果。在《盘庚下》中记载盘

---

① 胡厚宣，胡振宇. 殷商史 [M]. 上海：上海人民出版社，2003：516.

② 陈来先生在《古代宗教与伦理：儒家思想的根源》一书中指出："自然占卜则不是实践性、操作性的，是认知性的，它只是企图神秘地去发现事物之间的联系。"陈来. 古代宗教与伦理：儒家思想的根源 [M]. 北京：生活·读书·新知三联书店，1996：74.

③ 《盘庚》三篇虽然最终写定于周代，但里面所反映的思想和思维却始终保持着商代的特色，因此是可以使用的。顾颉刚，刘起釪. 尚书校释译论 [M]. 北京：中华书局，2005：887-889，955-965.

庚语："肆予冲人，非废厥谋，吊由灵各；非敢违卜，用宏兹贲。"在决定迁都与否时，进行了两次占卜。第一次的结果是不应当迁都，这是贵族们期待的结果。但盘庚深深地感受到迁都的必要性，由此必须对占卜的结果进行反抗。在当时宗教的笼罩下，只能以宗教手段对抗宗教手段。于是，发生了第二次占卜，结果是应当迁都。① 盘庚就以此为理由，要求贵族迁都。由此，殷商上帝宗教产生了一个问题：占卜结果的判断标准是什么呢？占卜的信任基础是应验性，但这是一个经验性的事件，应验和不应验都有可能。这对占卜本身的神圣性会产生冲击。由此，人们就从技术的角度对占卜进行了改进，形成了进行二次、多次占卜等一套繁杂的占卜制度，同时还形成了一套占卜解释体系，以判断依照哪种占卜制度进行的哪次占卜结果是上帝的真正旨意。这样，真正起决定作用的不再是占卜本身，而是人们对占卜的解读和思考。在盘庚迁殷这个过程中，最终其实就是人的意志战胜了所谓上帝的意志。盘庚还指出："古我前后，罔不惟民之承保。后胥慼鲜，以不浮于天时。殷降大虐，先王不怀厥攸作，视民利用迁。汝曷弗念我古后之闻？承汝俾汝惟喜康共，非汝有咎比于罚。予若吁怀兹新邑，亦惟汝故，以丕从厥志。"（《尚书·盘庚中》）盘庚说迁都是依照着先王的榜样而行的，而先王一贯是利民的。在这里，盘庚实际是以利民来消减占卜面临的应验性困境：利民的达成是需要众人努力才能实现的，因而占卜的结果如果是好的，那是让我们继续努力来实现它；占卜的结果如果是不好的，那是让我们更加谨慎地对待它。

---

① 《盘庚》中出现的是两次占卜的情况，即"习卜"。宋镇豪先生指出，习卜"可能前卜不太理想，与人王意愿有违，唯其事又势在必行，故再三问，以求保持人神之间的深入沟通，从而达到人的意愿与神的意志的统一性"，这"是人们出于应变复杂事态而力图在占卜场合发挥其主观能动因素的努力所致，这意味着'不违卜筮'的社会传统观念正处于削弱和衰落之中"。宋镇豪. 夏商社会生活史 [M]. 北京：中国社会科学出版社，1994：523-525.

另外，盘庚认为："肆上帝将复我高祖之德，乱越我家。朕及笃敬，恭承民命，用永地于新邑。""今我既羞告尔于朕志若否，罔有弗钦！无总于货宝，生生自庸。式敷民德，永肩一心。"(《尚书·盘庚下》)德在这里被作为价值判断标准提了出来，它既是祖先的高尚行为，也是当下人应当遵行的。我们知道，在上帝宗教中，人们判断的标准是上帝的旨意，但也正因如此才由沟通问题导致了占卜的应验性问题。而如果上帝的旨意有一个标准的话，那么应验性的问题在很大程度上也就可以化解了，所以盘庚便为上帝的意志赋予了一个普遍性的价值标准——德。通过这样一种处理，盘庚既维护了上帝的至高无上，同时也为自己的行为找到了根据。那么，什么样的行为才是符合德这个标准的呢？盘庚认为："格汝众，予告汝训汝，猷黜乃心，无傲从康""汝克黜乃心，施实德于民，至于婚友，丕乃敢大言汝有积德""汝无侮老成人，无弱孤有幼。各长于厥居。勉出乃力，听予一人之作猷。"(《尚书·盘庚上》)即：不要有私心，要勤奋劳作而不可懈怠，要把好处施及下层民众，符合这三点的行为就是有德的。这里对德的理解中，实际上已经蕴含了一定工夫论的意味。

在盘庚将重德和利民引入上帝宗教之后，上帝宗教得到了稳定。但随着殷商末年政治上的巨大变化，上帝宗教被动摇了。据《尚书·西伯戡黎》载，周文王攻灭黎国后，殷商的祖伊十分恐惧，于是跑去找纣王："天子！天既讫我殷命。格人元龟，罔敢知吉。非先王不相我后人，惟王淫戏用自绝。故天弃我，不有康食。不虞天性，不迪率典。今我民罔弗欲丧，曰：'天曷不降威？'大命不挚，今王其如台？"祖伊的"天既讫我殷命"这句话，包含了一个重大问题：上帝到底是所有人民的神呢，还是只是殷人自己的神？在殷人的认识中，上帝是血缘性的至上神，所谓"帝立子生商"(《诗经·商颂·长发》)。这意味着公共的世界被统一于一个血缘民族之下。但现在殷商的统治权岌岌可危，于是原来的血缘性至上神也就无法再统一世界。殷人旧有的上帝定义行不通了，这逼迫着当时的人们要重新给上帝下个定义。而纣王在回答祖伊时则提出："我生不有命在天。"这句话一般被认为是一种绝对的命定论，但在我看来，这恰从另一个角度显示了人文性的发展。我们曾提到，殷人对占卜的吉凶结果是相当看重的，这意味着上帝时时刻刻影响人。在这种情况下，人的自由仅在于对上帝意旨之解读。而纣王的这句话，虽在表面上承认了上帝授命，但却对当时一系列显示出恶兆的占卜结果置之不论。也就是说，他只承认原初的上帝意旨，而他在具有原初的帝命后就有了完全自由。显然，这是一种绝对命定论和绝对自由论的奇妙结合，它是人的自我意识膨胀到一定程度的产物。所以说，纣王实际上是在个人膨胀下形成了新的上帝观念，这是人文性的负面的发展。

当然，也有人从人文性的正面探讨了上帝定义问题。《尚书·微子》记载了父师对微子的教导。他指出殷商败亡的原因：一是"天毒降灾荒殷邦，方兴沈酗于酒，乃罔畏畏，咈其耇长旧有位人"。纣王及其宠臣无视上帝的威命，而继续沉湎于酒，这表明纣王等在当时形成了一种自我意识极度膨胀的负面的人文思想；二是"今殷民乃攘窃神祇之牺牷牲用以容，将食无灾"。殷朝的很多贵族们也不敬上帝，甚至偷盗祭品，这表明殷商的贵族们对上帝之不敬达到了相当程度；三是"降监殷民，用乂雠敛，召敌雠不怠。罪合于一，多瘠罔诏"。上帝看到统治者没有德行地滥杀无辜、聚敛钱财，而民众对纣王的暴政残刑无处倾诉。正因为如此，所以上帝是决心要灭绝殷商了。父师的上帝是德性化了的上帝，上帝的判断标准就是重德和利民。以上所述三条原因的前两条可看作对纣王等无德行为的总结，第三条则是突出了利民这一因素。因此，父师的上帝是一个以重德利民为价值标准的上帝。这样，在这个新的上帝定义下，如何使自己有德成为一个重要问题，而这正是后来工夫论的出发点。

三、"德"观念与工夫论

　　如上所述，经由盘庚而至殷商末期，德的因素在上帝宗教中逐渐重要起来。不过，我们的论述需要建立在这样一个基础上：在殷商时期已经产生"德"字。对此问题，文字学界历来有两种不同的看法。郭沫若、陈梦家等先生认为当时应当没有"德"字，其根据是甲骨文中没有"德"字，类似于后世写法的其实是"循"字或者是得失之"得"的意思。但目前获得更多认可的是以徐中舒、倪德卫等人之研究为代表的意见，即认为"德"字已经出现，但"德"字的具体含义仍未能完全解说清楚，尚有待思考。根据"德"字的原始形态，我们发现它本来的意思是描述人向前行动而眼睛直视的一种状态，也就是说它是表示行动要正、眼睛要直的一个表动作状态的副词。然而，"德"字为什么会以这个形态出现呢？它出现的原始意义如何呢？它为什么会在后来发展出道德品格的意思呢？我认为，"德"字表示的是原始宗教生活中的一个重要状态。我们知道，祭祀是上帝宗教中最重要的一个活动，而其中的一个重要动作是祭祀者从下面登上祭坛去行礼。在这个由下而上的过程中，要求祭祀者路走得正、眼睛正视前方，而且心也要庄重、肃穆，以表示自己与神合一，而"德"的本义就是登上祭坛时的那一庄严而神秘的外在仪态和心理状态。《说文解字》以"登升"意来解释"德"，这正可以作为一个重要的参考来支持我们的上述看法。由此，我们可以理出一条"德"字词义发展的脉络：由表示行动正、眼睛直之状态的副词，发展至表示登升、莅临乃至征伐之义的动词，进而又发展为具有道德意义的行为义之名词，最后才发展为表示内心道德本质之名词。至于直心为"德"的那个字，它在金文中才出现。而且它仅仅表示"德"的内在道德含义，应当是后世为了明确词义而创造的。①

由以上对德的这个意义分析，我们发现，在上古思想中出现"慎厥身，修思永"（《尚书·皋陶谟》）的观念并不是突兀的，它是对宗教仪式的一个伦理化和德行化发展。而殷商宗教中将德引入上帝宗教中，并将之作为上帝的判断标准，也正是在德的宗教仪式意义上的进一步抽象化和德行化。由此，我们也可以理解后世"敬德"观念的来源所在。而无论以上哪种理解，"德"字的意义中已经具有了工夫论的意味。因为它是对自我状态的一种调适，包含身体行为的直行端正和心灵思维的严肃真诚。所以我们说，儒家的工夫论思想在相当大的程度上也是奠基和来源于上古宗教的，这在另一个方面表明中国轴心时代的来临不是破裂的方式，而是延续的方式。

第二节　西周"以德配天"视野下的工夫论先声

经过殷周之际的巨变，从武王到周公，西周人逐渐形成了以德配天的思想。周人对上帝宗教的转化是一个温和的转化，即他们仍旧保持了至上神旨意常变的思想。这从他们十分重视卜筮可以看出；但是他们的天意常变，是"皇天无亲，惟德是辅"的，也就是这个变中有个规律和标准，即人是否有德。所以在周人的思想世界中，尽管天的主宰意义还是非常强烈的，但是这个天已经变成一个以有德与否为判断标准的、超越了族群界限的公共之天。因此，在周人的思维中，天实际上已经有了一定义理之天的意味。周人正是以这个天来解释殷周之变的，同时，周王朝的很多制度行为也都围绕这

---

① 美国学者孟旦曾指出"德"字在商代和周代意义不同：在商代是"聚精会神仰视（请教）神的意义"，而周代在继承这一意义的基础上，更加发展出升天的祭品和具体的行为标准意义。[美]孟旦. 早期中国人的观念 [M]. 丁栋，译. 北京：北京大学出版社，2009：189-197. 另外，倪德卫也认为，"德"字在一开始就具有某种内在的心理品质的特性。[美]倪德卫. 儒家之道 [M]. 周炽成，译. 南京：江苏人民出版社，2006：34.

个解释而展开。因此，正如王国维先生指出的，周人立制"其旨则在纳上下于道德，而合天子、诸侯、卿大夫、士、庶民以成一道德之团体。周公制作之本意，实在于此"。① 本节，我们就围绕西周人的思想和制度文化，探讨其中所蕴含的工夫论思想。

一、"以德配天"

周人以蕞尔小国的"小邦周"战胜了据有天下的"大邦殷"，这无疑给周人、殷人都带来了巨大的心理冲击，逼迫着他们去反思这一事件发生的原因。所以，西周刚一建立，武王就向殷商遗民箕子询问治国大道。而箕子的回答既有对中华固有治道的归纳，也有对殷商失败的总结。其中，尤其重视统治者的个人修养问题。这一对话就是《尚书·洪范》篇。箕子对武王演说据说是传自大禹的洪范九畴，其中的第二是"五事：一曰貌，二曰言，三曰视，四曰听，五曰思"。这五事实际讲的是统治者需要在五个方面重视自己的道德品质和人格修养，即"貌曰恭，言曰从，视曰明，听曰聪，思曰睿。恭作肃，从作义，明作哲，聪作谋，睿作圣"。这种观点显示了箕子及他所继承的文化传统对工夫修养、人格养成的重视。第五是"皇极"，所谓皇极就是君王的准则。它明确提出了统治者的政治准则是赐福于民、选用贤才、直道而行。这段话是箕子对殷周之变的一个反思。他认识到：利民和重德是君主的统治原则，君主必须是不偏不倚、行正道的，也必须是宽容而爱护百姓的。只有这样，才能"作民父母，以为天下王"。第六是"三德"，此处之"德"当为"得"，指的是人的三种禀赋：正直、刚克、柔克。即将人的性格归类为平正、刚强、柔顺三者，并因之就君主如何对治这三种性格的人提出一些方法。第七是"稽疑"，就是在行为中遇到难题时，用卜筮来决定需

---

① 王国维. 观堂集林 [M]. 北京：中华书局，1959：454.

要衡量五个方面的因素（"汝""龟""筮""卿士""庶民"）。这其中有三个人为的因素，可见卜筮系统也越来越具有人文的意义。第九是"五福""六极"，人有五种福和六种恶。需要注意的是，箕子将"攸好德"视为人幸福的一个条目，这表明道德的养成在箕子这里已经具有相当重要的意义，并且认为德福一致。可以说，洪范九畴是一个贯通天人、普泛君民的政治治理系统，其中有很多都是和德行修养相关的。这表明，经过了殷周之变后，政治生活中的德行修养因素得到了重视。

在周武王的思想中，也很重视政治生活中的德行。《逸周书·商誓解》篇是武王对商旧臣的一篇诰辞，它重点阐释了周之所以能战胜商的原因。武王认为，他灭商并不是自己的肆意妄为，而是"予言非敢顾天命，予来致上帝之威命明罚"。他是代上帝而行其意旨来惩罚殷商。而上帝之所以由原来的眷顾殷商改变为要惩罚殷商，是因为"今在商纣，昏忧天下，弗显上帝，昏虐百姓""今纣异成汤之典"。纣王上不敬上帝，下不爱黎民，更对不起成汤的典型——成汤是"保生商民，克用三德"的——商纣之行完全背离了成汤的德行。所以，天命发生了变化，上帝"命我小国曰：'革商国'！"可见，在武王的思想中，一方面至上神是以重德利民为价值判断标准的；同时，作为君主也要常常修养自己，使自己能做到敬天、保民、有德，以保证天命时时在自己一边。事实上，周人正是用自己是有德的这一点来论证其合法性的。比如《诗经·维天之命》载："维天之命，于穆不已。于乎不显，文王之德之纯。"诗的作者以周文王作为周人的杰出代表，认为他的德行与天相配，所以天命是"穆"，而文王是"纯"。这样，天和人之间就因为德行而联系了起来。

当然，对周人以德配天思想形成影响最大的，是周公。因为周武王在克商后不到两年即去世，而此时成王尚年幼，所以扶持王室、维护周朝的任务落在了周公的肩上。《尚书·大诰》是周公讨伐管蔡之乱时的一篇文献，周公在这里强调了天意和德行的关系。他指出："弗造哲，迪民康，矧曰其有能格知天命！"周公将能否知晓天命和贤人的指引、使百姓安康联系在一起。周公在这篇文献里还十分重视占卜的意义，他的东征据说也得到了吉兆。但是，周公指出东征的重要原因还在于"肆予冲人永思艰"。通过忧患意识推进了自身的理性思考后，他认识到即使东征会扰攘百姓，但为了长治久安，仍必须"肆朕诞以尔东征"。东征成功后，周公分封康叔到当地去作诸侯。训词即是《尚书·康诰》，文中将文王和周之所以得上帝之命的原因全归在德上面："惟乃丕显考文王，克明德慎罚；不敢侮鳏寡，庸庸，祗祗，威威，显民，用肇造我区夏，越我一、二邦以修我西土。惟时怙冒，闻于上帝，帝休，天乃大命文王。殪戎殷，诞受厥命越厥邦民。"天命来之不易，因而持守也很艰难。因此，周公嘱咐康叔道："呜呼！小子封，恫瘝乃身，敬哉！天畏棐忱；民情大可见，小人难保。往尽乃心，无康好逸豫，乃其乂民。我闻曰：'怨不在大，亦不在小；惠不惠，懋不懋。'已！汝惟小子，乃服惟弘王应保殷民，亦惟助王宅天命，作新民。"谨慎地恭敬天命，自身不放纵享乐，要体察民情并保护百姓，只有这样才可能得到天命的眷顾，因为"惟命不于常"。天命不是恒常不变的，而必须"勿替敬"才能保持住。在对康叔的叮嘱中，周公还特别提到了谨慎于酒这一点。在周公看来，"越小大邦用丧，亦罔非酒惟辜"。国家衰败普遍与沉湎于酒有关，而酒之所以有这么大的负面作用，就在于饮酒会使人"酗身，厥命罔显于民，祗保越怨不易。诞惟厥纵，淫泆于非彝，用燕丧威仪，民罔不盡伤心。惟荒腆于酒，不惟自息乃逸，厥心疾很，不克畏死"。过度饮酒就会使人安于享乐而不再能谨慎自己的德行，从而就会不遵法度、肆意妄为、伤害百姓。于是，国家的败亡也就不远了。因此，周公发布了强制的戒酒令，以使诸侯百官能重新回到恭谨天命、修持德行上来。对德行的重视，是此时期周朝思想家的共识。召公也在《召诰》中指出："天亦哀于四方民，其眷命用懋。王其疾敬德！"天命因着百姓而改变，而百姓是随着君主有德无德而变的，因而"王敬作所，不可不敬德。我不可不监于有夏，亦不可不监于有殷。我不敢知曰，有夏服天命，惟有历年；我不敢知曰，不其延。惟不敬厥德，乃早坠厥命。我不敢知曰，有殷受天命，惟有历年；我不敢知曰，不其延。惟不敬厥德，乃早坠厥命。今王嗣受厥命，我亦惟兹二国命，嗣若功。王乃初服。呜呼！若生子，罔不在厥初生，自贻哲命。今天其命哲，命吉凶，命历年；知今我初服，宅新邑。肆惟王其疾敬德。王其德之用，祈天永命"。召公通过总结历史经验，得出了德与天命之间的联系：有德者天必从之，无德者天必灭之。因而周王必须要修德，只有修德才能安定百姓，百姓安定自然天命常在。总之，周公以及周朝的一大批思想者都有天命不可恃，而必须敬德保民才能使天命眷顾的观点。这样，有德与否成为核心和关键，因而修德成为周公等人十分关注的问题。这已经是一种很强的工夫论思维了。于是周公通过制礼作乐，将这一认识制度化，以使人的行为得以有序并符合德的要求，同时培养敬的心理，进而使人"无淫于观、于逸、于游、于田"（《尚书·无逸》）。

二、礼乐文明

如果说西周思想的核心是以德配天的话，那么西周生活的核心就是礼乐文明。这里之所以使用文明一语，是因为它包含了政治制度和社会文化两个方面，而西周时期的政治和社会生活都以礼乐为贯穿、为主轴。因此，在西周时期，礼可以说包含了典章制度、礼节仪式、道德规范三个方面的内容。而西周礼乐文明的形成，与周公有最重要的关系。所谓周公"制礼作乐"，虽不见得是完全的事实，但的确反映经过周公建立宗法制和分封制后，礼乐文明成为了西周政治和社会生活的主体。周成王在和周公的问答中，就指出："公！

明保予冲子。公称丕显德，以予小子扬文武烈，奉答天命，和恒四方民，居师；惇宗将礼，称秩元祀，咸秩无文。……公！予小子其退，即辟于周，命公后。四方迪乱未定，于宗礼亦未克敉，公功迪将，其后监我士师工，诞保文武受民，乱为四辅。"(《尚书·洛诰》)成王赞赏了周公之德的高尚，并希望周公辅佐自己进一步安定天下，而其中的一个重要步骤就是将周公所定之礼推行完成。可见，德行和礼乐的确是西周初年政治家的共识，而其中尤以周公之贡献为大。而且，因为周公在礼乐文明中贯注的是"以德配天"的精神，所以周公对德的提倡和制礼作乐相当于创立了中国的伦理宗教，从而使中国文化由原始宗教、自然宗教走向了伦理道德型的文明。

礼乐文明的目的在于通过礼乐的不同作用来规范人们的行为、调节人们的心理，进而造成一个虽有差异、但却和谐的政治、生活秩序。因为，西周宗法制、封建制本身贯穿的精神就是异与和。宗法中的大宗、小宗是有嫡庶之差别的，但是其作为同一血脉则是和的；封建中的国野之分是差异，但其作为周王朝下的同属邦国则是和的。因此，在差异与和谐间求得平衡，不仅是西周政治制度建构的精神，也是其政治和社会生活的精神，而达成它的手段就在于礼乐文明。陈来先生指出："中国古人早就意识到必须有一种方式缓解等级制度的内在紧张，这样一种方式必须以与'礼'不同的特性来补充礼，必须是一种能够增益亲和关系的东西。他们认为这个东西就是'乐'。"[1] 正如《礼记·乐记》所载："乐者为同，礼者为异。同则相亲，异则相敬。乐胜则流，礼胜则离。合情饰貌者礼乐之事也。礼义立，则贵贱等矣；乐文同，则上下和矣。……乐至则无怨，礼至则不争。揖让而治天下者，礼乐之谓也。"所以，"乐所代表的是'和谐原则'，礼所代表的是'秩序原则'，礼乐互补所体现的价值取向，

---

[1]　陈来. 古代宗教与伦理：儒家思想的根源 [M]. 北京：生活·读书·新知三联书店，1996：303.

即注重秩序与和谐的统一，才是礼乐文化的精华。"①

　　而在礼乐文明中真正受益的，是作为政治生活和社会生活主体的人。因为礼的作用是规范人的行为、培植人的意识，而乐的作用是调节人的情感、陶冶人的情操，所以，礼乐文明事实上是要通过人的养成来最终实现政治社会生活的秩序与平衡。因此，在礼乐文明中，天然地就蕴含了工夫论的意味。即以人的养成为关键点，始终关注人的培养和教育问题。而礼乐文明自身的内容，实际上也对后来的工夫论有巨大影响。

　　首先，礼乐文明关注人格的养成。而这种人格是一种道德的人格，而不是勇士或智者的人格。这规范了日后儒家工夫论的基本目标，即修养成为道德高尚的人。祭公谋父在劝谏好战的周穆王时，就指出："先王耀德不观兵。……昔我先王世后稷，以服事虞、夏。及夏之衰也，弃稷不务，我先王不窋用失其官，而自窜于戎、狄之间，不敢怠业，时序其德，纂修其绪，修其训典，朝夕恪勤，守以敦笃，奉以忠信，奕世载德，不忝前人。至于武王，昭前之光明而加之以慈和，事神保民，莫弗欣喜。"（《国语·周语上》）这里指出勇武的不足用和战争的不当用，认为周之所以能王天下就在于代代君王能自修德行，进而使天下之人皆心向往之。所以，在周人的思想中，道德人格是最高的人格，礼乐文明就是为了更好地培养道德人格而设计的。这成为日后儒家工夫论不变的主题。

　　其次，礼乐文明注重外在行为规范和内在心理情感的协和，这就规定了后世工夫论身心并建、内外兼修的基本理路。在当时的情况下，礼乐文明主要针对士大夫以上的统治阶层。而按照周代的认识，一个合格的统治者必须是个有德的人。而德和礼之间有天然的联系，"礼是由德的客观方面的节文所蜕化下来的，古代有德者的一

---

　　①　陈来. 古代宗教与伦理：儒家思想的根源 [M]. 北京：生活·读书·新知三联书店，1996：305.

切正当行为的方式汇集了下来便成为后代的礼"。① 因此，一个统治者外在的行为和仪止应当是遵循符合礼制规范的，内在的心灵则应当是敬天、崇德、爱民而寡欲的。也就是说，一个统治者必须是内外、身心都优良的。而这样的一个统治者是通过礼乐文明来养成的，所以工夫论天然地和礼乐有联系，更以身心并建、内外兼修为基本理路。

最后，礼乐文明作为"以德配天"思维下的具体方法，实际上具有超越的指向。即通过礼乐文明养成的人、始终依照礼乐文明生活的人，就是有德的人、至德的人，而这样的人就可以向上通达于天。因此，正如余敦康先生指出的，在周人的思想中"天与人是可以合一的，只要发挥人的主观能动性，遵守制度化的交通规则，通过理性认识和品德修养的双重努力，就能把人的世界提升到神的世界"。② 这样一种超越和神秘意识影响了后来的工夫论，使得工夫论中带有一定超越和神秘的意味。

三、西周教育制度与工夫论

工夫论，说到底是成人、成德之学。而在孔子之前私学未开，各种学问尚是"学在王官"，所以工夫论的前身相当多地寄托于当时的教育制度之中。正如君子之意，本来是指世卿世子一样，工夫之学最初也只是指向世卿世子，因为当时的教育也只是针对士大夫以上之阶层。而中国的教育制度和教育思想由来已早。从目前文献来看，可能在尧舜时期就已经有其萌芽，至殷商时期已形成了一定规模，而到了西周则因着宗法制、分封制的建立，真正建立起一套系统。

根据杨宽先生的研究，"西周初期的中央政权，十分明显，是以

① 郭沫若. 青铜时代 [M]. 北京: 中国人民大学出版社, 2005: 16.
② 余敦康. 中国宗教与中国文化 [M]. 北京: 中国社会科学出版社, 2005: 51.

太保和太师作为首脑的。太保和太师掌握着朝廷的军政大权，并成为年少国君的监护者。这种政治上的长老监护制度，是从贵族家内幼儿保育和监护的礼制发展起来的。"①而据《大戴礼记·保傅》记载："昔者，周成王幼，在襁褓之中，召公为太保，周公为太傅，太公为太师。保，保其身体；傅，傅其德义；师，导之教顺，此三公之职也。"可见，西周立国之制的设计本身就蕴含了极强的教育意味。

在西周的官员制度中，还有专门负责教育的官职，而且"西周的学校分国学与乡学两种"。②这表明西周的教育制度分中央和地方两级，而负责教育的官员也有中央和地方的不同。根据《周礼·地官司徒》的记载，大司徒、小司徒等官职负责中央的教育工作，而乡师、乡大夫、州长、党正等官职则负责地方的教育工作。具体来看，"大司徒之职，……施十有二教焉：一曰以祀礼教敬，则民不苟。二曰以阳礼教让，则民不争。三曰以阴礼教亲，则民不怨。四曰以乐礼教和，则民不乖。五曰以仪辨等，则民不越。六曰以俗教安，则民不偷。七曰以刑教中，则民不虣。八曰以誓教恤，则民不怠。九曰以度教节，则民知足。十曰以世事教能，则民不失职。十有一曰以贤制爵，则民慎德。十有二曰以庸制禄，则民兴功。……以乡三物教万民而宾兴之：一曰六德：知、仁、圣、义、忠、和。二曰六行：孝、友、睦、姻、任、恤。三曰六艺：礼、乐、射、御、书、数。"可见，西周的教育最重视三点：礼乐文化、德行养成和实践能力。这与后世儒家工夫论的修养范围基本相同。而在地方层面上，"乡师之职，各掌其所治乡之教，而听其治"。"乡大夫之职，各掌其乡之政教禁令。正月之吉，受教法于司徒，退而颁之于其乡吏，使各以教其所治，以考其德行，察其道艺。""州长各掌其州之教治政令之法。正月之吉，各属其州之民而读法，以考其德行、道艺而劝之，以纠其过恶而戒之。"

---

① 杨宽. 西周史 [M]. 上海：上海人民出版社，2003：315.

② 张广志. 西周史与西周文明 [M]. 上海：上海科学技术文献出版社，2007：97.

可见，地方层面上的教育与中央有同有异：同的方面是仍旧非常重视德行和礼乐的教育；异的方面则是还重视政令法规的教诲。德治与法治并举，这显示了西周统治者的政治智慧。

而具体到教育制度本身来看，"商代贵族已有学校教育。……西周贵族教育子弟的学校，已较完备，有所谓小学和大学"。[①]大学和小学，实际上是两个学习阶段。所谓小学，是指"六年，教之数与方名。七年，男女不同席，不共食。八年，出入门户及即席饮食，必后长者，始教之让。九年，教之数日。十年，出就外傅，居宿于外，学书计，衣不帛襦裤，礼帅初，朝夕学幼仪，请肄简谅。十有三年，学乐，诵诗，舞勺，成童舞象，学射御"（《礼记·内则》）。在未成年的时候，学习的内容主要为基本的洒扫应对等礼制规矩；随着年龄的增长，开始学一些礼乐文化知识和生活实践事宜。

所谓大学，是指"束发而就大学。学大艺焉，履大节焉"（《大戴礼记·保傅》）。"二十而冠，始学礼，可以衣裘帛，舞大夏，敦行孝弟，博学不教，内而不出。"（《礼记·内则》）在这一阶段，学习的主要内容是礼乐文明的精华——六经。而具体的学习过程则要"一年视离经辨志，三年视敬业乐群，五年视博习亲师，七年视论学取友，谓之小成；九年知类通达，强立而不反，谓之大成。夫然后足以化民易俗，近者说服，而远者怀之，此大学之道也"（《礼记·学记》）。显然，以六经为代表的礼乐文化是很难学习的。所以，古人学习的道路是很漫长的，可能要到十余年后才能有成。因此，"三十而有室，始理男事，博学无方，孙友视志。四十始仕，方物出谋发虑，道合则服从，不可则去"（《礼记·内则》）。

可见，西周时期形成了一套在中央和地方有国学、乡学之分，在年龄阶段有小学、大学之分的成熟教育制度。这套教育制度，"偏

① 杨宽. 西周史 [M]. 上海：上海人民出版社，2003：664.

重行为和能力的训练、养成，目的是把学生培养成合格的统治者"。①
而合格的统治者，正如此前所述，是要自身具有德行、并对民众能
够爱护。这实际上已经具备了"内圣外王"的儒家思想架构。而在
自身德行的养成中，西周十分重视教育的作用：不仅从小到大有一套
完善的教育制度，更在政治体制中就融入教养的思维。这表明，人
的养成是一个不能间断的过程。这正是工夫论的一个要义。而且，
在具体的教育内容上，既注重具体德目之养成，也重视外在礼乐文
明的规范。这对后来工夫论的内外面向皆有所开启。

第三节　春秋时期德礼之间的工夫论萌芽

西周以德和礼乐作为其政治统治的精神，但随着这两者所寄托
的现实制度和秩序被破坏，德和礼乐的时代开始崩坏。这就是春秋
时代的来临。王船山对于由西周到春秋的变迁曾论述到："封建之废，
废于诸侯之横，极则必返之势也。诸侯之横，横于王权之不立；王权
之不立，以喜怒任匪德，加诸侯而丧其道也。"(《春秋世论》)的确，
"礼崩乐坏"的春秋之世的到来，相当程度上源于西周统治者自身
不再遵循德的原则。如周幽王烽火戏诸侯，使得本来是为了拱卫他
的诸侯们离心离德，以至于最后被犬戎所灭。这使得华夏族又得应
对夷狄入侵的政治、文化问题。另外，就西周宗法制和封建制来说，
本身就有两大隐患：一是随着年代的久远，血缘关系会疏隔，差异会
渐渐大于协和。天子和诸侯、诸侯和诸侯、诸侯和内部贵族间会更
多地演变为利益问题，而不再是亲密关系，于是武力争霸会成为时
代的主流；二是"封土建邦"的制度使得地方有极大的自主权，中央
一旦衰弱就无法再对地方有效节制。同样，诸侯一旦衰弱，也无力

---

① 张广志.西周史与西周文明 [M].上海:上海科学技术文献出版社,2007:98.

再控制其国内的贵族。于是，贵族中的强者将把持国政。因此，在人事变化和制度缺陷的共同作用下，春秋之世到来了。[①]

一、现实与理想的裂痕

如果说西周初年代表的是黄金年代，那么进入春秋之世后，人们普遍有一种衰世、甚至末世之感。之所以如此，是现实的情况太过残酷与悲惨了。一方面，统治者的统治秩序被无情地破坏。据司马迁统计，"春秋之中，弑君三十六，亡国五十二，诸侯奔走，不得保其社稷者不可胜数"（《史记·太史公自序》）。另一方面，统治者为了自己私欲和扩张战争的需要，对百姓横加虐待。百姓的生活十分困顿，"庶民疲敝""道馑相望"（《左传·昭公三年》）成为各国共同的现象。在这样一个衰世中，人们的思想不能不受到冲击。这具体表现在以下三个方面。

首先，是天的宗教信仰被怀疑。在西周"以德配天"的宗教信仰体系中，天是以德为判断标准的万民之天；而在当时的人们看来，这一点是十分可疑的。"出自北门，忧心殷殷。终窭且贫，莫知我艰。已焉哉！天实为之，谓之何哉！"（《诗经·邶风·北门》）"昊天不佣，降此鞠讻。昊天不惠，降此大戾。君子如届，俾民心阕。君子如夷，恶怒是违。"（《诗经·节南山之什·节南山》）"浩浩昊天，不骏其德。降丧饥馑，斩伐四国。旻天疾威，弗虑弗图。舍彼有罪，既伏其辜。若此无罪，沦胥以铺。"（《诗经·节南山之什·雨无正》）这类怨天之语改变了旧有宗教信仰中天的定义。即这里展示给我们的天，不再是以德为判断标准的天，而是一个迷失的、没有标准的、无常的天，

---

① 张荫麟先生就曾指出："亲族和姻戚的情谊经过的世代愈多，便愈疏淡，君臣上下的名分，最初靠权力造成。名分背后的权力一消失，名分便成了纸老虎，必被戳穿。它的窟窿愈多，则威严愈减。光靠亲族的情谊和君臣的名分去维持的组织必不能长久。"张荫麟. 中国史纲 [M]. 上海：上海古籍出版社，2003：54.

甚至是为恶之天。在这样一个对旧有的天的怀疑下,传统"以德配天"的信仰模式被打破,天人关系必须要重新考虑。

其次,在对天人关系的重新考虑中,人的意义和地位得到了更大的提升。事实上,在怨天之余,人们也理性地认识到:人世间的很多事情实际上是与天无关的、自然而然的,有些甚至是由人自身来决定的。如当宋地发生异象时,"周内史叔兴聘于宋,宋襄公问焉,曰;'是何祥也?吉凶焉在?'对曰:'今兹鲁多大丧,明年齐有乱,君将得诸侯而不终。'退而告人曰:'君失问。是阴阳之事,非吉凶所生也。吉凶由人,吾不敢逆君故也'"(《左传·僖公十六年》)。在叔兴看来,天象的异常和人事是没有关系的,人事的兴衰吉凶都是由人自身的所作所为所决定的。当时颇有一批士大夫持有这类思想,如鲁国的臧文仲、郑国的子产等。而子产"天道远,人道迩,非所及也,何以知之"(《左传·昭公十八年》)的思想,实际上是为人的认知明确地划了界。将人的世界作为认知的主要目标和可能范围,因而也在一定程度上肯定了人在这个世界上的位置,并确立了人在人文世界中的主体性意义。

最后,人的独立地位和意义的确立使得人对道德的重要性更加认可,而人的思维和认知水平也得到相当的发展。在此前的卜筮之中,虽然也要考虑人事的很多参与因素,但关注更多的是如何通过具体细节的完善更好地获得天意。而在春秋时期的卜筮之中,一方面,五行、阴阳等更多复杂因素被考虑进去,从而丰富了卜筮的解释体系。这标志人的复杂性思维进一步发展。如史墨解释晋国救郑的卜象时说:"盈,水名也。子,水位也。名位敌,不可干也。炎帝为火师,姜姓其后也。水胜火,伐姜则可。"(《左传·哀公九年》)而另一方面,德的因素急剧加强。人们不仅以德来解释卜筮,甚至有时候以对德的思考来压倒卜筮的结果。如穆姜在被贬入东宫时,曾筮出卦象是《艮》之八,筮者认为这是好兆头。但穆姜自己解释道:"亡。是于《周易》曰:'《随》,元亨利贞,无咎。'元,体之长也;亨,嘉之会也;利,义之和也;贞,事之干也。体仁足以长人,嘉德足以合礼,利物足以和义,贞固足以干事。然,故不可诬也,是以虽《随》无咎。今我妇人而与于乱。固在下位而有不仁,不可谓元。不靖国家,不可谓亨。作而害身,不可谓利。弃位而姣,不可谓贞。有四德者,《随》而无咎。我皆无之,岂《随》也哉? 我则取恶,能无咎乎? 必死于此,弗得出矣。"(《左传·襄公九年》)穆姜认为卦象和卦辞虽然都很好,但是自己的所作所为完全与卦象、卦辞中所蕴含的德行意义相反,因此无德的自己根本不会有好结果。

因着以上三点思想上的变化,春秋时期人们的思想越来越向人的方面靠拢,关注点越来越集中到人自身上来。因此在面对当时社会溃败的问题时,他们深刻认识到:西周旧有的礼乐制度不可谓不好,所提倡的德政不可谓不良,但之所以不能再实行,是因为人出了问题。所以要真正彻底地解决这个问题,还要从人本身上着手。正如李源澄先生指出的:"春秋以前,礼教未坏,士大夫熏陶于礼教之中。循礼则为君子,悖礼则为小人,礼教之外,无所谓修养之道。迨春秋之末,社会日变,民志不定,礼失其效,而道德日以陵夷,于是修养之道,始为时之哲人所论究。"① 也就是说,春秋时期的变局使得人们将政治问题的解决在相当程度上寄托于人的修养之上。这就使得工夫论成为时代的需要,而其正式登场也就指日可待了。

二、德礼的追求

如上所述,春秋时期的社会政治生活开始发生巨变,人们对天人关系的思考也越发摆脱宗教思维而更趋于人文理性。因此,本就具有人文性的德的思想和礼乐文明被进一步重视。尽管春秋时期是一个"礼崩乐坏"之世,但正因如此,人们对德和礼乐的追求更加

---

① 李源澄.李源澄儒学论集 [M].成都:四川大学出版社,2010:161.

强烈，而对它们的思考也达到了空前的高度、广度和深度。

就德的方面来看，西周"以德配天"思维下的德更多地偏重于政治上的德政方面，而且缺少对德进行细致的讨论。这一情况在春秋时期得到了极大改观。据陈来先生研究，"从西周末至春秋，有关德行的思想，渐渐从 行'的规范描述向'德'的抽象提炼发展"。①其最集中的表现就是将众多好的行为归纳成众多的德目。陈来先生曾归纳当时各种关于德目的论述，有九德、十德、六德、五德、十一德、十二德等非常多的排列方法，而其中涉及的德目更不下几十种。因此，春秋可以称为"德行的时代"②。对于春秋时期丰富的德目，我们可以将它们分为两类：一类是纯个人道德的德目；另一类是伦理关系的德目。前者如中、正、智、勇、静、敬等，后者如仁、忠、信、义、孝、悌、让等。在这些德目中，出现频率较高的是仁、智、勇、忠、信、敬、义、孝、让等。可见，春秋时期人们更重视的是伦理关系中的德目。这表明人作为道德主体的观念在这个时期还没有完全形成，因而工夫论的独立意义还不会被真正提出。当然，我们也要看到，这一发展是需要一个过程的，而春秋时期正在这个过程之中。

春秋时期的人们认为，一个人的善恶、一个家族的兴衰、一个国家的存亡都和人的道德密不可分。那么，怎么样做才能达到德行呢？富辰指出，人要在心理上好德、要在言行上合乎礼乐道德，"耳不听五声之和为聋，目不别五色之章为昧，心不则德义之经为顽，口不道忠信之言为嚚"（《左传·僖公二十三年》）。耳目所见闻的必须得是合乎礼乐文明之正道的，心里还要时刻以道德的标准来要求自己，而说话做事也必须按照道德来进行。只有这样，才能算是有德

① 陈来. 古代思想文化的世界 [M]. 北京：生活·读书·新知三联书店，2002：251.

② 陈来. 古代思想文化的世界 [M]. 北京：生活·读书·新知三联书店，2002：269.

的。因为小到个人、大到国家，如果不行道德，都将败亡。叔向就指出："匹夫一为不信，犹不可，单毙其死。若合诸侯之卿，以为不信，必不捷矣。"（《左传·襄公二十七年》）然而，德行的项目有那么多，又应当如何修德呢？春秋时期人们对此尚没有具体的论述，但是他们对很多德目都给予了定义和描述。因此事实上在他们看来，按照定义和描述去做就是修德、实践德了。如，仁就是"爱亲""利国"（《国语·晋语》），信就是"守节"（《国语·周语上》）。显然，这里具有一些工夫论的含义，但其独立意义尚不明确。

当然，春秋时期这些德目观念的具体含义和我们后世的理解很不同。对此，童书业先生就曾指出："在西周、春秋时，'孝'之道德最为重要，'庶人'之孝固以孝事父母为主，然贵族之'孝'则最重要者为'尊祖敬宗''保祖宜家'，仅孝事父母，则不以为大孝。"[1]"'忠'之道德最原始之义似为尽力公家之事。'以私害公'，即为'非忠'。……至春秋后期，'忠'之意义渐狭隘化，孔子所谓'与人忠''忠信''忠恕'等之'忠'，仍为积极诚恳待人之意。在'原始宗法制'时代，后世之所谓'忠'（忠君之忠）实包括于'孝'之内。……然至春秋时，臣与君未必属于一族或一'家'，异国、异族之君臣关系逐渐代替同国、同族间之君臣关系，于是所谓'忠'遂不得不与'孝'分离。……然在春秋战国间，君臣关系犹与朋友关系相近，……彼时盖无'忠臣不事二主'之观念。……后世'忠君'之观念盖萌芽于墨家（《经上》《尚贤中》《鲁问》等篇），而大成于韩非（《忠孝》等篇）：此尚非春秋战国之间之人所及知也。"[2]而对于古人十分重视的女子贞洁观念，童先生也指出："妇女守节观念，至战国中期始渐出现，然其时儒家所定《礼经》犹规定：'夫死、妻稚、子幼，子无大功之亲，与之适人。'（《仪礼·丧服传》）故有所谓'为

---

① 童书业. 春秋左传研究 [M]. 北京：中华书局，2006：243.

② 童书业. 春秋左传研究 [M]. 北京：中华书局，2006：244.

继父'之丧礼。韩非始竭出所谓'三纲'之说。至秦始皇始有'有子而嫁，倍死不贞'等规定（见会稽刻石，参泰山刻石）。夫妇之伦之道德，至此始初步确立矣。"① 的确，春秋时期的道德更多的是伦理关系的道德，所以其中的任何一个德目都是对应性的德目，而不是单纯指向伦理关系中的一方。"君义，臣行，父慈，子孝，兄爱，弟敬，所谓六顺也。"（《左传 隐公三年》）君臣、父子、兄弟之间都需要各自做到各自的道德，否则就是"去顺"，乃"速祸"之道。也正是因为德是在伦理关系中来体现的，所以每个人都必须要修德，否则德就根本无法实现。可以说，这种伦理关系中对应性的德观念，指向了修德的普遍必须性。因为你不修德，别人就不必对你有德，这实际上就导出了对修德工夫必须性的认识。

与德的发展相应，礼乐文明在春秋时期也被进一步推进。尤其是当现实变为"礼崩乐坏"之后，礼乐的有效性、正当性、合理性何在成为人们探讨的主要问题。针对礼乐文明的有效性问题，曹刿指出："夫礼，所以整民也。"（《左传·庄公二十三年》）礼乐对于政治和社会生活有着重要的作用，因为它是用来整齐民众、使生活和谐的最佳方法。因此，当时的士大夫阶层都认为，要想解决春秋衰世的现状，就需要恢复礼乐之治。但他们也大都认识到，简单地从典章制度上恢复周礼是不可能的。因为，这样的恢复只是徒有其表、无有其实的。因此，必须重新为礼乐文明赋予内涵与深意，并重新在人心中建立起礼乐文明的根基。应当说，这条思路对后来孔子的以仁统礼进而达到仁礼双彰的思想，有重要影响。

内史过认为："礼，国之干也。敬，礼之舆也。不敬则礼不行，礼不行则上下昏，何以长世？"（《左传·僖公十一年》）没有内心的敬意，礼就无以施行 所以要先通过内心敬意的建立，才能使礼真

---

① 童书业. 春秋左传研究 [M]. 北京：中华书局，2006：245.

正扎根。与此相应，叔齐将礼仪和礼义进行了区分："礼所以守其国，行其政令，无失其民者也。今政令在家，不能取也；有子家羁，弗能用也；奸大国之盟，陵虐小国；利人之难，不知其私；公室四分，民食于他；思莫在公，不图其终；为国君，难将及身，不恤其所。礼之本末，将于此乎在，而屑屑焉习仪以亟。言善于礼，不亦远乎？"（《左传·昭公五年》）外在的具体礼仪末节并不是最重要的，最重要的是要知晓礼的根本之义。这就是曹刿所说的"整民"，即使各个阶层各司其职、各安其所、各得其乐。不能知晓礼乐文明的这一深刻内涵，就不能从这里入手去学习和践行礼乐文明。那样的话，就只会离真正的礼越来越远。礼义与礼仪之分是当时贤士大夫的共同看法，子大叔也认为"揖让周旋之礼""是仪也，非礼也"（《左传·昭公二十五年》）。

对于礼乐的合理性问题，季文子认为："礼以顺天，天之道也。"（《左传·文公十五年》）礼乐是依从天道而建立的，有其本源论的来源，因而具有永恒的价值和意义，不因一时一事的变化而无效。子大叔就曾援引子产的话指出："'夫礼，天之经也，地之义也，民之行也。'天地之经，而民实则之。则天之明，因地之性，生其六气，用其五行。气为五味，发为五色，章为五声，淫则昏乱，民失其性。是故为礼以奉之：为六畜、五牲、三牺，以奉五味；为九文、六采、五章，以奉五色；为九歌、八风、七音、六律，以奉五声；为君臣、上下，以则地义；为夫妇、外内，以经二物；为父子、兄弟、姑姊、甥舅、昏媾、姻亚，以象天明，为政事、庸力、行务，以从四时；为刑罚、威狱，使民畏忌，以类其震曜杀戮；为温慈、惠和，以效天之生殖长育。""礼，上下之纪，天地之经纬也，民之所以生也，是以先王尚之。故人之能自曲直以赴礼者，谓之成人。大，不亦宜乎？（《左传·昭公二十五年》）这里对礼乐文明的合法性、合理性给予了详尽的解释，认为礼乐是天地之道的产物、是根据人的天性而形成的大规律、大法则。它的范围至广至大，它的条例精微细致，人的一切心理活动、言行举止和伦理关系莫不包含于礼乐文明之中。因此，礼乐具有时空上普遍、永恒的价值，所以应当恢复礼乐文明。

事实上，春秋时期人们认为德、礼两者，都具有永恒的价值。管仲指出："招携以礼，怀远以德，德礼不易，无人不怀。"(《左传·僖公七年》) 对此，余敦康先生指出："'德礼不易'，就是认为德与礼乃是华夏文化传统的本质所在，应该共同维护，始终坚持，毫不动摇。"① 的确，德礼思想和天人关系的思想，在春秋时期都获得了巨大推进。而春秋时期人们对德和礼的这些丰富的哲学性思考，一方面对德进行了抽象化和细致化的处理，另一方面对礼乐进行了合理性、合法性的追问。这使得德、礼成为当时思想界最为重要的两个核心观念。那么，德和礼之间又是什么关系呢？春秋时期人们普遍认为德是礼乐的内在基础，而礼乐是德的外在形式，所谓"礼乐，德之则也"(《左传·僖公二十六年》)。当韩宣子出使到鲁国，看到《易》《象》与《鲁春秋》后，他感叹道："周礼尽在鲁矣。吾乃今知周公之德，与周之所以王也。"(《左传·昭公二年》) 显然，他通过外在的文献典籍感受到作为制度规范的礼乐文明，而进一步由此体会到周公之德和西周以德而得天下的深意。可见，德为内在，礼为外在，具有公论的意义。而这种对德、礼的处理，对后来工夫论的基本理论范式有重要影响。

三、君子的风范

如果说德与礼为后来儒家工夫论提供了理路上之奠基的话，那么春秋时期诸位贤人的高尚风范，则为儒家工夫论指明了目标——成为君子。孔子对此前的人物多有评论。在他看来，春秋之世虽是

---

① 余敦康. 中国宗教与中国文化（第二卷）[M]. 北京：中国社会科学出版社，2005：147.

衰世，但是颇有一批士大夫能够内修其德、外依礼乐，从而成就了君子风范。他们是后来儒者所需要学习和追慕的，如郑国的子产、齐国的晏子、吴国的季札。如上节所述，各国中都有一批贵族不以世卿世禄自高，而能以真正的精神贵族来要求自己，在德行和德政上皆有所建树。他们共同形成了春秋时期一个特殊的群体——君子。他们的气象风格因着儒家的传承而影响了后来的中国文化，更成为工夫论所追求的目标。

子产是春秋时期重要的君子，是孔子颇为推重的人物。"子谓子产：'有君子之道四焉：其行己也恭，其事上也敬，其养民也惠，其使民也义。'"（《论语·公冶长》）的确，子产身上体现了君子的很多风范。首先，他重视自我的道德修养。子产认为："君子长国家者，非无贿之患，而无令名之难。……夫令名，德之舆也。德，国家之基也。有基无坏，无亦是务乎！有德则乐，乐则能久。《诗》云：'乐只君子，邦家之基。'有令德也夫！'上帝临女，无贰尔心。'有令名也夫！恕思以明德，则令名载而行之，是以远至迩安。"（《左传·襄公二十四年》）只有有德行的人才能有美名，而只有如此才能身安乐、国安宁。其次，他有广博的知识和理性的思维，并以此来分析问题。有一次他出使晋国，恰逢"晋侯有疾"，晋侯及其贤臣叔向都认为这是鬼神作祟。子产告诉他们："君子有四时：朝以听政，昼以访问，夕以修令，夜以安身。于是乎节宣其气，勿使有所壅闭湫底，以露其体。兹心不爽，而昏乱百度。今无乃壹之，则生疾矣。侨又闻之，内官不及同姓，其生不殖，美先尽矣，则相生疾，君子是以恶之。故《志》曰：'买妾不知其姓，则卜之。'违此二者，古之所慎也。"（《左传·昭公元年》）子产认为晋侯的病并不是鬼神的原因，而是他自身不能保养自己的身体、过度纵欲所致。显然，子产认为一个君子应当有所节制、有所规律地生活，否则就会招致疾患。再次，他对国家忠诚。子产以"苟利社稷，死生以之"（《左传·昭公四年》）为自己的座右铭，且在行事中能所行合礼。当君主赏赐过量的时候，他主动谦逊地请辞道："自上以下，降杀以两，礼也。臣之位在四，且子展之功也。臣不敢及及赏礼，请辞邑。"（《左传·襄公二十六年》）同时，他又能在执政中斟酌损益以适时地改良。当他"从政一年，舆人诵之，曰：'取我衣冠而褚之，取我田畴而伍之。孰杀子产，吾其与之！'"而改革三年后，"又诵之，曰：'我有子弟，子产诲之。我有田畴，子产殖之。子产而死，谁其嗣之？'"（《左传·襄公三十年》）最后，他在执政中勤政爱民、施行德政。子产认为："政如农功，日夜思之，思其始而成其终。朝夕而行之，行无越思，如农之有畔，其过鲜矣。"（《左传·襄公二十五年》）而且他能博采众议，当有人建议他"毁乡校"时，子产指出："何为？夫人朝夕退而游焉，以议执政之善否。其所善者，吾则行之。其所恶者，吾则改之。是吾师也，若之何毁之？我闻忠善以损怨，不闻作威以防怨。岂不遽止，然犹防川，大决所犯，伤人必多，吾不克救也。不如小决使道。不如吾闻而药之也。"（《左传·襄公三十一年》）可见，在子产的身上体现了民本和言论开放的思想。以上种种，显示出子产是一个重德行、重理性、为政以德、以民为本的君子。

同样，在晏婴、叔齐、季札、臧文仲等人的身上，也都体现了君子的很多品格。他们共同形成了春秋时期的君子群体。之所以在春秋时期会出现这一批君子，一方面是西周以来德的思想和礼乐文明之影响延续的结果，另一方面是他们这批有识之士在自觉地反思这样一个问题：在春秋这样一个时代，一个人应如何安身立命？一个国家应当如何治理？而他们思考的结果，在政治上虽然有保守和改良的不同，但在个人问题上则都归结到道德修养上来。子产认为"恕思以明德，则令名载而行之，是以远至迩安"（《左传·襄公二十四年》）；叔向认为"务德，无争先"（《左传·襄公二十七年》）；臧文仲认为"德之不建，民之无援"（《左传·文公五年》）。总之，在礼乐文明的教化下进行自我修养而养成优良的德行，成为他们的共同特征和共同信念。

　　陈来先生指出："春秋时代仁人志士的思想和行为，共同构建了一种文化与道德的遗产。影响一个民族文化的，不仅是有识者提出的伦理思想和德行体系，更有实践这些价值理想、身体力行地体现这些德行的贤人君子。他们的道德榜样和他们的言论一起，成为影响后世的重要文化资源，从而在不同的层次上成为后人的道德典范和人格范型。"[①] 的确，春秋时期的这些君子贤人，他们对内能修养自己的道德、对外能遵循礼乐规范，政治上能仁爱百姓、文化上能传承周道，所以他们的榜样型范了儒家内圣外王的模式。而他们通过内修其德、外循礼乐而达到的君子这一高尚人格，使得工夫论的理路和目标都基本确定下来。

---

　　① 陈来 . 古代思想文化的世界 [M]. 北京：生活·读书·新知三联书店，2002：306.

第二章 孔子的工夫论思想

先秦儒家工夫论是随着儒家思想的形成而形成的，所以儒家思想的建立者——孔子，自然也是儒家工夫论的建立者。如果说在孔子之前只有工夫论之萌芽的话，那么在孔子这里，为什么需要进行工夫修养、工夫修养的具体方法、做工夫所要达到的目标是什么，已经成为孔子自觉探索并认真回答的问题。因此，孔子在对此前工夫论萌芽总结的基础上，明确了儒家工夫论的基本思路和基础方法。当然，他的工夫论思想尚有一些不甚完备之处，需要此后的儒者进一步完善。

第一节 为何需要工夫？工夫何以可能

我们从哲学角度分析工夫论，首先需要处理的一个问题就是：为什么需要工夫论？在这个问题得到确切而肯定的回答之后，紧接着的第二个问题就是：工夫论何以可能？也就是说，通过工夫而达到最终目标的基础何在？孔子对这两个问题，实际上都有了一定的思考和回答。

一、礼崩乐坏的社会现实

对孔子来讲，他在当时的社会历史环境下，所看到并意识到的最重要的问题，也即他一生所致力于解决的问题，就是"礼崩乐坏"。所谓"礼崩乐坏"，就是指西周礼乐制度的崩溃以及由此造成的社会失序、政治失范。对此，孔子有切身的感受：一方面"天下无道，则礼乐征伐自诸侯出"，而春秋后期甚至已经自大夫、陪臣出了；另一方面夷狄蛮戎对华夏的军事和文化侵略，使得华夏民族"被发左衽"的威胁日益加剧。在这内忧外困的情况下，孔子深切感受到时代的动荡和民众的流离。因而他以重振华夏文明为己任，以重建社会政治的秩序型范为目标来构建他的思想。

对于作为华夏文明之代表的西周礼乐制度，孔子是具有深厚感情的。所谓"郁郁乎文哉，吾从周"（《论语·八佾》），正是这样一种强烈文化认同的表现。但是孔子也理性地认识到，过于重文的西周礼乐已经到了必须改变不可的时候。所以，孔子首先提出要对西周礼乐制度进行与时俱进的改良。他认为："殷因于夏礼，所损益，可知也；周因于殷礼，所损益，可知也。其或继周者，虽百世，可知也。"（《论语·为政》）任何一种礼乐制度都不应是一成不变的，而是需要根据具体情况的改变因时、因地做出调整。所以，对于周礼也应进行因革损益。孔子认为，在新的时代应当"行夏之时，乘殷之辂，服周之冕，乐则《韶舞》"（《论语·卫灵公》）。

在改制的基础上，孔子进一步发现，仅仅从礼乐制度上进行改良，并不能就此重建社会秩序和重振华夏文明。因为孔子通过自己的反思认识到，礼乐制度在一定程度上只是一个形式、一个外壳，真正内在的内容是人自身：人的情感、人的意志、人的理性。所谓"礼云礼云，玉帛云乎哉？乐云乐云，钟鼓云乎哉？"（《论语·阳货》）礼乐制度并不是依赖于外在具体事物的，而是根植于内在人自身的。所以，礼乐制度的问题实际上就是人的问题。同样，之所以夷狄文化会对华夏民族构成巨大威胁，也在于作为华夏民族成员的每个个体出现了问题。很多华夏族人的价值认同、文化认同都出现了动摇，所以才会出现"礼崩乐坏"的情况。因此，孔子将礼乐制度等问题的解决放在人的重建上来。"《论语》说'修己以安人'，加上一个'以'字，正是将外王学纳入内圣之中，一切以个人的自己为出发点。以现在语解释之，即专注重如何养成健全人格。"①

由此，孔子认识到要想真正解决"礼崩乐坏"的问题，必须从人本身的重建上着手。这正是孔子提倡教育、开办私学，以求使"学术下于私人"的原因所在。也就是说，孔子认识到，必须使已经出问题或可能出问题的人认识到其问题所在，然后再通过一系列的方法来努力改正甚至预防其问题，从而长期保持一个正常的状态。这就表明，工夫论对每一个人都是需要的，因为每一个人都可能也都会出问题。可以说，工夫论是孔子最终确认的解决"礼崩乐坏"问题的重要答案，因此也是他一生致力于探索和实践的所在。

二、"性相近，习相远"的人性论

在确认工夫的必须性之后，需要探讨的问题就是：工夫何以可能，即工夫的基础何在。孔子对人曾有一个划分："生而知之者，上也；学而知之者，次也；困而学之，又其次也；困而不学，民斯为下矣。"（《论语·季氏》）在这里，孔子把人分为四等：第一等是生下来就已经全知全善的人，这样的人是天纵的圣人；其次一等，是很快就认识到学习的重要性，进而通过学习达到知和善的人；再次一等，是因为各种艰难和困顿认识到学习的必要性，才来学习的人；最末一等，是完全自暴自弃、放弃学习，甘愿不知不善的人。对这四等人，孔子认为："唯上知与下愚不移。"（《论语·阳货》）也就是说，只有第一等和最末一等的人是不可改变的。但是，就第一等"生而知之"的圣人来讲，孔子曾说"圣人吾不得而见之矣"（《论语·述

---

① 梁启超．儒家哲学［M］．上海：上海人民出版社，2009：35.

而》)。也就是说,孔子心里其实是知道天纵之圣在现实中是不存在的,它只是孔子虚悬的一个人格象征而已。而最末一等的,孔子也认为是不存在的,因为"我未见力不足者。盖有之矣,我未之见也"(《论语·里仁》)。可见,孔子实际上认为,现实中的人都是"学而知之"和"困而知之"这两类人。这两类人说到底都是通过学习、通过做工夫来实现君子人格的人,孔子认为自己也正是如此:"我非生而知之者,好古,敏以求之者也。"(《论语·述而》)

因此,孔子对人性的看法是,现实的人性都是相似的,此即"性相近"(《论语·阳货》)。每个人都不是先天的全知全善的,都是需要通过后天的工夫努力才能进步和发展的。不过,尽管现实的人性相似,孔子也认为第四等的人是不真实的存在。但他也慨叹:"我未见好仁者,恶不仁者。"也就是说,实际上还有很多人是"困而不学"的,是并不做工夫、不努力实现君子人格的。其原因就在于"习相远"、后天环境等的影响,造成了每个人不同的习性。最终使得一些人逐渐偏离了方向,远离了其可能也应当追求的目标。

由此,我们发现,孔子的人性论其实可以分解成两个部分:一是作为工夫之基础的部分;二是决定了工夫之必需的部分。这两者并存于人的现实人性当中,此为"性相近"。而因着前者的作用,人能够"学而知之"或"困而知之";因着后者的作用,人可能"困而不学"。对于这两者分别是什么,孔子并没有明确的定义。但是,一方面,他确定地认识到,人性中的可以作为工夫之基础而使得我们最终可以实现君子人格的部分,是确实存在的。所以,他认为"为仁由己""我欲仁,斯仁至矣"(《论语·述而》)。同时,另一方面,孔子也清醒地认识到,人性中不好的一面也是真实存在的,也正因为这方面的存在决定了工夫的必要性和长期性、艰苦性。所以,孔子将"克己复礼"看作一条基本而重要的工夫论,并特别强调学习的重要性和礼乐的外铄作用。

所以说，孔子的"性相近，习相远"（《论语·阳货》）这一命题，既显示出工夫的必要性，同时更彰显出工夫的可能性。于是，如何将这一基础转化为切实的行动，成为接下来最重要的问题。

三、"我欲仁，斯仁至矣"——道德主体性的确立

孔子思想的核心是"仁"。"仁"对孔子来讲，既是一个根本性、中心性的概念，又是一个广延性很大、涵括性很广的范畴。在"仁"之中，既包含有情感的基础、意志的动力，又包括了道德的行为、政治的实践。而在孔子之仁学中贯穿始终的一点是——仁始终是属于人的，此即所谓"人能弘道，非道弘人"（《论语·卫灵公》）。"仁"不是一个干枯的概念，而是依存于鲜活的人的个体生命的，所以它需要人的践履和努力。因此，孔子工夫论的核心就在于对仁的追求和实现，即人通过工夫能够发现、认识仁道，进而自觉地实践、推扩仁道。

但是，依照前面"性相近，习相远"的分析，显然，人是可能走不仁之路的。那么，在仁和不仁的选择之间，人要如何确定仁的道路，进而由此开展并用工呢？这就首先需要人自身的道德主体性的确立，而孔子之所以成为儒学的创立者，正在于他把人自身的道德主体性明确建立起来。

尽管从西周的"以德配天"思想，到春秋的礼义与礼仪的分离以及对君子人格的重视，都显示出道德主体性逐渐确立的趋势；但德礼之间的先后问题、主次问题、体用问题，始终没有得到明确的答案。而孔子因着对"礼崩乐坏"的深刻反思，认识到作为形式的礼乐制度，必须始终依赖于作为内容的人自身。所以首先也是首要的，就是重建人的价值观、确立人自身的道德主体性，进而由此解决社会失序和文化入侵等问题。因此，孔子认为"人而不仁，如礼何？人而不仁，如乐何？"（《论语·八佾》）人如果没有仁道作为内

在根据的话，礼乐文化就无从谈起，礼乐制度更会只剩个空壳。因此，将仁——人的内在道德主体性——确立起来，不仅关乎孔子工夫论的形成，更关乎孔子整个道德、政治思想体系的建构。

孔子曾说："仁远乎哉？我欲仁，斯仁至矣。"(《论语·述而》)仁并不是一个多么遥远、多么触不可及的东西，而是一念即至、招之即来的。当然，在孔子"性相近"的论述中，并没有对人性善的明白确认与绝对肯定。但根据我们此前的分析，孔子在他的人性论中事实上肯定了人与善之间的一种亲和力。也正因为这种亲和力，人与仁之间并没有遥远的距离，而是意志所向、行为所趋便可达到的。所以，孔子认为："有能一日用其力于仁矣乎？我未见力不足者。盖有之矣，我未之见也。"(《论语·里仁》)每一个人都是可以践行、实现仁的，仁道对于人，在可能性上讲是没有难度的。只要志向一定、意念一起，继之以工夫实践，就自然可以实现仁道了。

可以说，孔子通过这样一些论述，将仁与人的关系拉近和契接，从而肯定了仁作为人的主体性的内容，并确定了人的道德主体性。因此，"仁是道德主体的自觉活动，是一种修己工夫，是人生境界不断向上超升的不竭动源，它甚至是人之尊严的象征"。[①] 由此，每一个人的工夫论便可以开始进行和展开了。

第二节 孔子的工夫论方法

孔子之具体的工夫论思想非常丰富，既有内在的道德修养方法，也有外在的礼乐制度之规范。这两者之间存在着强大的张力，以至于后世的孟子和荀子对他们各有推到极致的发展。但在孔子这里，它们实际上是配合在一起的。这反映了孔子工夫论的一个核心观念，

---

① 颜炳罡. 生命的底色 [M]. 济南：山东友谊出版社，2005：24.

即孔子真正提倡的是身心兼修、内外互养的工夫。具体来讲，孔子的工夫论可以六个方面概括之："克己复礼"和"修己以敬"，是侧重就人的内在心灵进行的工夫；"博文约礼"和"学""思"，是偏重对外的学习和以礼乐规范人；而"孝悌忠信"则是就具体的德行项目来培植自我；通过学《易》的"畏天命"和中庸之道，则是"下学而上达"的工夫论中具有一定超越性的方面。

一、"克己复礼"

孔子对工夫论的最重要论述见于他对颜回的教诲。"颜渊问仁。子曰：'克己复礼为仁。一日克己复礼，天下归仁焉。为仁由己，而由人乎哉？'颜渊曰：'请问其目？'子曰：'非礼勿视，非礼勿听，非礼勿言，非礼勿动。'颜渊曰：'回虽不敏，请事斯语矣。'"（《论语·颜渊》）颜回是孔门德行科的大弟子，也是孔子最看重、最喜欢的弟子。所以在这里，他将成德的工夫论透辟讲出。而颜回也的确善问，他的进一步追问使得孔子的工夫论得到了更清晰的展现。

在孔子看来，工夫论的目标是成德，是使人成为仁人。要实现这一点，就要从两方面着手：一是要抑制自己内心中不良的一面，即所谓"克己"；二是要依从外在礼乐规范来做，即所谓"复礼"。而这二者实际上是一而二、二而一的，"克己复礼"在孔子的思想中是一种修养的途径和方法，蕴含着将外在的行为规范内化为心中的道德准则之意。①

不过，历代以来对"克己复礼"的本意到底如何颇有争论。较多的解释是将此四个字分为两个短语，即上面所述的"克己"和"复礼"两部分。但是，也有一些学者，尤其是自清代以来，将"克"解释为"能"。由此将四字连用为一句，意即：自己能归复于礼乐。

---

① 李存山. 中国传统哲学纲要 [M]. 北京: 中国社会科学出版社, 2008 : 195.

这种解释虽然有其一定的训诂依据，但实际上并不能成立。首先，在较古的文献中已经有阐释"克己复礼"这句话的内容，它们采用了克服内心欲望的说法。《左传·昭公十二年》在记载了楚灵王的一段故事后，引用孔子的话道："仲尼曰：'古也有《志》："克己复礼，仁也"。信善哉！楚灵王若能如是，岂其辱于乾溪?'"这里将"克己复礼"当作古语，是一种说法，但与我们的讨论关系不大。和我们的讨论关系密切的是，需要了解孔子的这句评判之语表达的是什么意思。《左传》记载的故事是："左史倚相趋过。王曰：'是良史也，子善视之。是能读《三坟》《五典》《八索》《九丘》。'对曰：'臣尝问焉。昔穆王欲肆其心，周行天下，将皆必有车辙马迹焉。祭公谋父作《祈招》之诗，以止王心，王是以获没于祇宫。臣问其诗而不知也。若问远焉，其焉能知之?'王曰：'子能乎?'对曰：'能。其诗曰："祈招之愔愔，式昭德音。思我王度，式如玉，式如金。形民之力，而无醉饱之心。"'王揖而入，馈不食，寝不寐，数日，不能自克，以及于难。"显然，这里记载的是楚灵王欲克制欲望而不能，并最终导致国乱身亡之事。而孔子就此事而言"克己复礼"，显然"克己"是抑制欲望之意。其次，对这句话之解释的一个关键分歧点在于对"克"字的解释。"克"有两个意思：一是战胜、克服；二是能。然而，虽然"克"确实有能之意，但是其用法却罕有后面直接接人称代词的；而是多接动词或名词，如"克明俊德""克谐以孝"（《尚书·尧典》），"克禋克祀"（《诗经·生民》），"十年不克征"（《周易·复卦》），等等。所以，将"克己"解释为"能己"，并不合理，且于语义上也颇有不通。清人及今人之所以将"克己"训为"能己"，很大程度上是不赞成宋儒的理欲之辨。但实际上，这一戴有有色眼镜的想法并不正确。尽管孔子在后面曾说"为仁由己，而由人乎哉"，似乎是在确认这个"己"的正面意义。但正如我们在第一节分析孔子"性相近，习相远"的人性论时所指出的，孔子人性论中包含两个部分。

因此，"为仁由己"的"己"和上文"克己复礼"的"己"是有一定区别的。事实上，如果"克己"就是"能己"，则下文的"非礼勿视，非礼勿听，非礼勿言，非礼勿动"便没有对应的对象了。而且，在孔子这里，也是有理欲之辨的。弟子曾问他"克、伐、怨、欲不行焉，可以为仁矣？"孔子回答道："可以为难矣，仁则吾不知也。"（《论语·宪问》）显然在孔子看来，对欲望的克制是工夫论一个难能的部分，但是仅仅如此并不能够达到仁。

通过约束和克制自己的欲望，就可以使得自己逐渐达到非礼勿视听言动。这样就能使自己本性中好的一面不断发挥出来，而人也就可以践履礼乐文化了。所以，从某种角度说，"克己"是"复礼"的一个前提。而如何使得"克己"得以完成，孔子有具体的讨论。

二、"修己以敬"

"克己复礼"是个人内在修养的基本纲领，它要实现的是对欲望的约束和克制。而要如何才能使我们的心灵不偏斜呢？其方法就在于"修己以敬"（《论语·宪问》）。张岱年先生指出："孔子提出'修己'之说；修己即整饬自己的言行，使自己的言行无不合乎原则，这样就可以'安人'了。"① 而我们在第一章的讨论中曾指出，敬与德密切相关，因而在上古宗教中有着重要的仪式意义和心理意涵。而这一思维方式遗留到西周和春秋之后，逐渐演变成一种十分重要的民族心理情感：谨慎、认真、恭敬。这种心理情感对上可以是对天命的敬畏，对下可以是对具体事物的严谨，对人可以是对父母的尊重。总而言之，敬这样一个旧时代的宗教情感逐渐被道德化。于是到了孔子这里，它成为个人道德修养的一个具体方法。

在孔子看来，敬是人进行道德修养的重要方面。当子张向孔子

---

① 张岱年. 张岱年全集·中国伦理思想研究 [M]. 石家庄：河北人民出版社，1996：654.

询问人的行为应当如何时，孔子回答他道："言忠信，行笃敬，虽蛮貊之邦行矣。言不忠信，行不笃敬，虽州里行乎哉？立，则见其参于前也；在舆，则见其倚于衡也，夫然后行。"（《论语·卫灵公》）孔子认为，言语要真诚不伪，行动要笃实恭敬，如果不能如此的话，是根本无法生活于世界之上的。需要指出的是，子张问的是行，孔子却将言行之道一并托出，可见在孔子看来言行是合一的。所以，"忠信"和"笃敬"实际上是相通的，而孔子也在一定程度上以敬来统摄忠信。比如，当子路问孔子什么是君子的时候，孔子告诉他"修己以敬"（《论语·宪问》），即是君子以敬的工夫来修养自己。

　　敬在孔子这里，是一种重要的修养工夫方法。它既可以对人，也可以对事。对人来讲，它是一种内在的尊敬、崇敬的心理情感。首先，敬要施之于父母。《论语·为政》载："子游问孝。子曰：'今之孝者，是谓能养。至于犬马，皆能有养。不敬，何以别乎？'"对父母如果没有内心真诚的、尊敬亲爱之情感的话，就和对待自己养的宠物没什么区别了。可见，时时保持对父母的敬，是使我们的心不偏离于孝德的重要工夫。其次，敬要用来对待上级。孔子评论子产之优秀时曾指出："（他）有君子之道四焉：其行己也恭，其事上也敬，其养民也惠，其使民也义。"（《论语·公冶长》）对上级领导保持恭敬的心理，可以使政治秩序稳定，而不至于发生犯上作乱的事情。再次，敬要用来对待贤者。孔子对这点虽然没有明确地指出，但他在评价晏子的时候曾说："晏平仲善与人交，久而敬之。"（《论语·公冶长》）可见，人们对贤者也是应当尊敬的。对事而言，孔子认为敬是一种认真、谨慎的态度，是时刻都应具备的。在孔子的具体讨论中，就事而言的敬，包含三个方面。一是礼，"子曰：'居上不宽，为礼不敬，临丧不哀，吾何以观之哉？'"（《论语·八佾》）敬本身就是古代宗教礼仪中重要的心理情感基础，而且孔子也认识到礼乐文化必须有内在的人本身的支撑。所以敬天然地就成为行礼中最重要、最基本的工夫，只有以敬的心理去行礼、去践行礼乐文化，礼的意义、礼乐文化的深刻内涵才能被唤醒、才能重新产生作用。二是政事。孔子对此有很多的论述，如"子曰：'道千乘之国，敬事而信，节用而爱人，使民以时'"（《论语·学而》）。在孔子看来，对待政事不能有丝毫的马虎，而必须以严谨的态度去做，否则就是对国君的不忠、对民众的不负责任。三是孔子实际上是将敬推扩到人所做的一切事情上去。因为在孔子看来，人的一切所作所为都关乎其对于仁道的修养和实践。所以当樊迟向孔子问仁的时候，孔子回答他："居处恭，执事敬，与人忠。虽之夷狄，不可弃也。"（《论语·子路》）而孔子在讲"君子有九思"的时候，也指出"事思敬"（《论语·季氏》）。除了对人和事，敬还是对待鬼神应采取的态度。孔子认为对于鬼神这些难以说明、难以证明其真实或虚幻的东西，应当敬而远之。即采取一种虽然也恭敬它，但是疏离它的态度。这里的敬，就是"祭如在，祭神如神在"（《论语·八佾》）。实际指向的是自己内心的一种心理，即人应当使得自己的内心时刻专注于、认真于自己所参与的事情。所谓"吾不与祭，如不祭"（《论语·八佾》）。神鬼之真假可以不论，但我既然已经参与此活动，则我的内心就需要保持应有的态度，否则就干脆不做。

可见，在孔子这里，"敬"是贯穿一切人和事，乃至于鬼神的。所以，"敬"的确是孔子修己工夫论的一个重要方面。通过不断地修敬，使我们的内心保持认真、谨慎、恭敬，这样我们的心灵就不会放逸、不会偏斜，从而就可以逐渐地做到"克己"，实现对欲望的约束和克制。这样就可以进一步"复礼"，实现礼乐文化在我们个体身上的重塑与重建。

三、"博文约礼"

如果说"克己复礼"和"修己以敬"的工夫是追求和实现仁道

的内在基础工夫的话，那么，学习和认知礼的规范就成为孔子工夫论的下一个重要环节。孔子自身成德的经历充满了对礼的学习与实践，显示出他对礼的高度重视。他"为儿嬉戏，常陈俎豆，设礼容"（《史记·孔子世家》）。孔子从儿时起，就因着鲁地文化的影响和自己家族的因素，以礼作为游戏的内容；长大后，他仍十分重视对礼的学习，所谓"十有五而志于学"的学其中很大部分也是学礼；而"三十而立"的立，也是"立于礼"。不过，作为工夫论的一个环节的学礼，其中却有一个必须要解决的问题。那就是孔子既然认为礼乐制度是要因革损益的，那么，在众多的古代之礼中，应该如何进行选择？到底哪些仍要去践履，哪些则要放弃呢？

这个问题就涉及孔子对学习的整体认识了。徐复观先生指出："《论语》上所说的学，有广狭两义。广义的学，兼知识、德行二者而言。狭义的学，则常是对德行而专指追求知识。"① 而我们这里讲的对礼乐文明的学习主要指狭义的学。根据颜回的记载，"夫子循循然善诱人，博我以文，约我以礼，欲罢不能"。也就是说，礼的学习是与文的学习一同进行的。而且，对于文与礼，孔子的教导是不同的：对于文，要尽可能广博地学习；对于礼，则不能只注重博，而必须在对礼的学习中发现其深意，进而使之在自身上起作用。即自觉地认可礼并让它起到对自己的约束作用，这才算对礼的真正学习。尽管孔子曾说过："弟子入则孝，出则悌，谨而信，泛爱众，而亲仁。行有余力，则以学文。"（《论语·学而》）文的学习，似乎是靠后的，而且是不重要的。但其实，这仅仅是从道德主体性的确立角度而言的初步的学问，而孔子之学实不仅如此。事实上，孔门之学绝非不重视文，而恰恰是非常重视文。因为，孔子自己就曾经说过："君子博学于文，约之以礼，亦可以弗畔矣夫！"（《论语·雍也》）显然，

---

① 徐复观. 中国人性论史 [M]. 上海：华东师范大学出版社，2005：45.

约礼的同时要博文，博文是实现优良道德和良好政治的必要条件。所以，"子以四教"中有"文"，而孔门四科中也有"文学"，且必须"文质彬彬"，才能成为君子。

孔子所谓"文"，是一个广义而宽泛的概念。它首先指古代的书籍文章，同时也可以含纳古代"文献"的内容，即包括了故旧耇耋的嘉言嘉行。如孔子曾说："夏礼，吾能言之，杞不足征也；殷礼，吾能言之，宋不足征也。文献不足故也。足，则吾能征之矣。"(《论语·八佾》) 另外，"文"也指称一种因对文献的学习和践履而具有的气象，或者说德行。比如"周监于二代，郁郁乎文哉！吾从周"的"文"，就显然如此。当然，在孔子这里，最重要的文的学习就是大六艺——《书》《诗》《礼》《乐》《易》《春秋》六经。孔门四科十哲中文学科的子游、子夏都是经学大师，孔子自己更是对六经的整理与传承颇多贡献。孔子之所以重视六经，是因为他认为：六经是对古代圣王先贤的治国之道、成德之道的记录，是华夏民族的核心精神、高尚理想的凝聚之所。因此，六经之文不是一般的文，而是载道之文。孔子在匡地遇险时所说的"文王既没，文不在兹乎？天之将丧斯文也，后死者不得与于斯文也；天之未丧斯文也，匡人其如予何"(《论语·子罕》) 正是将道与文结合在一起。也正是因为如此，"博学于文"才成为"亦可以弗畔矣夫"的道德与政治实践的必要条件。所以，子贡说："夫子之文章，可得而闻也。"(《论语·公冶长》)

在文的学习中，还包含了《礼经》。但是这个阶段的学习更多的是文献的，还不是"学而时习之"的包含实践的学习，所以还要有"约之以礼"这一步。通过文的学习，已经获得了关于礼的丰富知识。但是，正如知与行需要合一一样，礼的实践必须马上进行，也就是要做颜子"非礼勿视听言动"的工夫。不过，这个时候的遵从礼的规范，和一开始因着一般社会习惯的遵从礼的规范是不同的。此即是小学而大学的不同。小学时候的从礼是更多的外范，而此时经过博文阶段的从礼，叫作"复礼"，即是有自觉性和自主性的从礼。也正因为如此，才能叫作真正的"约礼"。

需要指出的是，"博文约礼"工夫后的"复礼"，解决了礼的因革损益之问题。而这个问题的解决就得益于"博文"这个阶段的学习工夫。在这个学习过程中，既广泛地学习了古代的礼乐文明和制度，同时又通过学思之间的张力达到了对大六艺所承载的核心——礼乐文明的一贯之道的获得。所以，个人拥有了对礼乐制度的判断能力，可以知道哪些是常道、哪些是权宜。对常道要继续践行，对权宜则不妨改革甚至放弃。那么，具体来讲，如何处理学与思之间的张力，进而实现对礼乐文明之核心精神的获得呢？

四、学思之间

就孔子自身的成德过程来说，由"十有五而志于学"到"三十而立""四十而不惑"（《论语·为政》），是一段注重于学习和思考的阶段。而学习和思考的关系，在孔子的工夫论中也是一个重要的问题。如前所述，博文和约礼之间的关系是通过博学而建立起约礼的自觉性、自主性。但如果只是不加思索、不加反思地学习，将只具有外范的作用，而不可能建立起自觉性、自主性。所以，博文的过程离不开思的作用。在孔子看来，"学而不思则罔"。没有思想的作用，学习只会带来迷惘。当然，"思而不学则殆"。没有博学之基础的思，将是狭隘无益的。既然孔子的工夫论十分重视学习，那么，思考在其工夫论中也就占有重要的地位。故而有必要对孔子的思的工夫进行讨论。

孔子之前的古圣先贤，对思已经有一些讨论。尤其是对思什么的问题，古人讨论颇多。《尚书·盘庚中》载盘庚语："汝不谋长，以思乃灾，汝诞劝忧。"这里的思，是对时势的考量和对未来忧患的焦虑，即徐复观先生所说的"忧患意识"——"从当事者对吉凶成败的深思熟虑而来的远见；在这种远见中，主要发现了吉凶成败与当事者行为的密切关系，及当事者在行为上所应负的责任。"①这一认识延续到西周，并得到了更多重视。如《尚书·大诰》载成王语"肆予冲人永思艰"，《尚书·周官》言"居宠思危"。于是，德之思成为由西周到春秋时期的一个重要思潮。重德，本就是周人文化的特色。他们的"以德配天""明德""敬德"观念，在西周初年就已经形成，到了春秋时期更是向抽象的德目发展。于是，我们在《左传》中可以看到"思利民，忠也'（《左传·桓公六年》)、"居利思义，在约思纯"（《左传·昭公二十八年》)等语。利民、忠、义、纯，这些德目都被视为思的对象。

于是，孔子面临的一个问题就是：在这么多思的对象中，最应该思的是什么？《论语·子罕》载："'唐棣之华，偏其反而。岂不尔思？室是远尔。'子曰：'未之思也，夫何远之有。'"此篇逸诗所指的对象虽难以说清，但是孔子的意思却可以推出。即如朱子所言"夫子借其言而反之，盖前篇'仁远乎哉'之意。"冯厚斋也指出："古人说诗不必其本指也。诗人之指，谓思其人室迩人远尔，夫子谓道不远人，思则得之，故反诗人之言以明之也。"（《论语集释》)如本章第一节所述，尽管孔子只言"性相近"，而未言性善，但孔子是承认仁的内在性，或者说至少是承认人有善端的。那么，为什么人还会有不仁的行为呢？其原因就是"习相远"，即后天的造就不同。也就是很多人在后天"未之思"，没有欲仁。而一旦"我欲仁"，我思之，则仁就会发生作用。这就是说，仁虽然是人本具的善端，但其发用却需要一个契机。这个契机就是思。这表明，在孔子这里，思的重要对象是仁，思担负着触发仁的重任。

不过，既然仁的发用是由思引发出来的，那么仁和思到底哪个

---

① 徐复观．中国人性论史［M］．上海：华东师范大学出版社，2005：14．

在先？仁和思是什么关系呢？在孔子看来，从人的规定性或者说存在的逻辑顺序上讲，仁在先；而从工夫论或者说道德实践的顺序上讲，思在先。因此，内在的仁德就含蕴着仁之思，而经过仁之思的工夫就可以把仁德调动出来而成为道德实践行为。正因为思是仁的发动契机，所以思在道德实践中的重要性不言而喻。于是，如何思的问题也就成为接下来要讨论的问题。

孔子曾针对"季文子三思而后行"提出意见。他认为："再，斯可矣。"（《论语·公冶长》）程子曰："为恶之人，未尝有思，有思则为善矣。然至于再则已审，三则私意起而反惑矣，故夫子讥之。"朱子注云："君子务穷理而贵果断，不徒多思之为尚。"（《四书章句集注》）这些都是认为孔子的意思是思要避免次数过多。因为对于一件事情如果翻来覆去的思的话，就会令功利的计算之心产生，从而压倒德性之思，阻碍道德的实践。王船山《读四书大全说》也指出："思未有失，而失在三。"之所以提出不应三思而应再思，这也与孔子一贯提倡的中庸之道有关：一思即行，可能会陷于鲁莽；三思而行，可能会陷于功利；只有"再，斯可矣"才是中道之思。思的次数和道德的关系，再一次凸显了思和仁之间的张力。思固然是触发仁德的契机，但是过度的思会遮蔽仁。那么，到底应如何思呢？"再"只是从次数上给出了一个参考，却并没有解决如何思的问题。因为次数并不能保证结果的正确，思还需要一个标准。

孔子对思的标准问题是有所考虑的。子曰："《诗》三百，一言以蔽之，曰：'思无邪'"（《论语·为政》）。"思无邪"，包咸解为"归于正"。这里是讲《诗经》三百篇的主旨和标准是"思无邪"。朱子注云："凡《诗》之言，善者，可以感发人之善心；恶者，可以惩创人之逸志。其用归于使人得其情性之正而已。"（《四书章句集注》）由此可以推断，作为《诗经》之标准的"思无邪"，也就是思的标准。即思应是"无邪"的，这也就是程子所说"思无邪者，诚也"的意义所在。经由这样一个标准，我们在思的时候就可以判断所进行的思是否正确，所采用的方法是否得当，所思的次数是否合适。

通过以上对思的讨论，我们可以进一步探讨孔子对学思关系的认识。一方面，孔子思学并重，"学而不思，则罔；思而不学，则殆"（《论语·为政》）。另一方面，孔子显然更重视学，"子曰：'吾尝终日不食，终夜不寝，以思，无益，不如学也'"（《论语·卫灵公》）。之所以如此，是与孔子对学的定义有关的。"哀公问：'弟子孰为好学？'孔子对曰：'有颜回者好学，不迁怒，不贰过。'"（《论语·雍也》）这里的学，并不是我们一般理解的仅仅向外学习的学，而是包含了颜回"克己复礼"的内在为仁之学。所以，孔子所理解的学是广泛意义的学。它既包括了对外界知识的学习，也包括了对内在道德的省察，更包括了对道德和知识的实践。而思本身的意义也是非常丰富的，既有德性之思，也有知识之思，还有情感之思。孔子对此并没有明确的区分，其原因在于孔子的整体成人观念：道德、知识、实际才干以及审美能力，是君子所应当全部具有的。学是为了学成为君子，因此要内外兼学；思也因此不能局限在一端。

五、孝悌忠信的具体实践工夫

前面所讨论的，是孔子工夫论中比较纲领性的部分：就偏外在的一面讲，孔子重视"博文约礼"以实现"复礼"，这里表明了外铄对工夫修养的重要意义；而在孔子的思想体系中，内在面向的工夫似乎更加重要，即"克己复礼"中的"克己"部分和"修己以敬"的"敬"。因为"为仁由己"，内在的问题不解决，外在的学习也不会坚定。如前所述，"克己"和"由己"正与孔子"性相近，习相远"的观点一致。即人既有可能不善的一面，又有可以致善的一面。因此内在的工夫，就是要培植起致善的一面，并以此克制不善的一面。

在孔子看来，要培植内在的善良一面，需要从身边的事情做起。

孔子在回答子贡问为仁之法时，即提出"能近取譬，可谓仁之方也已"(《论语·雍也》)。内在道德修养的工夫需要从身边做起，只有这样，才能来得真切，才能最为得力。因此，孔子特别重视孝、悌这两点，因为父子关系、兄弟关系是一般人都会有的伦常关系。其中当然又以父子关系最为重要，因为这是人生天地间谁都无法逃避的。

孔子对孝有很多讨论，其中最核心的观念就是：孝是一定要有内在心理情感做基础的，而非单纯的外在行为。这与他对仁礼关系的讨论如出一辙，而这也正是孔子思想所以超拔于前人之所在。孔子在回答宰我关于三年之丧的问题时，指出：之所以要行三年之丧之礼，并不是源自外在的强制要求，而是出自人内在的内心之不安。所以，行孝的关键问题在于内心。所谓"今之孝者，是谓能养。至于犬马，皆能有养。不敬，何以别乎？"(《论语·为政》)如果没有内心对父母的亲爱和尊敬，那么外在的那些礼仪规范就真是虚泛无用的了。因此，孔子在回答子夏问孝时说："色难。有事，弟子服其劳；有酒食，先生馔，曾是以为孝乎？"(《论语·为政》)即使对外在的礼仪规范都能按着要求去做，但如果心里面不愿意、表情上也不顺从，那就根本不能算作孝。通过对孝的内在心意的强调，孔子将工夫论深化到人的内心之中，强调一定要从内心入手，才能达到道德行为的真真切切、没有虚假。同样，对于兄弟之间的"悌"，孔子也是如此认为。

人是生活在社会族群中的动物，除了父子、兄弟的伦理关系外，人与普通人的关系实际上也是经常碰到的。对此，孔子提倡"忠""信"两个德目，并借由此来修养自身的德行。孔子所用的"忠"虽然也含有对君主的意义，但很多情况下其实是与信相近的，用于与一般人的关系。比如，樊迟问孔子什么是仁，孔子答道："居处恭，执事敬，与人忠。"(《论语·子路》)这个忠显然是一般的人与人之间相处应当诚实有信之意。所以在《论语》中，忠信连用是很常见的，达到了5次。要知道忠这个词不过出现了12次，而信也只有13次。孔子认为,忠信并不是什么高不可攀的道德修养。在他看来,"十室之邑,必有忠信如丘者焉"(《论语·公冶长》)。很多人都是可以做到忠信的,因为忠信只是人与人相处的基本要求。人如果不能做忠信的工夫,不能以忠信要求自己,那么就无法与他人相处。"言忠信,行笃敬,虽蛮貊之邦行矣。言不忠信,行不笃敬,虽州里行乎哉?"(《论语·卫灵公》)孔子认为忠信是具有普遍意义的德目,这一看法是正确的。正如徐复观先生指出的,孔子"为学的总的精神,我想以'主忠信'做代表。……一切方法、工夫,皆应由忠信精神所贯注,否则便知是空话"。① 也正因为如此,孔子强调,人一定要做忠信的工夫。这既是对自己道德的修养,也是为自己能在社会上立足奠定基础。

谈到忠信,自然就会联想到忠恕。不过忠恕连用,实际上是曾子的提法,所以我在这一章中不予讨论。不过,孔子对恕道确实非常重视。"子贡问曰:'有一言而可以终身行之者乎?'子曰:'其恕乎!己所不欲,勿施于人。'"(《论语·卫灵公》)我自己不想要的,我就不会施加于别人,这即是尊重他人、绝不强人所难。这条"金律"是孔子认为最基本、最简单的,也最具有普遍性、永恒性的。在今日看来,这条也正日益变得重要起来。因为随着整个世界的开放,人与人之间已经远非孔子所处时代的熟人社会架构了。陌生人之间更需要恕道来作为基本道德,调和冲突与矛盾。

无论是孝悌还是忠信,实际上都是有外在工夫对象的。其工夫的方法是以具体的道德规范来要求自己的内心。而在这些具体的工夫中,是否有一贯的原则呢?有的,这就是"中庸"。

六、"中庸"与"畏天命"

"中庸"的观念在《论语》中虽然仅一见,但可以说孔子一生实

---

① 徐复观. 中国人性论史 [M]. 上海:华东师范大学出版社,2005:45.

际上都贯彻着中庸的精神。孔子认为："中庸之为德也，其至矣乎！民鲜久矣。"(《论语·雍也》) 也就是说，能够行为始终不偏不倚、符合常道，是一件最难的事情。性格决定命运。事实上，每个人的个性对他的思想认识、行为举止影响巨大。而人的个性大都是偏而不中的，或者是过与不及、或者是狂狷，因而反映在行为和认识上也就常常各走其偏而不能中正。因此，中庸是孔子工夫论中很重要的一点。孔子的工夫论就是要使人们通过各种修养工夫而令情感、意志、理性、行为、言谈都中庸而不偏斜。

然而，中庸却是极难的。这是因为现实生活的诸多经历会对人产生极大的刺激，因而即使有再好的工夫，也难免不走极端而偏离中庸。孔子一生的坎坷经历使他对这一点有清醒的认识。孔子认为，要真正始终保持中庸，必须在终极信念上有一番正确的理解，而有这个理解做保证，就可以在现实生活中常保中庸而不失。这个对终极信念的理解就是孔子"畏天命"(《论语·季氏》) 的工夫。孔子的天命观是对命运之天的道德义理化处理。"子畏于匡，曰：'文王既没，文不在兹乎？天之将丧斯文也，后死者不得与于斯文也；天之未丧斯文也，匡人其如予何？'"(《论语·子罕》) 这个天既具有命运之天的意味，但同时又和文王之道融合在一起，因而也具有义理之天的意味。事实上，孔子的天命论正是道德义理之天和命运之天的奇妙组合。孔子晚年喜《易》，就在于在这部关于命运的书中最终发现了永恒普遍的义理——德义。孔子曾说："加我数年，五十以学《易》，可以无大过矣。"(《论语·述而》)《周易》这部卜筮的书在孔子这里被视作关于德行和天道的书。而在出土文献《要》篇中，孔子将《周易》的成书归为周文王："文王仁，不得其志，以成其虑。纣乃无道，文王作，讳而辟咎，然后《易》始兴也。予乐其知之。非文王之自作《易》，予何知其事纣乎？"正因为《周易》是文王将其以德义事商纣的忧患思考以卜筮的方式记录下来的，因而孔子认为《周易》

除了卜筮的形式外，还有深层次的含义。因此，孔子说自己对于《周易》是"观其德义耳也""吾求其德而已，吾与史巫同途而殊归者也。君子德行焉求福，故祭祀而寡也；仁义焉求吉，故卜筮而希也"。可见，在命运之天和义理之天中，孔子最终的落脚点是义理之天。也就是说，孔子认识到命运之天是对于个体而言的，而义理之天则是普遍永恒的。因而就一个人的生命来说，其生死富贵固然受制于命运之天，但是如果他能认识到道德仁义并时时刻刻践履之的话，那么他就与义理之天相合。因而也就超越了限制，而达到普遍永恒，无所谓命运不命运了。因此，孔子认为："不怨天，不尤人，下学而上达。知我者其天乎！"（《论吾·宪问》）不对命运之天抱怨，不对他人怨尤，而一心在德行上下工夫以达到仁道，这样最终就能与义理之天相合。达到了这样一个认知，才算"知天命"。而只有知了天命，才能使工夫修养彻底地滋润自己的身心，使自己达到身心愉悦而自由的最高境界。孔子"四十而不惑，五十而知天命，六十而耳顺，七十而从心所欲不逾矩"（《论语·为政》）正是对此的真实写照。因为，"'不惑'以前之工夫，皆用在自觉意志之培养上，'知天命'则转往客体性一面。'不惑'寸已知义，再能'知命'，于是人所能主宰之领域与不能主宰之领域，同时朗现。由是主客之分际皆定，故由耳顺而进入从心所欲之境界。"[1]"知天命"后，自然会"畏天命"。因为，不仅命运之天构成对自己真实生命的限制，而且如果自己不去努力践行德行的话，就始终与义理之天相违。而这样人的生存就没有一个终极信念在，也就无法在现实生活中真切体会到人生的意义。于是行为也就无法保持中庸，而会走偏、走斜。

"中庸"和"天命"之间的关系很奇妙。它们虽然分属于人和天，但却同是具有普遍永恒意义的，因而能够行为符合中庸。而畏天命、

---

① 劳思光．新编中国哲学史（第一卷）[M]．桂林：广西师范大学出版社，2005：102．

知天命的人，也就超越了现实的限制，具有了普遍永恒性。那样的人就是圣人，也就是孔子工夫论的最终目标。

第三节　孔子工夫论的目标

孔子的工夫论既然有如上所述那么多丰富的内容，那么他要达到的目标是什么呢？冯友兰先生指出，孔子"讲学的目的，在于养成'人'"。[①] 因为儒家之学是成德之学，所以孔子的工夫论就是要养成有德之人。而有德之人，在孔子的意义上，就是指君子。在第一章的讨论中，我们曾指出：春秋时期已经开始了对君子人格的德行化转变，而到了孔子这里则基本上完成了这一转变。即：将传统表示爵禄之高的地位的君子转化为德行之高的人格的君子。因此，君子的养成是孔子工夫论的目标。当然，在君子之后，还有成圣这一最高的目标。

一、"君子不器"

《论语·为政》中记载了孔子这样一句话："君子不器。"意思是说一个具有君子人格的人，是一个不限于一端一艺的通人，这里展示了孔子工夫论指向的重要目标——君子的一个面向。器，指称的是一个有用但其用有一定限定性的人。因此，"君子不器"的意思是君子不仅是器，君子超越了器的限定性。如果不是这个意思的话，那么就意味着君子是无用的，这显然不会是孔子的本意。

因此，孔门弟子记载："子以四教：文，行，忠，信。"（《论语·述而》）忠信指对道德主体性的认可与觉悟，文则指礼乐文献、典章制度，行则指具体的行为规范、实践能力。显然，孔子并不是个空谈

---

① 冯友兰. 中国哲学史 [M]. 上海：华东师范大学出版社，2000：44.

道德的人，他特别重视实践方面的能力。因此，孔门的四科十哲是："德行：颜渊、闵子骞、冉伯牛、仲弓。言语：宰我、子贡。政事：冉有、季路。文学：子游、子夏。"（《论语·先进》）道德高尚者固然重要，但是能具体做政治活动、外交活动、文献活动的人同样重要。而且，孔门的道德高尚者并不是缺乏具体活动能力的人，而是有更高、更强的实践活动能力，以至于不局限于一端、一隅的具体工作中。比如对最得意的弟子颜回，孔子曾说："用之则行，舍之则藏，唯我与尔有是夫！"（《论语·述而》）显然，箪食瓢饮的颜回并不是一个无能之辈，而是一个具有治世之大才的人，只不过其才干之高已不局限于某一具体方面了。这在孔子评价另一位德行高尚的弟子冉雍时，也可以看出来："子曰：雍也，可使南面。"（《论语·雍也》）孔子竟然把冉雍推崇到可以做国家统治者的位置上，可见孔门德行科的弟子绝非实践无能之辈。他们实在是已经超越了器阶段的具体有用性的限定，而达到了可以对国家、对天下有大用的层次。

因此，孔子的工夫论并不是否定有用性和器的，而是肯定人应当成为一个有用的"器"。当然，要想成为一个器也是不容易的，孔门中很多著名的弟子也都只是器而已。"子贡问曰：'赐也何如？'子曰：'女，器也。'曰：'何器也？'曰：'瑚琏也。'"（《论语·公冶长》）"季子然问：'仲由、冉求，可谓大臣与？'子曰：'吾以子为异之问，曾由与求之问。所谓大臣者，以道事君，不可则止。今由与求也，可谓具臣矣。'"（《论语·先进》）另外对公西华等人，孔子也有类似的评价。

我们前面提到的礼乐射御书数的小六艺之教和《书》《诗》《礼》《乐》《易》《春秋》的大六艺之教，固然有传承华夏文明文化之永恒价值和永恒智慧的意义，同时也有培养具体的生活工作实践能力的功用。比如孔子非常重视的《诗》教："子曰：'诵《诗》三百，授之以政，不达；使于四方，不能专对；虽多，亦奚以为？'"（《论语·子路》）"子曰：'小子何莫学夫诗？《诗》，可以兴，可以观，可以群，可以怨。迩之事父，远之事君。多识于鸟兽草木之名。'"（《论语·阳货》）显然，对大六艺中《诗经》的学习，在孔子认为不仅可以达到学习古代文献、陶冶个人情操的目的，更具有获得自然知识、道德常识，甚至是政治外交能力的作用。因此，孔子的工夫论并不是凌空虚构的，而是有其固有社会文化基础，同时又有其具体实践活动意义的。

所以，我们现在谈孔子工夫论的目标指向，不能只大谈甚至侈谈不器的君子，也必须顾及具体的器。因为真切践行孔子工夫论的孔门弟子们个个都是有用之人，这也正是孔门真儒与后世腐儒的真正区别所在。当然，有用的器并不是孔子工夫论的一个目标，因为它实际上是要超越的对象。"君子不器"，我们应超越器的具体限定性，而向不器的君子努力。

二、"文质彬彬，然后君子"

对于君子和器的关系，除了"君子不器"外，孔子还有一个说法，就是"子曰：'君子易事而难说也。说之不以道，不说也；及其使人也，器之'"（《论语·阳货》）。在孔子的思想中，道德高尚而能力广泛的君子，是应当成为治国者的；而有具体限定性能力的人，即器，则应服务于君子，成为治国者的辅助者，在其特定而合适的位置发挥作用。可见，由器到君子，是要实现对自己的两个超越：一是能力上突破特定的限定性；二是道德上达到一定的高度。这正与上面所论孔子对颜渊和冉雍的极高评价相对应，显示出孔子心目中君子的真正意涵所在。

据学者研究，孔子所使用的君子有两意：一是地位阶层意；二是德行人格意。孔子心目中真正的君子，是指后者。君子，既是孔子认可的优良人格，也是人通过自身努力的确可以达到的。孔子曾说：

"圣人吾不得而见之矣；得见君子者，斯可矣。"（《论语·述而》）圣人是极其难得而稀少的，是可遇而不可求的。在现实中，人们可以并且应当去努力达到的就是君子，这也是孔子工夫论最重要的目标指向。

孔子对君子人格的描述很多，但最能显示出君子人格特色的就是"文质彬彬"（《论语·雍也》）一语。所谓文，就是外在的、礼乐文化的修饰；所谓质，就是内在的、朴实的道德善端。因着质，君子始终以道德为根本，于是其所喜、所乐、所忧、所惧全在于此，而不再为外在物质等因素所困扰，从而达到忧乐圆融的境界；因着文，君子的情感之抒发、行为之进行符合礼乐，从而显出和乐安泰的外在气象来。也正因为孔子有这样一个人格理想，所以工夫论中才需要有"博文约礼"和"克己修己"的内外两个面向。

就君子的质的工夫来说，孔子指出："君子怀德，小人怀土；君子怀刑，小人怀惠。"（《论语·里仁》）"君子喻于义，小人喻于利。"（《论语·里仁》）君子时时刻刻以道德为自己的关怀所在，而不像小人那样以物质私利为关怀。因此，对于君子来说，真正具有意义的只是自己道德的修养和推扩自己的道德。子路曾向孔子询问什么是君子，孔子最初回答："修己以敬。"子路进一步追问，孔子又答："修己以安人。"子路不满足，再一步追问，孔子最后答道："修己以安百姓。修己以安百姓，尧、舜其犹病诸。"（《论语·宪问》）可见，在孔子这里，君子这一人格需要从自身的道德工夫做起。先修养好自己，然后由自己的不安之仁心推扩向外，在政治上逐渐实现百姓全民的康宁安乐。所以，君子对自身道德主体的修养工夫是终生无法也不可能停止的。因此，"君子食无求饱，居无求安，敏于事而慎于言，就有道而正焉，可谓好学也已"（《论语·学而》）。君子因着对道德的追求和不尽的工夫，使自己的人格境界提升，从而不再为衣食温饱之类的事情所忧愁。正因如此，他真正地摆脱了个人一己之欲望的限制，实现了无欲则刚。于是，"君子坦荡荡"（《论语·述而》）。内在的道德充盈使得他不再为外在的物质所拘束，从而"内省不疚"，于是"不忧不惧"（《论语·颜渊》）。

而就君子的文的工夫来说，因为君子经过了"博文约礼"的学习和在学思之间的磨荡，他就对华夏礼乐文明有了完善的把握：一方面，他掌握了礼乐文明的内在核心——仁；另一方面他又对礼乐文明有全面的了解和有选择的接受。从而他的情感抒发、行为动作、举止言谈，既会充满礼俗的传统韵味，又会具有充沛的内在基础和完美的外在表现。于是，他就会显示出与那些没有经过礼文修身工夫者的巨大不同。孔子曾指出君子行为与小人行为的一些不同之处。如"君子周而不比，小人比而不周"（《论语·为政》），君子会广泛地与人交往而不会结党营私；"君子欲讷于言而敏于行"（《论语·里仁》），君子不会"巧言令色"的阿谀奉承，而是通过君子行来对待人；"君子和而不同，小人同而不和"（《论语·子路》），君子与人相交有争议但不会失去风度，更不会为了迁就别人而丧失自己的标准；"君子泰而不骄，小人骄而不泰"（《论语·子路》），君子的人格高尚、风度翩翩，但却不会因此而骄傲、轻视他人，所以他就越加显得不徐不疾、气象安然。

总之，通过文质两方面的工夫，一个人就可以使自己内在的道德充沛，外在的行为宽裕。从而"文质彬彬，然后君子"（《论语·雍也》），实现孔子这个既具有理想性、又具有现实性的人格目标。而当越来越多的人都逐渐成为君子后，一个良好的社会秩序也就可以期待了。

三、"若圣与仁，则吾岂敢"

君子人格是孔子工夫论最重要的目标，要想达到它，是非常不易的。本章第二节所述孔子的众多工夫论几乎都是为了实现它而构思的。但是，君子还不是孔子工夫论的终极。在孔子看来，工夫论所实现目标的最高阶，是圣人。

孔子自己是不以圣人自居的。在孔子的认识中，圣人不仅是道德人格上的至高，同时也是建功立业上的至伟。"子曰：'若圣与仁，则吾岂敢。抑为之不厌，诲人不倦，则可谓云尔已矣。'"（《论语·述而》）孔子认为自己只是在道德人格的修养上能不断进步和对学生的教育上能不厌其烦，所以顶多只能算是成就了一己之仁。而自己一生未能在实际的功业上有所成就，也就是未能使仁道泽及于天下万民，所以连仁的要求都没有达到，更遑论圣了。在孔子看来，能实现仁德的人就已经是极高层次的了。《论语·雍也》载："子贡曰：'如有博施于民而能济众，何如？可谓仁乎？'子曰：'何事于仁，必也圣乎！尧、舜其犹病诸！夫仁者，己欲立而立人；己欲达而达人。能近取譬，可谓仁之方也已。'"所谓仁者，不仅要达到一己道德人格的实现，更要使仁德广泽天下，使人人都能实现安身立命。可见，仁者已经是高于君子的一个目标。而如果能再进一步，再更加广泛地给予人民好处，使人们生活得更加幸福，那就是圣德了。这在尧舜都是尚有一定距离的。

由此我们可以推知，在君子的人格之上，还有仁者和圣人两个层次。这两个层次的区别在于仁道实现的水平不同，一个是人民的基本生活问题得到解决，一个是人民能生活得幸福。而这两者的相同点，则是他们都是由君子做来，都是君子因着在政治上得以取得相应地位，进而以施行仁道来达到的。而从现实的角度来看，仁者和圣人是很难实现的。不在位的君子，很难在现实昏暗的政治生态中得以生存，也根本无法在位施政、广施仁德以成为仁者和圣人；而在位的统治者，很难接受儒家的教育使自己养成为君子，更不可能进一步成为仁者和圣人。因此，孔子曾慨叹道："圣人吾不得而见之矣；得见君子者，斯可矣。"（《论语·述而》）但是，从道理上来看，君子之上还是应当有仁者与圣人两个目标。所以，孔子并不因为他们实际上的缺乏就不讨论之。

不过，因为德、位之间的巨大差距，达到圣人是可遇而不可求的。因而在儒家后来的认识中，圣人逐渐开始和政治之位相脱离，这一点在孔门弟子中即已开始。孔门弟子多将孔子认作圣人，他们认为孔子之所以是圣人，在于三者。其一，孔子多能。"太宰问于子贡曰：'夫子圣者与？何其多能也？'子贡曰：'固天纵之将圣，又多能也。'子闻之，曰：'太宰知我乎！吾少也贱，故多能鄙事。君子多乎哉？不多也！'"（《论语·子罕》）其二，孔子为学毫无间隙、一以贯之。公西华就认为孔子"为之不厌，诲人不倦""正唯弟子不能学也"（《论语·述而》）；子夏也认为"有始有卒者，其惟圣人乎！"（《论语·子张》）其三，孔子之德合乎中庸、达乎天道，因而具有普遍永恒性。子贡指出："他人之贤者，丘陵也，犹可逾也；仲尼，日月也，无得而逾焉。"（《论语·子张》）"夫子之不可及也，犹天之不可阶而升也。夫子之得邦家者，所谓立之斯立，道之斯行，绥之斯来，动之斯和。其生也荣，其死也哀，如之何其可及也？"（《论语·子张》）总之，因着孔子自身德行之高而与实际政治实践经历的巨大差异，于是经过孔门弟子的处理，在孔子那里德、位合一的圣人观念逐渐过渡为表示德行至高的观念。这样一种转变，使儒家的工夫论思想开始逐渐向内在化转变。当然，孔门弟子因为各自成学时间的先后不同以及个性的差异，他们的工夫论思想仍有着丰富的面貌，这是我们接下来要讨论的。

第三章　孔门弟子的工夫论

　　孔子的工夫论博大精深，但因为他对自身的成学过程没有太多记述，所以使得我们现在的分析无法太过明确和深入。但是，文献中对孔子对其弟子的教育以及孔门弟子的成学过程记录极多，这对我们进一步理解孔子的工夫论大有帮助。同时，孔门弟子作为对孔子思想的继承和发扬者，他们自身的成德、成学过程既离不开孔子的悉心教育，同时又因着每个人才性的不同而有所差异。因此，他们每个人的工夫入手处和得力处也各自不同，因而他们最终达到的人格层次也不尽相同。不过也正因着这种差异性和丰富性，将儒家工夫论的诸多面向为我们展示出来，这非常有助于我们摆脱以往被宋明理学家所限制住的工夫论范畴。所以，本章将对孔门的四科十哲以及其他多位记录较多并影响较大的弟子进行分析，希望能通过对他们的成德、成学过程之解析，探索出他们各自工夫论的独特之处，以还原儒家思想的丰富性和工夫论的多样性。

第一节　颜回之仁　闵子骞、冉雍、冉伯牛之德行

　　孔门四科十哲的第一科就是孔子最重视的德行，而德行科的四位弟子都是孔子十分喜欢和器重的。他们虽然有入门先后和成就大小之区别，但都将孔子的仁道以真实的工夫实践于现实当中，从而

成就了他们的君子甚至是仁者人格。他们的工夫论是孔子工夫论的正脉，也是儒学工夫论中最核心的部分。

一、颜子之好学与愚

颜回是孔门四科十哲中的第一位，也是孔子最喜欢的学生。孟子称他是孔子的"具体而微"（《孟子·公孙丑上》），后世尊他为"复圣"。足见他是能全面学习孔子之道，并将之贯注于自己的生命之中，而最终成就了自身德行学问的圣贤。颜回在孔门中的地位非常重要，因为他是以师门中大弟子的形象出现的，所以其他弟子对他都非常尊重和推崇。他的思想对后世儒者影响极大。

颜回在孔门中之所以能列到第一位，是与他的好学分不开的。孔子曾多次赞美颜回的好学，认为他是门人中唯一真正好学的。"哀公问：'弟子孰为好学？'孔子对曰：'有颜回者好学，不迁怒，不贰过。不幸短命死矣。今也则亡，未闻好学者也。'"（《论语·雍也》）应当说，孔门弟子大都是好学善问的，但孔子却仅仅将好学之名许以颜回，这与他对好学的定义有关。在孔子看来，好学并不只是对大小六艺的认真学习和经常向老师提问，而在于能在日常生活中把所学、所得实实在在地践履下去，从而真正地让所学对生活产生意义。这才是学的最终目的，这样的学也才称得上好学。

不过有趣的是，颜回虽然在孔门中好学第一，但却以一种愚的状态示人。孔子曾形容他："吾与回言终日，不违，如愚。"（《论语·为政》）这种不言不语的状态令人很难想象他竟是一个最好学、最善学的人，但是孔子"退而省其私，亦足以发，回也不愚"（《论语·为政》）。即孔子私下来考察颜回的行为言语，发现他真是对老师的教诲领悟得十分透彻，并且能在现实中给予贯彻。这说明，颜回在愚的表象背后有着极深的工夫。作为同学的子贡显然对此有深刻认识，他曾说"赐也何敢望回？回也闻一以知十，赐也闻一以知二"（《论语·公冶长》)。可见颜回在表面上显示愚的同时,内心中已经把所学的知识、所领悟的道理进行了触类旁通和广泛推扩。所以他的学问能够不断地进步,孔子就赞叹他:"惜乎! 吾见其进也,未见其止也!"(《论语·子罕》)可以说,颜回正是由表面的"木讷"而日渐趋近仁道。

也正因为颜回对孔子之道学习得最好,所以他最能阐发孔子的学问、人格和教育方法。"颜渊喟然叹曰:'仰之弥高,钻之弥坚。瞻之在前,忽焉在后。夫子循循然善诱人,博我以文,约我以礼,欲罢不能。既竭吾才,如有所立卓尔,虽欲从之,末由也已。'"(《论语·子罕》)颜回一方面认识到孔子学问的博大精深和孔子之道的卓然超拔,另一方面又点明了孔子工夫论的要点在于——"博文约礼",同时还指出孔子善于教育人、启发人。在这里,可以看出颜回对孔子学说的全盘认可和对孔子人格的高度推崇。所以,孔子曾说:"回也,非助我者也,于吾言无所不说。"(《论语·先进》)这里的"助我",当是质疑问难之意。不过孔子在这里实际上是寓赞于贬,即认可颜回能全盘认可和继承自己的学问与仁道。

二、颜子之仁与乐

孔子之道是仁道,所以颜回所学的也是仁道。而颜回工夫论的核心,自然也就是如何发现仁、实现仁。就此,他曾向孔子问仁。孔子知道这位德行科内大弟子最关心的是德行的养成和实践问题,所以便将为仁的方法告诉了他。这就是"克己复礼"。颜回听到后很敏锐地向孔子进一步旬问具体的名目,孔子告诉他是"非礼勿视,非礼勿听,非礼勿言,非礼勿动"。颜回当下领悟,答道:"回虽不敏,请事斯语矣。"(《论语·颜渊》)由此,颜回的修养工夫就集中于此:一方面,他内在地克制自己的私欲、物欲;另一方面,他努力按照礼乐文明的规范来进行生活实践。

正是通过长期"克己复礼"的工夫,颜回能把自己的私欲、私意克制殆尽。因此，当孔子问他的志向时，他回答"愿无伐善，无施劳。"（《论语·公冶长》）这虽然与孔子的"老者安之，朋友信之，少者怀之"（《论语·公冶长》）还有一定差距，但已经基本上消除了自我中心的障碍，而能以一颗仁心去对待他人。在"复礼"方面，颜回认真刻苦地下工夫去学习古代的礼乐文明。据《大戴礼记·卫将军文子》载子贡的话说："夙兴夜寐，讽诵崇礼；行不贰过，称言不苟，是颜渊之行也。"可见颜回对礼的学习是多么认真刻苦。

不过需要指出的是，当孔子以"克己复礼为仁"回答时，实际上不仅是以德行工夫相教授，更是以外王实践相期许。因为，孔子认为"一日克己复礼，天下归仁焉"（《论语·颜渊》）。孔子对颜回的期许不仅是道德修养和学问传承的，更是以政治实践相期待的。所以当他和颜回讨论政治时，就不仅是为政的具体事务之道，而是为邦的弘大政治之道。"颜渊问为邦。子曰：'行夏之时，乘殷之辂，服周之冕，乐则《韶舞》。放郑声，远佞人。郑声淫，佞人殆。'"（《论语·卫灵公》）孔子在这里给颜回所讲的，是立法改制的政治大方针、大政策。颜子既然那么地好学，那么想来在外王学方面也是颇有建树的。

正是因着长期的"克己复礼"工夫，颜回能"其心三月不违仁"。这远远超过了他的同门，因为他们大都只是"日月至焉而已矣"（《论语·雍也》）。正因为颜回已经能深入地领悟仁道，并将仁道与自己的生活相融合，所以他能做到安贫乐道。

颜回的家庭条件是很差的，但是他并不因此而气馁志颓，反而呈现出一派怡然自得的快乐。所以，孔子赞叹他："贤哉回也！一箪食，一瓢饮，在陋巷，人不堪其忧，回也不改其乐。贤哉回也！"（《论语·雍也》）这与孔子说自己"饭疏食，饮水，曲肱而枕之，乐亦在其中矣。不义而富且贵，于我如浮云"（《论语·里仁》）正相映照。颜回和孔子之乐绝非是自甘贫贱的、无可奈何的乐，而是更高层次的、超越了物质得失的乐。他们的乐，一是义理之乐，即因自身能真正实践道德修养而获得的乐；二是得道之乐，即他们通过大六艺体悟到古圣先贤之道后的乐。这两种乐，一偏于内圣，一偏于外王，但都是超越了一般世俗的物质利益的。所以，他们能不为恶劣的物质条件所拘束，自由自在地感受到快乐。

颜回通过仁心的修养和仁道的获得，可以说在内圣外王方面都达到了极高的成就。所以，孔子对他说："用之则行，舍之则藏，唯我与尔有是夫！"（《论语·述而》）若上天能给予机会，就可以推行仁道于天下；若上天不给机会，就甘于自我道德的完善。孔子认为能同时做到这两点的，只有自己与颜回。

可见，颜回的工夫真是达到了一个相当的高度。他通过"克己复礼"的工夫论，一方面把克伐怨欲、意必固我等自我中心的毛病克除净尽；一方面将礼乐文明的核心——仁道融入心中。从而内在的可以有得道之乐，外在的可以有行道之方。所以，他的成就在孔门弟子中的确是最高的。当颜回不幸早死后，孔子为他哭得十分沉痛："噫！天丧予！天丧予！"（《论语·先进》）当其他人劝孔子不要这样时，孔子答道："有恸乎？非夫人之为恸而谁为？"（《论语·先进》）可见，孔子把颜回看作自己学问的真正继承人。而且，正如梁启超先生指出的："《论吾》称颜子'其心三月不违仁'，为儒家后来讲心的起点。仁为儒家旧说，心为后起之说，心仁合一，颜子实开端绪。"[①]先秦儒家此后大讲心性之学，的确可以溯源于此。

三、闵子骞、冉雍、冉耕之德行

孔门四科十哲中德行科除了颜子外，还有三位人物，分别是闵子骞、冉伯牛和冉雍。其中，闵子骞以孝行闻名；冉雍被孔子盛赞以

---

① 梁启超．儒家哲学 [M]．上海：上海人民出版社，2009：121．

"可以南面"（《论语·雍也》）；伯牛留下的记载不多。他们在后世的影响不能与颜子相比，但在孔子门下时，仍是孔子最喜欢和看重的三个学生。因为他们都在德行上修养有成，孟子评他们为"圣人之具体而微者"（《孟子·公孙丑上》），的确深得孔子之意。

闵子骞"母在一子寒，母去三子单"的孝行故事在历史上广为传颂，是当时著名的孝子。孔子曾称赞他："孝哉，闵子骞！人不间于其父母昆弟之言。"（《论语·先进》）但闵子骞以什么样的工夫来实现他的大孝呢？《论语》等书虽然没有明确记载，但通过闵子骞在其他一些事情上的表现，我们或许可以分析得出。《论语·先进》记载："闵子侍侧，訚訚如也。"闵子骞是一副恭敬正直的长者气象，而且，他颇有些木讷。所以当鲁国要大修仓库时，闵子骞批评道："仍旧贯，如之何？何必改作？"孔子听到，赞叹他："夫人不言，言必有中。"（《论语·先进》）可见他平时是个与"巧言令色"相反的"刚毅木讷"的人；也正因为如此，他能"近仁"，能做到"不使不仁者加乎其身"（《论语·里仁》）。因此，当"季氏使闵子骞为费宰"时，他推辞道："善为我辞焉！如有复我者，则吾必在汶上矣。"（《论语·雍也》）可见，闵子骞的道德修养得力于其能专注于自我的内在品德，不追求也不为外在的事物所动。因此他不会因继母的行为而动摇自己，不会为费宰的官禄诱惑，更不会为了博他人所好而"巧言令色"。他始终关注的是自己的内在道德工夫和道德修养。

不仅闵子骞如此，冉雍也是这样一位"刚毅木讷近仁"的德行科高徒。当有人对孔子说"雍也仁而不佞"时，孔子说："焉用佞？御人以口给，屡憎于人。不知其仁，焉用佞？"（《论语·公冶长》）孔子非常赞赏冉雍这种有仁德而不好巧言的美行，因为这种德行正符合孔子所谓王者"恭己正南面而已矣"之要求。所以，孔子以"雍也，可使南面"（《论语·雍也》）来称赞他。这一称赞，在孔门中是少见的。因为冉雍的确具有第一流政治家的气质与见识：他曾经做过三桓中最强的季氏家的幸相，对鲁国的政治举足轻重。因此，他向孔子问政："仲弓为季氏宰，问政。子曰：'先有司，赦小过，举贤才。'曰：'焉知贤才而举之？'曰：'举尔所知，尔所不知，人其舍诸？'"（《论语·子路》）孔子认为政在于勤勉、容人、举贤，而冉雍最关心举贤才的问题，所以向孔子进一步发问。这显示出冉雍继承了我国从舜、禹、皋陶时代就一直流传下来的"知人则哲"的重贤传统。另外，他认为统治者为政的措施法令要尽可能的简单，不可扰民；但统治者的内心却不可简单，否则根本无法为政。这一认识也是十分深刻的。可见，冉雍是一位能将孔子的学问推至于外王的政治实践中去的儒者。上海博物馆藏战国楚竹书的《仲弓》篇对冉雍的为政治国之道有更丰富的记载，显示出他的确是儒家中一位高超的政治家。而他之所以能做到这些，是与其所做的德行工夫密不可分的。冉雍的工夫极可能得自和孔子的一次问答："仲弓问仁。子曰：'出门如见大宾，使民如承大祭。己所不欲，勿施于人。在邦无怨，在家无怨。'仲弓曰：'雍虽不敏，请事斯语矣。'"（《论语·颜渊》）孔子在这里向冉雍指出了为仁的三点工夫：一是始终保持恭敬的心态；二是始终宽恕、包容地待人；三是不要怨恕他人，而要严格对己。显然，冉雍后来的成就正是他由此三者做工夫的结果：由恭敬他能被孔子赞为足以南面；由宽恕包容他人而能重视贤才；由不怨人、求诸己而能不巧言令色。冉雍的工夫德行与政治实践对后世影响极大。荀子即将他作为直承孔子之道的正统，认为儒者应"上则法舜、禹之制，下则法仲尼、子弓之义，以务息十二子之说"（《荀子·非十二子》）。即以孔子、冉雍一系为儒家之正脉，并对其他诸子百家以及儒家中的各派进行批驳、纠正。

冉耕是德行斗四哲中的一位重要人物，但在历史上留下的记载很少。大约他和颜子、闵子骞、冉雍一样，都是能从内在工夫入手来修养自身道德并颇有成就的人。以至于当他身染"恶疾"后，"子问之，自牖执其手，曰：'亡之，命矣夫！斯人也而有斯疾也！斯人也而有斯疾也！'"（《论语·雍也》）孔子慨叹如冉伯牛这样有德行的人竟然得此恶疾，德福不一致的问题在他这里得到了突出的展现。孔子晚年学《易》，并对"天命"有日深的理解，恐怕与颜回、伯牛等弟子的早死颇为相关。

孔门德行科的四位弟子在孔门中处于最突出的地位。这是因为孔子最看重德行，而这四位弟子也的确做到始终以德行的工夫做他们学习、实践的轴心。总结他们的工夫论思想和工夫实践，我们发现：始终关注自己的内在德性，由克己、恭敬等入手，注意消除自己的物质欲、表现欲，宽容地对待他人，是他们工夫论的共通处。

第二节　子路之勇　冉有之艺

前面一节是就孔门四科十哲中德行一科的四位高徒的工夫论思想进行解析。孔门四科每一科的弟子其实也都在孔子的教育下进行了道德修养，尽管所造就的德行高下恐怕无法与德行科相比，但也自有其得力之所在。因此，就孔子的工夫论看，德行高尚是一个儒者应始终不弃的目标。而其他三科的弟子，因为不同的性格特征以及在大小六艺上下的工夫不同，也成就了不同的人格，并带有一些典范特征。因此，有必要广泛考察孔门其他各科学者的工夫论之入手处与得力处。这既可以反映孔子及孔门思想的多种面向，同时也可以使我们了解工夫论的开放性和人人的皆可入手性。

一、子路之信

子路是孔门中一位极可爱的人物。他率真而勇敢，对孔子既敢于大胆提出质疑和反对意见，但又真诚地遵信和爱护自己的老师。

因而孔子对他也十分地喜爱,《论语》中很多活泼、生动的对话都是和子路发生的。子路之所以能做到如此,固然与他天生的性格有关,但也与他后天工夫的入手处和得力处相关。

子路的工夫得自一个"信"字,而这"信"也就是真实。孔子曾教诲他:"由,诲女知之乎?知之为知之,不知为不知,是知也!"(《论语·为政》)大约子路曾经犯过自我欺骗的错误,所以孔子告诉他:真正的知道是自己知道自己知道不知道,也就是说自己对自己真实,自己对自己没有欺骗,对自己有信。显然,子路由此得到了孔子之学的入手之处。于是,"子路有闻,未之能行,唯恐有闻"(《论语·公冶长》)。子路对于学到的学问或听到的理论,立刻就要将之付诸实习、实践,以使得知识巩固、理论扎根;而且如果没有将旧者真正吸纳于心,他是不愿再听闻新的知识理论的。显然,这是在以对自己的真实之信来求得真知。子路对于他人也是极重信诺的,所谓"子路无宿诺"(《论语·颜渊》)就是他将对自己的信进一步推扩到他人后的工夫结果。

信,一般来讲是指人与人之间的重承诺和信任。但是人如果对自己都不真实的话,是不可能对他人负起责任来的。因此,子路信的工夫就秉承着孔子重视自己个人内心的方法,再进一步向外推出。这样,就使得信在内具有了坚定的基础,在外则凝结于具体的人格。这个人就成为人人都会相信的对象。因着这个信的工夫,子路成为孔门中政事一科的高徒。因为信既然是对内、对外的不欺,那么在学习和修养中自然就会真实地有所得、有所见。因此,尽管"不知其仁也",但孔子还是赞同子路的实际政治才能:"由也,千乘之国,可使治其赋也。"(《论语·公冶长》)

不过,信的工夫论也有缺点。这就是过于重视质的一面,而忽视文的一面。如子路自己曾说:"有民人焉,有社稷焉,何必读书,然后为学。"(《论语·先进》)也正因为他轻视读书和对文献的学习,因此无法达到孔子所说的"文质彬彬"的君子。孔子就曾批评子路："野哉，由也！"（《论语·子路》）这虽然是就子路反对正名而提出的，但从子路之所以反对正名来看，正是因为他只重视现实的真实，而轻忽制度的应然，结果造成了对正义性、规范性的忽略。这正是孔子所反对的"质胜文则野"。因此，仅仅有内在的信是不够的，还必须加上外在的礼乐文明，而这些正是子路的薄弱所在。所以，孔子说他："由也升堂矣，未入于室也。"（《论语·先进》）

二、子路之勇

不过，这个未入室的弟子却是深得孔子喜爱的。以至于孔子晚年听到子路战死于卫国的消息后，发出了"噫！天祝予"（《左传·哀公十四年》）的慨叹。其原因就在于，这位以信为入手工夫的弟子，不仅与孔子师徒情深，而且达到并实践了孔子所重视的三达德之一的"勇"德。

子路以勇著名。不过，他的勇在很长一段时间内都只是一般的武勇、血气之勇。比如，在听到孔子夸赞颜回的政治才能后，子路问道："子行三军，则谁与？"（《论语·述而》）显然他认为自己在打仗方面的武勇必将获得孔子的赞许，但孔子说："暴虎冯河，死而无悔者，吾不与也。必也临事而惧，好谋而成者也。"（《论语·述而》）孔子赞成的是智勇双全的勇，而非匹夫之勇。又如，子路有一次问孔子道："闻斯行诸？"孔子答："有父兄在，如之何其闻斯行之？"（《论语·先进》）事实上，孔子对子路的能实行、践履善行是很赞赏的，而他之所以这样说是因为"由也兼人，故退之"（《论语·先进》）。子路以武勇的精神来实习、实践，会造成过分、过之的结果。也正因为子路的武勇，所以当他陪侍于孔子之侧时，"行行如也"。刚直不阿、直而不弯的气象过于磅礴，以至于孔子竟发出"若由也，不得其死然"（《论语·先进》）的沉痛预言。

不过，随着子路对信的修养工夫日深，他对孔子之学也有了更多的理解。再加上孔子曾专门教育他："子路曰：'君子尚勇乎？'子曰：'君子义以为上。君子有勇而无义为乱；小人有勇而无义为盗。'"（《论语·阳货》）君子是要有勇德的，但在勇之中必须以义为根据，没有义的勇就将成为作乱和私斗的源头。于是，子路逐渐从匹夫之勇的小勇进至礼义之勇的大勇。子路对荷蓧丈人的看法就表明他对孔子的仁礼之教认真学习吸收后，对孔子之道的理解和认可。"不仕无义。长幼之节，不可废也；君臣之义，如之何其废之？欲洁其身，而乱大伦。君子之仕也，行其义也。道之不行，已知之矣。"（《论语·微子》）正是在这一信念下，子路之死堪称是大勇之死：其死是身在其位、必谋其政的义的必然；而死必结缨的坦然和从容，更是将孔子的礼乐教化融化于心的完美表现。

事实上，孔子对子路的勇是很赞赏的。他曾说"由也好勇过我"（《论语·公冶长》），即孔子本身就是重视勇德的，但子路的好勇还超过了孔子。子路的勇不是对弱者而发，而是对不义而发，对强者、尊者而发。即以孔子自己为例，子路就曾多次勇敢地表示质疑："子见南子，子路不说。夫子矢之曰：'予所否者，天厌之！天厌之！'"（《论语·雍也》）在孔门中，能逼得孔子如此郑重其事地发誓的人，怕是只有子路一人。但同时，当老师把理由阐明后，他又勇于接受并认可老师的思想，真诚地加以学习和吸收。

也正因为子路能以信的工夫修养成勇的德行，所以孔子在和他的讨论中，谈出了很多和其他弟子不曾讲到的深意。"子路问事君。子曰：'勿欺也，而犯之。'"（《论语·宪问》）这里所谈对君主的态度，是最能展现孔子心目中的君臣应有关系的。而之所以在对子路的对话中谈出，正在于孔子认为子路以其勇德可以做到犯君颜批龙鳞。又如，孔子所谈"修己以敬""修己以安人""修己以安百姓"都是对子路而说。其所以如此，个中深意值得思考。

三、冉有之艺

冉有是孔门四科十哲中政事科的第一位人物，他在孔门中有着重要的地位。一方面，他是孔子和弟子组成的社会集团的经济管理者；另一方面，他先于孔子返鲁并担任"季氏宰"，从而为孔子晚年和孔门弟子在鲁地后来的发展打下了基础。不过，冉有在孔门中尤其是在孔子晚年，并不是一位完全正面形象的弟子。他固然在政事上大有成就、在鲁国的政治地位很高，也和老师、同门保持着紧密的联系；但同时，他的一系列行为招致了孔子的批评，并说他"非吾徒也，小子鸣鼓而攻之，可也"（《论语·先进》）。之所以如此，就在于冉有在工夫方面既有他得力之处，又有其欠缺之处。

孔子曾指出："求也艺。"（《论语·雍也》）"艺"在《论语》中曾出现过四次，其中两次都是孔子指称冉有的。可见，"艺"确实是冉有最得力之所在。那么，什么是"艺"呢？孔子曾说："吾不试，故艺。"（《论语·子罕》）这与孔子说自己"多能鄙事"和达巷党人称孔子"博学而无所成名"可相对照。又，孔子曾说："志于道，据于德，依于仁，游于艺。"（《论语·述而》）可见，艺是外在的多才多能，即具有丰富而很强的实践、办事能力，比如射、御、数等方面。而孔子以"艺"称赞冉有，并称赞他为政事科的佼佼者，则他的多才多能、通小六艺、善实践、会办事必然是孔门中少有的。

但是，正因为冉有更多的是在"游"的外在之艺上用工夫，无法深入到孔子的仁礼之学中去，所以孔子对他有诸多批评。其实，冉有对自己的欠缺有着清醒的认识："冉求曰：'非不说子之道，力不足也。'子曰：'力不足者，中道而废，今女画。'"（《论语·雍也》）冉有认为自己虽然心里对孔子的仁道是非常认同和喜悦的，但是自己的学力有所不及，所以达不到；但孔子认为，他并不是达不到，而是自己给自己画地为牢，让自己在一定的范围内就不再继续前进了。

孔子还曾在另外一个场合要求他"闻斯行之",这更显示出冉有在仁礼之道的实践上十分不足。

应当说,冉有在孔门中是一个地地道道的"器"的学者,孔子就曾称他为"具臣"而非"大臣"。他能通过对艺的学习,使自己的才干得到锻炼、办事能力得到提升,并具备了"方六七十,如五六十,求也为之,比及三年,可使足民"(《论语·先进》)的能力。但是,即使他曾向孔子请教"既富矣,又何加焉",而孔子也回答他"教之"后,他仍只满足于自己的经济管理能力、军队指挥能力和政治参与能力,就此不再前进。"如其礼乐,以俟君子。"(《论语·子路》)他不再进一步地在仁礼之道上做探索,不能成就自己的政治主体认知、实践能力。因此,他对"季氏旅于泰山""季氏将伐颛臾"不能劝谏,甚至"季氏富于周公,而求也为之聚敛而附益之"(《论语·先进》)。这显然违背了孔子的教诲。

应当说,冉有重视艺的工夫论,将"器"的成就和欠缺展示得淋漓尽致,更将"君子不器"的必要性和重要性充分显示出来。正因如此,使得孔子晚年的弟子们更加重视大六艺之教,而且更多地回归到仁道的思考上来。

第三节　子贡之智　宰我之辩

子路以信的真实不欺的工夫成就了勇德,而冉有过分重视外在之艺而于内在修养上有欠缺,这是冉有和子路的区别。即冉有始终是"游",而子路已经升堂了。不过,这两位政事科的学生皆未达到孔子所期盼的君子目标。那么,言语科的学生成就如何呢?

一、子贡之《诗》学

子贡是孔门言语科的著名弟子,而且在孔门中有着举足轻重的地位。据司马迁记载，孔子死后的至高地位在很大程度上与子贡的宣传与推崇有关。子贡之所以对孔子十分推崇，在于他认识到孔子人格的伟大是他自己永远无法企及的。不过，子贡在学问上、修养上也达到了相当的高度，以至于有人认为"子贡贤于仲尼"（《论语·子张》）。子贡的成学乃是由言语科入手，再进一步达于德行等。

孔子对言语科的教育主要是以《诗》为本："子曰：'诵《诗》三百，授之以政，不达；使于四方，不能专对；虽多，亦奚以为？'"（《论语·子路》）《诗经》在春秋时期是外交的专用语言，我们现在看《左传》《国语》，很多外交场合都是通过引用《诗》来表达意思的。因此，不通《诗》就根本无法从事外交活动。而且因为《诗》的本义、引用义的差异，如果不能对它有深刻的了解和灵活的领会，便会在外交事务中无所适从。因此，孔子十分重视《诗》的教育，然而虽然很多弟子都跟随他学习大六艺，但孔子从不轻易许人善《诗》。不过，子贡却曾经得到过孔子的夸赞。子贡有一次就贫当如何、富当如何问孔子："贫而无谄，富而无骄，何如？"孔子答道："可也。未若贫而乐，富而好礼者也。"子贡由此想到了《诗》中的一句话，问道："《诗》云：'如切如磋，如琢如磨'，其斯之谓与？"孔子对他能如此触类旁通，并阐发《诗》意深为赞许："赐也，始可与言《诗》已矣。告诸往而知来者。"（《论语·学而》）可见，子贡是深得《诗》教之精髓的。因此，他的外交才能的养成在很大程度上是得力于他对《诗》所下的工夫。

通过对《诗》的学习，子贡具有了优秀的外交才能，并且在自己的言语措辞上和通过别人的话了解其意上，颇有成就。比如在问孔子是否有用世、出仕之意时，他不会直问，而是以借喻的方法问道："有美玉于斯，韫椟而藏诸？求善贾而沽诸？"孔子答道："沽之哉！沽之哉！我待贾者也。"（《论语·子罕》）又比如，冉有想知道孔子对卫国父子争国之乱的想法而又不敢发问时，子贡答道："吾将问之。"不过他并没有直问，而是问道："伯夷、叔齐何人也？"孔子说："古之贤人也。"子贡又问："怨乎？"孔子答道："求仁而得仁，又何怨？"通过借问孔子对历史上相似情况中人物的看法，子贡推断出孔子的真实意思："出，曰：'夫子不为也'。"（《论语·述而》）这种能力正是由《诗》教而得来。所以可以说，子贡能在孔门言语科中获得佼佼者的地位，正是因为他对《诗》的工夫和所得的成果。

也正因如此，子贡在当时诸国纷争的情况下，取得了一次又一次外交上的胜利。这在史书中有丰富的记载。司马迁甚至以"子贡一出，存鲁，乱齐，破吴，彊晋而霸越。子贡一使，使势相破，十年之中，五国各有变"（《史记·仲尼弟子列传》）来形容和夸赞子贡，足见其人以其强大的外交才能在当时的国际政治舞台上有多么精彩的表演。

不过，子贡虽然在言语科上获得了巨大的成功，却也养成了好评论人、言辞浮夸、言胜于行等毛病。于是在一次"子贡问君子"时，孔子告诫他："先行其言，而后从之。"（《论语·为政》）君子要行胜于言，不能只在言语上做工夫，而要把工夫踏踏实实地做到现实中去。又有一次子贡问："如有博施于民而能济众，何如？可谓仁乎？"孔子说："何事于仁，必也圣乎！尧、舜其犹病诸！夫仁者，己欲立而立人；己欲达而达人。能近取譬，可谓仁之方也已。"（《论语·雍也》）子贡的问不可谓不弘大，但也正因此而失去了行仁的入手处和现实意义。所以孔子告诫他，要行仁不必从那么高远处去求，而要从身边、当下就做起。

二、子贡之由器跻道

子贡的为学工夫经历了由器到道的一个过程，这正是孔子工夫论的两个阶段。子贡最初是通过《诗》教而获得了良好的言语外交能力和以言度人能力。这使得他既在外交上颇多建树，同时也可以很好地进行商业活动，并因此收益颇丰。孔子说他："货殖焉，亿则屡中。"(《论语·先进》)他能在商业上获得巨大的成功，其实与他通过《诗》教而学得的善于揣度他人心理是分不开的。不过如上部分所述，他的这些成功使得他流于浮夸和好论。为此，孔子对他进行了很多的教育。其中最重要的，或许是以下一段对话："子曰：'赐也，女以予为多学而识之者与？'对曰：'然，非与？'曰：'非也，予一以贯之。'"(《论语·卫灵公》)孔子深知子贡在善学多能的窠臼中无法自拔，所以故意设问于他。果然，子贡认为孔子只是个博学多闻之人而已。对此，孔子断然否认。他说，他的学问是有个内在的、一以贯之的东西的。至于是什么，他没有向子贡说明。显然，孔子希望子贡能努力去思考、探索他的一以贯之之道，从而由一个虽然很贵重但仍然有局限性的"瑚琏"之器，上升到更高的层次。

显然，子贡对孔子对自己的一系列批评是接受的，所以他试图努力去发现孔子的一以贯之之道。于是，我们从《论语》中发现这样一段对话："子贡问曰：'有一言而可以终身行之者乎？'子曰：'其恕乎！己所不欲，勿施于人。'"(《论语·卫灵公》)这段对话和上面一段的先后关系虽然不好确定，但我们可以确定的是，子贡的确对孔子之道的核心给予了很大的关注。而孔子便以恕道教育子贡，并将恕作为人一生应永远持守的最基本的德行。孔子之所以这样告诉子贡，一方面是他的确非常重视恕，因为恕是人与人交往的基本底线，涉及他人的基本自由、权益和隐私；另一方面，孔子也正是针对子贡好背后评论他人而发的。他希望子贡能就他这一切身的毛病做工夫，这样才能不断地修养和提升自身的德行。

可见，孔子是希望子贡从恕的工夫做起，来逐渐使自己摆脱一个器的限制，而成为一个以德行为质为主轴，同时又兼备言语之才的"文质彬彬"的君子的。文献中对子贡是如何做恕的工夫以修养德行，进而成就其君子人格没有什么记载。但通过孔子死后子贡和其他人的一些问答，我们发现：他的确和当初那个"瑚琏"之器有了巨大的不同。当有人问他孔子是如何学成圣人时，子贡回答道："文武之道，未坠于地，在人。贤者识其大者，不贤者识其小者，莫不有文武之道焉，夫子焉不学，而亦何常师之有？"（《论语·子张》）他虽然仍肯定孔子是个无所不学的人，但同时已经认识到：孔子真正看重的是"文武之道"中的大者，也即礼乐文明以及孔子赋予他的仁道内涵。所以，当有人说他比孔子还贤能时，他坚决予以否认，并将孔子之道比作"宫墙""日月"和"天"，认为是无法超越的。这显然和他当初只把孔子看作是个"多学而识之者"有了极大的区别。

更重要的是，尽管子贡曾经说过"夫子之文章，可得而闻也；夫子之言性与天道，不可得而闻也"（《论语·公冶长》），但是，孔子却对他讲过"不怨天，不尤人，下学而上达。知我者其天乎"（《论语·宪问》）和"天何言哉？四时行焉，百物生焉，天何言哉"（《论语·阳货》）这类豁醒天道性命之学的话。显然，子贡在后来已经对孔子的仁道、天道有所了解和认识了。这无不向我们表明，子贡最后已不能被仅仅看作一个器，而是成为一个君子了。而其中的转折点，很可能就在于孔子向他指明一以贯之的恕的道德修养工夫。于是，原来那个有闲暇、好"方人"的子贡就通过修养工夫最终成就了他的君子人格。

三、宰我之才

宰我在孔门中是一个很独特的人物。一方面，他位列四科十哲中言语科的第一位，尚在子贡之上；另一方面，他在儒家乃至后世史学家的记载中形象很模糊。这或许和他与孔子的观点诸多相左有关。

从《论语》中关于宰我的记载来看，他是个有想法、善于言辞、聪明但又失于懒惰的学生。他曾因"昼寝"而遭到孔子严厉的批评，甚至使得孔子改变了以言观人的察人之法；他也曾反对孔子对三年之丧旧制的恢复，认为"三年之丧，期已久矣。君子三年不为礼，礼必坏；三年不为乐，乐必崩"（《论语·阳货》）。显然，宰我更重视既成的社会现实，而对礼乐的内涵和意义有所忽略；他更因向鲁哀公说明西周以栗树为社木的寓意在"使民战栗"而招致孔子的不满。总之，这是一个在孔门中显得很特立独行的弟子。但是，宰我却还是赢得孔子的认可，并将他列于言语科之首。其原因就在于，他在特立独行的背后的确有出类拔萃之处。

宰我的出类拔萃，正在于他的言辞之能和善于外交。需要注意的是，宰我在当时已经具有了一定的社会地位和知名度，否则鲁哀公是不会向他发问的。而他的社会地位和知名度的取得，应当是因为他在外交上展示了出众的言辞之能。根据《孔丛子》中《嘉言》《记义》等篇的记载，宰我曾作为孔子的代表出使各国，并代理孔门中很多的外交事务。因此，如果说冉有可以算孔门的财务管理人，子路是孔门的守卫者，那么宰我可能就是孔门集团的外交事务负责人。

由此可以说，宰我在孔门之中展示的是其言语之才，而其工夫也正从言语入手。前文曾说过，孔子以大六艺中的《诗》教人言辞与外交，子贡便深得其要领，而宰我想来也是深谙其道的。另外，根据《礼记》和《大戴礼记》的记载，宰我曾和孔子探讨鬼神之名、上古五帝的传说，则其人的博学好古，善于从历史故实中入手来发掘思想、阐发新意，也正符合孔门的大六艺之教。这在宰我和孔子以下的一个对话中有更明确的显示："宰我问曰：'仁者，虽告之曰："井有仁焉"。其从之也？'子曰：'何为其然也？君子可逝也，不可陷也；可欺也，不可罔也。'"（《论语·雍也》）宰我假设出一个仁者的困境来求教于孔子，实际上，他想要探求的是君子的仁与智的关系问题。

这与子贡的善于问对正相同。可见，宰我的确在言语方面有其独特之能。

但是，宰我过于重视自己这方面的能力，因而失之于任才使性，进而对内在德性方面的修养有不足。他的昼寝、反对三年之丧而云心安，都是这个问题导致的。这与上面所述子贡最后的转变形成对比。这更进一步告诉我们，工夫的修养，既不能不重视技能才力的养成，同时又必须始终以德行的修养为主，否则便会偏失。

第四节　子夏之学　子游之礼

孔子以大小六艺教人。因为孔子认为六经中记载并蕴含着古圣先贤之道，所以更加注重六经。因此大六艺是孔门弟子学习的重点，这就是所谓的文学科。有趣的是，孔门四科十哲文学科的两位大弟子子夏、子游都是孔子晚年的学生。这既表明这两位弟子的聪慧与刻苦，更说明孔子在晚年的确更多的用功于六经的整理和传授。当然，孔子之整理与传授六经，不仅是为了典章文献的流传，更是为了他所认可的礼乐文明的传承，尤其是礼乐文明中所寄托的先贤之道的发明与弘扬。所以，子夏、子游虽由文学、经学契入，但其最终目标是超越文学而达于孔子的仁道。

一、子夏之"博学近思"

子夏是孔门中文学科的著名弟子，他在儒学的发展和传播史上起到了非常重要的作用。一方面，他将孔子的学说带到了三晋之地，并借助他魏文侯师的地位，培育了一批学生，使得儒学在三晋之地生根发展；另一方面，他继续孔子对六经的整理和传承工作。我们现在看到的《春秋公羊传》《春秋谷梁传》都是源自子夏，另外他也曾为《周易》作传。可以说，子夏是孔门中一位十分重要的弘道传经之儒。而他之所以能取得这样的成就，得自他在孔子门下时所下的艰苦工夫。

子夏是《论语》中除了子贡外，又一位让孔子以擅长《诗》而称赞的学生。有一次，子夏问孔子《诗》中的一句话："'巧笑倩兮，美目盼兮，素以为绚兮'何谓也？"孔子只是据实回答："绘事后素。"没想到子夏却能据此阐发出仁礼之间的关系："礼后乎？"这令孔子大为赞叹："起予者商也，始可与言《诗》已矣。"（《论语·八佾》）子夏之所以能如此将《诗》的内容创造性地给予道德化、精神化、儒学化的阐释，是与孔子对他的教诲分不开的。子夏这个人本身就是喜好文学的，但他的缺点也在于沉迷于章句文辞中，也就是因文艺小道而有玩物丧志的毛病。因此，孔子曾告诫他："汝为君子儒，无为小人儒。"（《论语·雍也》）学儒就应当学做能通明仁道的大儒，而不能仅仅追求做知书达理的小儒。也正是受孔子这番教诲，子夏领悟到"虽小道，必有可观者焉，致远恐泥，是以君子不为也！"（《论语·子张》）小的知识也有其价值所在，但一个君子不应当使自己沉迷于此。由此，子夏的学问得到了一个巨大的提升。

虽然他的工夫仍旧是从文学、大六艺入手，但是他所关注的已经超越了文献本身。他曾说过："博学而笃志，切问而近思，仁在其中矣。"（《论语·子张》）显然，子夏为仁的工夫乃是以学问的方法，就六经中去求得仁道。所以他在广博的学习中始终贯穿的是要以文献来笃实自己的志向，在问难答辩中始终追求的是要在切近的问题中思考和发现仁道。因此，他说："百工居肆以成其事，君子学以致其道。"（《论语·子张》）学者的工作不是别的，就是通过学习来发明、阐扬儒家的仁道。不过，如果只一味地在学习、思考上做工夫，是否会与儒家最重视的践履实行脱节呢？

在子夏这里，这并不是个问题。因为在他看来，学的目的既然是探求仁道、成就德行，那么即使没有学习六经而能在现实中去实践德行，这本身就已经是学了。"贤贤易色；事父母，能竭其力；事君，能致其身；与朋友交，言而有信。虽曰未学，吾必谓之学矣。"（《论语·学而》）显然，子夏认为成就儒家所追求的君子人格的入手工夫并不一定非得是文学六经。如果条件不及或者性格不适，那么只要能踏踏实实地从身边小事做起，去真切地实践、践履德行，也可以达到目的。因此，他在教育自己的门人弟子时，十分重视由细枝小节处入手。这甚至招致了同门子游的批评："子夏之门人小子，当洒扫应对进退，则可矣，抑末也。本之则无，如之何？"子夏听到后，进行了反驳："噫！言游过矣！君子之道，孰先传焉？孰后倦焉？譬诸草木，区以别矣。君子之道，焉可诬也？有始有卒者，其惟圣人乎！"（《论语·子张》）子游认为子夏过于重视洒扫应对的小学之教，因而忽略了六经的大本之教。但子夏认为，日常生活的小节是大道之起始，这里的工夫是不可以轻忽的；而由此再进一步升至于六经的大道，方是真正的圣人之教、圣人之学。

可见，子夏的工夫论讲求从两面入手：一是博学于六经；二是近思于细行。这样，才能庶几本末兼备。所以，《说苑》记载孔子曾说："丘死之后，商也日益"。子夏的成就的确证明了这一点。

二、子夏之由经学而明道

子夏虽对六经和小学都非常重视，但是他自身工夫的得力处还是大六艺，尤其是《诗》学。在上面讨论子贡的《诗》学时我曾指出，《诗》教能使人获得通过他人的外在言语探求其内在想法的能力。子夏在这方面也深有所得，因此他能深入了解孔子的想法。《论语》记载："樊迟问仁。子曰：'爱人。'问知。子曰：'知人。'樊迟未达。子曰：'举直错诸枉，能使枉者直。'樊迟退，见子夏曰：'乡也吾见于夫子而问知，子曰："举直错诸枉，能使枉者直"。何谓也？'子夏曰：'富哉，言乎！舜有天下，选于众，举皋陶，不仁者远矣。汤有天下，选于众，举伊尹，不仁者远矣。'"（《论语·颜渊》）樊迟当面向孔子请教都没能领悟孔子的意思，子夏通过转述就能领会孔子的深意，的确是深得以言知意的大才。也正因如此，他能领会到孔子"知人"一语背后所蕴含的丰富内涵。这就是舜、禹、皋陶以来"知人则哲"的政治哲学。可见，子夏将它由《诗》教而获得的好学深思以知其意的这一能力，广泛运用到对六经的解读和对孔子之道的学习中去。

由此，子夏的六经之学超越文学而上达于大道。"司马牛忧曰：'人皆有兄弟，我独亡！'子夏曰：'商闻之矣："死生有命，富贵在天"。君子敬而无失，与人恭而有礼。四海之内皆兄弟也，君子何患乎无兄弟也？'"（《论语·颜渊》）司马牛的哀愁是现实性的哀愁，而这显然无法在现实中获得解决。但子夏却能超出现实，以天道观来看待这个问题。一方面，他从命运之天的角度告诉司马牛，现实已经无可改变，只能安之若素；另一方面，他又从义理之天的角度劝慰司马牛，只要你能崇德行礼，那么天下的同道就都是你的兄弟。可见，子夏已经窥探到天道性命之学的真谛，其学问层次已超越文学，而达到经学之最高境界——发现并求得孔子从中所获知的天道、人道。

也正因如此，虽然司马迁说孔子修《春秋》时，"子夏之徒不能赞一辞"（《史记·孔子世家》）。但从《公羊传》《谷梁传》的传承来看，子夏还是最终获知了孔子在《春秋》中所寄予的微言大义。所谓"赞一辞"可能只是说子夏不能参与撰写而已，并不代表他不能理解其意。同时，他因着魏文侯的拜师，而将儒学传播到三晋之地，并推动了魏文侯的改革。据《礼记·乐记》记载，魏文侯曾和子夏探讨古乐和新乐的问题。子夏认同古乐中所蕴含的"大当""德音"，而反对新乐所代表的害德"溺音"。他希望魏文侯能够敢于做出改变，黜新乐、复旧乐。尽管历史上没有记载这次对话的结果如何，但子夏这种对现实不满而要求变革的心意，对推动魏文侯改革可能还是起到了促进作用。而子夏由此在三晋收下众多弟子，并教授他们儒门六经和儒学之道，不鬼是孔门中弘道和传经的大儒。而他的成就，正如上所述，来自他博学于经的工夫和近思实行的实践。

三、子游之礼学

子游是孔门文学科的大弟子，他在文学科的成就极高。不过与子夏得力于《诗》不同，他的工夫入手处是学礼。当然，他的学礼不仅是礼仪细节，更多的是礼仪后面的礼义以及礼乐文明所蕴藏的古圣先贤之道。

子游之所以特别重视礼背后的意蕴，大约与孔子对他的一番教诲有关。有一次，子游问孔子什么是孝。孔子回答道："今之孝者，是谓能养。至于犬马，皆能有养。不敬，何以别乎？"（《论语·为政》）孝顺不能仅仅停留在外在的能赡养、能合礼，而一定要有内在的、心理上的对父母的尊敬、亲爱。这句话点醒了子游对礼学的理解。他认识到：古圣先贤之所以创制礼制，并不仅是为了秩序化人们的生活，更是为了时时提醒人们要关注自己内在的德行；而孔子之所以重视并试图重建礼乐文明，也正在于他发现了其中的仁道，并期冀以此来挽救礼崩乐坏的春秋末世。所以当子游有机会进行外王的实践时，他能自觉地去推行孔子所赞许的礼乐制度。

"子之武城，闻弦歌之声。夫子莞尔而笑，曰：'割鸡焉用牛刀？'子游对曰：'昔者偃也闻诸夫子曰："君子学道则爱人，小人学道则易使也。"'子曰：'二三子！偃之言是也。前言戏之耳。'"（《论语·阳货》）当子游在武城为宰首时，他以孔子的礼乐制度教化百姓，令小小的武城弦歌之音不色。这使孔子都觉得非常意外。可见，子游对孔子的礼学深深赞同，并颇得其中深意。与此相应的，子游在察人方面并不为人的外表所迷惑，而能通过他人的行为直窥其人的内心。

比如连孔子都失之于以貌取人的澹台灭明，子游却能发现其人的高尚德行："有澹台灭明者，行不由径，非公事，未尝至于偃之室也。"（《论语·雍也》）可见，子游通过对礼学的工夫，深得礼仪礼义之辨、仁礼之辨的精髓，并能将之应用到日常事务中去。

因此，当子夏特别重视礼仪细行的时候，他批评道："子夏之门人小子，当洒扫应对进退，则可矣，抑末也。本之则无，如之何？"（《论语·子张》）显然，子游更重视的是礼仪背后的礼义——仁道。所以，对于丧礼他指出："丧致乎哀而止。"（《论语·子张》）丧礼要表达的是生者对死者的哀思，所以不必追求过度的礼仪完备。只要能将哀戚之情畅快地表达，这个丧礼就算很好了。另外，因为他深通礼学，而礼学最重视的是一个度，所以他认识到人与人相处一定要注意度的原则。所谓"事君数，斯辱矣；朋友数，斯疏矣"（《论语·里仁》）就是讲的这个道理。

四、子游之"大同小康"

子游对礼学所下的工夫极深，他因此成为孔门中最得礼学深意的人。而在孔子看来，礼学之所以重要，不仅因为它是古代典章制度的遗存和社会秩序的规范，更因为其中寄托着古圣先王的仁道和治道。因此，孔子的以正名来复礼，正是要复兴仁道和治道。礼乐制度中仁道方面的深意，孔子曾大加阐扬；而对其中的治道，《论语》中虽然也有些记载，但颇有抑而不发的味道。不过，深通礼学的子游显然得到了孔子在这方面的真传。因此，《礼记·礼运》篇就记载了孔子向子游谈大同小康以及礼之深意的故实。这篇文献虽然不会是直接成于子游之手，但与他有着极大的联系是可以确定的，有可能是子游后学所作。因此，其中当包含着很多子游的真实思想。

在《礼运》篇中，孔子先将大同、小康的差异告诉子游："大道之行也，与三代之英，丘未之逮也，而有志焉。大道之行也，天下为公。选贤与能，讲信修睦，故人不独亲其亲，不独子其子，使老有所终，壮有所用，幼有所长，矜寡孤独废疾者，皆有所养。男有分，女有归。货，恶其弃于地也，不必藏于己；力，恶其不出于身也，不必为己。是故，谋闭而不兴，盗窃乱贼而不作，故外户而不闭，是谓大同。今大道既隐，天下为家，各亲其亲，各子其子，货力为己，大人世及以为礼。城郭沟池以为固，礼义以为纪；以正君臣，以笃父子，以睦兄弟，以和夫妇，以设制度，以立田里，以贤勇知，以功为己。故谋用是作，而兵由此起。禹汤文武成王周公，由此其选也。此六君子者，未有不谨于礼者也。以著其义，以考其信，著有过，刑仁讲让，示民有常。如有不由此者，在势者去，众以为殃，是谓小康。"大同、小康的区别是理想社会与良好社会的区别，而在春秋末期这个连小康都不是的乱世中，要想重建社会的秩序，只能先力争往小康社会发展。因此就要通过礼的重建来救世，礼也是救世的唯一途径。子游由此向孔子提出"礼之急"的问题，孔子作答道："夫礼，先王以承天之道，以治人之情。故失之者死，得之者生。……故圣人以礼示之，故天下国家可得而正也。"礼，是顺承天道的自然变化和生生不息，来治理人道的情感变化、身心关系的。所以，礼是天道和人道的契合点，得礼的人就得天道、人道，失礼的人就失天道、人道。因此《礼运》篇认为，礼就是为政的根本，应当以礼来对治天人。无论是君臣还是父子，在子游看来，任何人都有可能违礼，普通人可能，君主也可能"坏法乱纪"。因此，治道之要，首先在于君主自己能以礼正身。如此之后，才能以礼治人，使国家和谐。而君主要"以天下为一家，以中国为一人者，非意之也，必知其情，辟于其义，明于其利，达于其患，然后能为之"。即君主要了解普通人的七情，然后以父慈子孝、君仁臣忠等德目去顺化所有人，使他们都能和谐共处，免去争夺之患。这样就能使天下人都得到幸福和安宁，如此就可以顺人道。而顺人道实际上就是顺天道，所谓"夫礼必本于天，动而之地，列而之事，变而从时，协于分艺，其居人也曰养，其行之以货力、辞让、饮食、冠昏、丧祭、射御、朝聘"。礼以天道为根据，而规范进而服务于人道。因此，它"达天道，顺人情之大窦也。故唯圣人为知礼之不可以已也"。

正因为子游对礼有这样一番政治哲学的认识，所以他对礼的学习要远胜他的同学。据《礼记·檀弓上》记载："曾子袭裘而吊，子游裼裘而吊。曾子指子游而示人曰：'夫夫也，为习于礼者，如之何其裼裘而吊也？'主人既小敛，袒、括发，子游趋而出，袭裘带绖而入。曾子曰：'我过矣，我过矣，夫夫是也。'"曾子最开始批评子游，但最后也认同子游的做法才是真正合礼的。另外，《礼记》中还可见曾子、子夏、有子等人向子游问礼的故实。可见，子游的礼学工夫在孔门弟子中的确是数一数二的。

子夏以《诗》入孔子之门庭，而传经弘道之功莫大；子游以礼知孔学之深意，而传大同、小康之意于后世。两人都是以文学著名于孔门，也都以经学传授于后世，让后人得以管窥孔子与儒家之奥义，的确不愧列于四科十哲之中。而他们在学经、学礼上所下的工夫，的确没有空抛。这也是为什么后世儒者要学孔子、学儒学，必须重经、重礼的原因所在。

第五节 曾子之内省工夫

孔子在世时，曾子在孔门弟子中并不突出。尽管历代学者对"参也鲁"（《论语·先进》）的解释有不同，但孔子的确未曾将曾子列入四科十哲之中。这显示当时曾子在孔门中的地位还不如子游、子夏。孔子死后，曾子的地位有所提高。以至于子游、子夏、子张等人想要推尊有子为第二代领袖时，竟因曾子的反对而作罢。

不过尽管如此，在整个先秦儒家发展的情况看，曾子始终不是一个主脉。或者说，正如韩非所说的"儒分为八"，孔门中根本没有形成谁是主脉、正统的说法。所谓孔子、曾子、子思、孟子的正统说，只是宋儒构建的一套道统理论。尽管如此，曾子在先秦儒家中，的确是十分重要的一派。不仅孟子很推崇他，而且根据学者的研究，所谓"儒分为八"中的"乐正氏之儒"（《韩非子·显学》），当就是曾子弟子乐正子春的一派，也就是曾子的一派。曾子的儒学思想偏重于在道德修养的一面，尤其重视反身内省的工夫和由孝道切入的修养。"乐正氏之儒"这一派大体上传承曾子这一系列思想，这主要记录在传世的《论语》《大戴礼记》和《孝经》中。

一、"三省"之工夫

曾子是孔门中德行科的后劲。虽然他在孔子在世的时候未能列入四科十哲中去，但却已经开始全身心地致力于孔子所传的修身之道。"子曰：'参乎！吾道一以贯之。'曾子曰：'唯。'子出，门人问曰：'何谓也？'曾子曰：'夫子之道，忠恕而已矣！'"（《论语·里仁》）这历史上被诠释极多的一章，尤其在宋明儒者的诠释下，几乎成为孔子传道曾子的铁证。如朱子即认为："圣人之心，浑然一理，而泛应曲当，用各不同。曾子于其用处，盖已随事精察而力行之，但未知其体之一尔。夫子知其真积力久，将有所得，是以呼而告之。曾子果能默契其指，即应之速而无疑也。"（《四书章句集注》）而且这里的"门人"也有人认为是曾子的学生，以证明曾子所学之正、之大。不过就实际情况来看，恐怕未必如此：首先，孔子在世的时候，曾子只是个二十来岁的学生，他基本上是不可能有自己的学生的；其次，孔子在这里明明说以"一"贯，但曾子却说出来"忠""恕"二者，这其间的差异也需要认识到；最后，孔子所说的是"道"的问题，讲的是"道"的核心，而曾子所回答的"忠恕"显然是工夫论方面的。而孔子自己从来没有"忠恕"连用的说法。因此，就这段话来看，曾子在当时对孔子思想的理解还是有一定偏差的。这种偏差恰恰是其"鲁"的表现。不过，也正因为这个"鲁"，曾子能把孔子的"道"一下子落实到现实的工夫层面上来。这反而成就了他笃实的道德修养，并进一步成就了其在孔门后学中重要的地位。

曾子既然将孔子的思想归纳为"忠恕"，那么显然其工夫就要在这两方面下。所谓"忠"，朱子注曰"尽己"；所谓"恕"，朱子注曰"推己"。要之，都是在自己的内在心灵上做工夫。而曾子的工夫正是如此。"曾子曰：'吾日三省吾身，为人谋而不忠乎？与朋友交而不信乎？传不习乎？'"（《论语·学而》）曾子的三省工夫，是他一生最重要也最得力的工夫。《大戴礼记·曾子立事》记载他论君子之学："君子爱日以学，……日旦就业，夕而自省思，以殁其身，亦可谓守业矣。"要求学者每日须在白天做完事情后，晚上来反省自己这一天的所作所为，进而改过迁善。这样才算是真正的学和业。曾子所反省的内容，正是"忠"（"为人谋而不忠乎？"）和"恕"（"与朋友交而不信乎？"）以及狭义的学习（"传不习乎？"）。这样，曾子的工夫论就可以描述为这样一个过程：在白天的时候，努力地学习儒家的大小六艺，同时按儒家的道德要求来对待他人；晚上的时候，认真反省自己这一天的所作所为，学习是否努力，对待他人是否做到了忠恕。做得好的继续，做得不好的改正。而这样一个实实在在的、可形容描述的过程，说到底就是一句话——要使自己的行为对得起自己的心。

因此，曾子的工夫论具有极强的内在化倾向。他曾说："君子思不出其位。"（《论语·宪问》）君子的心思不要超过他所应当在的位置。之所以如此，是因为一个真正的君子一定要能做好他所在的位置要求他做的事情。所以，曾子自身作为一个崇尚儒家思想、以君子为道德修养目标的人，其所思、所做也就要始终围绕这个目标，而不超逸出去，这就决定了其工夫更多的是在自身上做。

二、"弘毅"与"守约"

曾子的工夫既然是在自身上做，所以他十分重视从细节处着手。而这细节，既有身体方面的，也有心灵方面的。在孔子的传授中，身心关系从来不是分裂的，而是互相影响、互相协调的，因此曾子既然注重内心自省的工夫，就必然也通向对外在身体礼容的重视。

《论语》记载曾子临死前的两段对话："曾子有疾，召门弟子曰：'启予足！启予手！《诗》云："战战兢兢，如临深渊，如履薄冰。"而今而后，吾知免夫！小子！'"（《论语·泰伯》）"曾子有疾，孟敬子问之。曾子言曰：'鸟之将死，其鸣也哀；人之将死，其言也善。君子所贵乎道者三：动容貌，斯远暴慢矣；正颜色，斯近信矣；出辞气，斯远鄙倍矣。笾豆之事，则有司存。'"（《论语·泰伯》）曾子在这里把对身体容貌仪节之完善整齐推到了一个极高的位置。之所以如此，正在于他秉承孔子的思想，认为身体仪容与内心修养有着极其重要的关系，两者共同构成了君子的内在道德修养和外在道德气象。因此，内在心灵的内省工夫和外在仪容的端正工夫，实际是一体之两面：对身体仪容的重视和端正，不仅是礼仪规范的要求，更是直接和道德修养贯通起来。所以对外在仪容的工夫会对内在修养起到极大的帮助，甚至是发挥直接的作用。正是在这个角度上，我们发现曾子把"修身"和"正心"予以贯通。这昭示曾子和《大学》可能的确有很多关系，对此我们将在下面再讨论。要之，曾子十分重视仪容的身体方面的工夫，这表明了身体对道德修养的重要性。但是，身体之所以重要，一方面有以上所说的正面原因，另一方面，也有其负面原因。

"君子虑胜气，思而后动，论而后行。"（《大戴礼记·曾子立事》）王聘珍解释："虑，谋思也""气，谓血气。"曾子认为，思虑要在行动之先，要以内心思虑的道德理性战胜形体血气的欲求，才能发出为道德实践。曾子认识到，我们的实践行为很多不是从道德出发，而是从血气欲求出发的。因此如果不经过思就去实践，很可能导致不好的结果。显然，曾子意识到了身体的负面性。即作为由血气构成的身体，是很可能不正、不端的，而这将对道德实践产生巨大阻碍。也正因如此，他在对孟敬子的嘱咐中才特别指出要重视对身体的修养工夫。而且，"君子之于不善也，身勿为能也，色勿为不可能也。色勿为可能也，心思勿为不可能也"（《大戴礼记·曾子立事》）。王聘珍释为："言人于不善，虽强制于外，而不可强制于中也。故为学必克己复礼。"这里的"思"字约同于意，即对于不善，人的意念是很难彻底断绝的。曾子可能已经意识到，由于人的身体血气的存在，先天的就有一种欲望性的需求，而这种需求很难消灭。因此，人实际上是很难去始终践履道德的。所以，曾子特别重视内在道德修养的工夫："君子攻其恶，求其过，强其所不能，去私欲，从事于义，可谓学矣。"（《大戴礼记·曾子立事》）这里的"学"是儒家广义的学。曾子强调要经常做反省内思、克制私欲、改过迁善的工夫，这样才能使自己逐渐战胜身体中血气之欲的影响，成为一个有道德的人。

应当说，曾子的工夫论是注重通过内心的修养来引导身体的养成，进而实现自己的君子人格。这是一个每日每夜都"战战兢兢"的过程，这个过程是十分艰辛的。曾子自己对此有清楚的认识："曾子曰：'士不可以不弘毅，任重而道远。仁以为己任，不亦重乎？死而后已，不亦远乎？'"（《论语·泰伯》）他的工夫论的对象是一个人整个的一生，要求人在一生中都能时时刻刻以孔子的仁道来要求自己。这里面蕴含着一段何其磅礴的勇气。所以，孟子以为曾子有"自反而不缩，虽褐宽博，吾不惴焉；自反而缩，虽千万人，吾往矣"的"大勇"，的确是不刊之论。而孟子将曾子之勇的方法归结为"守约"（《孟子·公孙丑上》），其实正是我们在这里所提到的重视内心修养的工夫。

三、曾子之孝道

曾子的工夫除重视内省的内在修养外，还有一个特殊的切入点。这就是孝。曾子之孝是儒家之孝的一个代表。他不仅自身能很好地孝敬自己的父亲，更能将孝道的弘大意义拓展开来，从而使儒家之孝获得了更广、更深的道德意义和政治意义。

据孟子记载："曾子养曾皙，必有酒肉。将彻，必请所与。问有余，必曰：'有。'"（《孟子·离娄上》）"曾皙嗜羊枣，而曾子不忍食羊枣。"（《孟子·尽心下》）曾子对待自己的父亲是以恭敬之心来以心度心的孝敬，因此"若曾子，则可谓养志也。事亲若曾子者，可也"（《孟子·离娄上》）。这正是对孔子认为孝中必须有"敬"的极佳践行。《礼记·内则》记载曾子的话说："孝子之养老也，乐其心不违其志，……父母之所爱亦爱之，父母之所敬亦敬之，至于犬马尽然，而况于人乎！"《礼记·祭义》也载："曾子曰：'孝有三，大孝尊亲，其次弗辱，其下能养。'"这些都是对孝的必须以内在的恭敬之心为基础的重要阐释。曾子的这种孝道观，既是来源于孔子，同时也符合他重视内在德行的工夫论。可以说，曾子正是通过其工夫论达到了孝德，并由此再进一步实现其君子人格的。

不仅如此，曾子还意识到了孝在礼乐文明中的巨大作用。所谓孝，孔子曾以"生，事之以礼；死，葬之以礼"（《论语·为政》）来解释。但其中的深层意义孔子没有说明，曾子则指出："慎终追远，民德归厚矣。"（《论语·学而》）生前死后的孝，不仅是孝子自身心安的问题，更是一个具有道德和政治普遍性的问题。即在曾子看来，通过孝的德行，可以使人民的道德敦厚，这样就可以希求良好的政治之实现了。《孝经》和《大戴礼记》的"曾子十篇"对此有丰富的讨论。《孝经》这篇文献，虽然其中的话并不能看作是孔子和曾子的真实语，但不可否认的是，其中很多说法与《大戴礼记》的"曾子十篇"以及其他文献所载曾子及其流派的思想相近甚至一致。所以，虽然说《孝经》并非曾子所作，但确实与曾子有很重要的关系。因此，可以推断，曾子及其学派确实对孝的政治化意义有很深刻的认识和很多的讨论。而其要点有三：一、对父母之孝可以移作对君主之忠。《曾子立孝》载："是故未有君，而忠臣可知者，孝子之谓也。……故曰：孝子善事君。"这和《孝经》所谓"父子之道，天性也，君臣之义也""君子之事亲孝，故忠可移于君"基本一致。二、以孝为贯穿天人之道的核心，是一切道德的根本。《曾子大孝》云："居处不庄，非孝也；事君不忠，非孝也；莅官不敬，非孝也；朋友不信，非孝也；战陈无勇，非孝也。""夫孝者，天下之大经也。夫孝置之而塞于天地，衡之而衡于四海，施诸后世而无朝夕，推而放诸东海而准，推而放诸西海而准，推而放诸南海而准，推而放诸北海而准。"这和《孝经》"夫孝，天之经也，地之义也，民之行也"具有一贯性。三、以孝为政治治理的至要。如《孝经》所谓"至德要道，以顺天下，民用和睦，上下无怨"。由此，曾子的孝不仅具有德目和工夫论的意义，更具有政治哲学和政治方针的意义，这对中国历史上的"以孝治国"方针有着十分重要的影响。

四、曾子与《大学》

自二程、朱子将《大学》视作曾子及其弟子所作，宋明儒者大都信奉此说。应当说，这一说法是有其合理性的。因为《大学》中唯一所引的孔门弟子的话就是曾子的"十目所视，十手所指，其严乎"，而且考之以思想的相关性和逻辑性，更是大体可信的。但是，我们在确认《大学》和曾子及其学派关系的同时，却不必像朱子那样凿实为"经一章，盖孔子之言，而曾子述之，凡二百五字。其传十章，则曾子之意而门人记之也"（《四书章句集注》）。事实上，所谓"经"的一章，其中颇有超出孔子和曾子的思考范围处，只不过其思想方向的确是孔子尤其是曾子思想的逻辑发展而已。因此，《大学》实际上无论所谓的"经"还是"传"部分，都应当是曾子弟子甚至再传弟子，即所谓"乐正氏之儒"所作。①

因为，尽管曾子的思想很突出工夫论的意义，但他并没有给出一套工夫论的系统方法，即缺乏一套步骤明确、操作性极强的工夫理论。这一缺憾，是《大学》要予以弥补的。《大学》首先肯定了道德的意义和道德实践作为人生意义的当然性，并接着指出："物有本末，事有终始，知所先后，则近道矣。"道德实践是需要一步步去做的，以下即是格物致知、诚意正心、修身齐家、治国平天下的八条目，"自天子以至于庶人，一是皆以修身为本。……此谓知本，此谓知之至也"。《大学》堪称儒家工夫论的纲领，其起手处是格物致知，而历来对格物致知的解释人言人殊。但秉持对待古籍的基本态度应当是少改动的原则，高明先生的看法可能更接近《大学》本义："'格物'就是对'修身''齐家''治国''平天下'这些事物加以量度。量度了以后，才能获致那些'知止''知本''知所先后'的'知'。"②由此，格物即是思，是对诚意以下六个条目的考量；而致知即是思的结果，是由这些考量获得了修身为本、并由诚意开始，然后一直达到平天下的知。得到这个知后，就可以开始具体的修养工夫了。正

---

① 关于《大学》的作者问题，梁涛先生经过对传世和出土文献的考察，肯定《大学》是曾子或其弟子的作品.梁涛. 郭店竹简与思孟学派 [M]. 北京：中国人民大学出版社，2008：115. 但考虑到《大学》中曾明确引用曾子"十目所视"一段话，则该文献当出于曾子弟子。

② 高明. 礼学新探 [M]. 台北：学生书局，1985：130.

如朱子所说,格物致知是"明善之要",诚意是"诚身之本",二者"尤为当务之急"。可见，就工夫论的理论起点来说，是要由思开始；但修身工夫的真正入手处，还在于诚意。这是因为《大学》作者反思到为善为恶的关键在于意，所以把工夫归结到诚意上来。只有抓住诚意这个关节，才能去除血气欲求的不良影响。应当说，《大学》的这一认识是很有见地的。事实上，这些说法与《大戴礼记》"曾子十篇"的很多说法相呼应。如《曾子立事》篇就曾指出"去私欲""虑胜气，思而后动，论而后行"以及"慎"。需要注意的是，《大学》篇是将"诚意"和"慎独"合在一起讲的，而将"慎独"工夫的奥义和盘托出："所谓诚其意者，毋自欺也。如恶恶臭，如好好色，此之谓自慊。故君子必慎其独也。小人闲居为不善，无所不至，见君子而后厌然，掩其不善，而著其善。人之视己，如见其肺肝然，则何益矣。此谓诚于中，形于外，故君子必慎其独也。曾子曰：'十目所视，十手所指，其严乎！'富润屋，德润身，心广体胖，故君子必诚其意。"牟宗三先生曾分析"慎独"工夫的归属问题，指出："《中庸》讲'慎独'就是讲主体，是从工夫上开主体。《大学》也讲慎独。慎独这个学问是扣紧道德意识而发出来的。慎独这个观念孔子没讲，孟子也没讲。如果你要追溯这个观念的历史渊源，那当该追溯到谁呢？当该是曾子。慎独是严格的道德意识，在孔门中道德意识最强的是哪一个？就是曾子。"[①] 曾子之所以将"慎独"的工夫看得极其重要，就是他认识到在道德实践中心思意志问题的重要性，因而"《大学》也讲慎独，它是从诚意讲。……这些都是严格的道德意识。所以慎独是最重要的"。[②] 的确，"'慎独'是在意念初动的时候，省察其是出于性还是出于生理的欲望。"[③] 它是作为道德主体的人对自己的道德意识所做的工夫，是使自己的道德意识纯一无虚、专一而行的工夫。

①② 牟宗三. 中国哲学十九讲 [M]. 上海：上海古籍出版社，2005：64.

③ 徐复观. 中国人性论史 [M]. 上海：华东师范大学出版社，2005：77.

因而"慎独""诚意"实际上是为一的，都是最精微细致的内心修养工夫。

可见，曾子的弟子及再传弟子在继承曾子重视内在道德反省工夫和外在仪容修养的基础上，将之做了细化和深化，尤其是确认了工夫论中"思""诚""真独"的重要意义。而这些都指向人内在丰富而细腻的心灵意念，从而为子思及孟子的进一步深化和完善内圣的道德工夫奠定了坚实基础。

第六节　其他孔门后学的工夫论

据说孔门成学者七一（或七十二），从学者三千，可见孔门人数之广与成就之大。不过就现在的文献来看，能详述其思想和成就的，除了以上四科十哲和宗圣曾子外，也只有寥寥几人。而其中最具影响的，就是韩非子所说的"儒分为八"中的"子张之儒"和"漆雕氏之儒"。另外，就是差点成为孔门领袖的有子。所以，我们将对这几位孔门后学的工夫论进行一番探讨。

一、子张的弘大之学

子张是孔门中一位个性特征十分突出的弟子。孔子曾指出他的性格是"辟"，即偏激。而其一生工夫的得力处就在于对此的正面转化与引导，而其缺陷也在于未能完全把"辟"的毛病消解掉。

子张大约家庭出身不好，所以他曾向孔子"学干禄"。孔子告诉他："多闻阙疑，慎言其余，则寡尤；多见阙殆，慎行其余，则寡悔。言寡尤，行寡悔，禄在其中矣。"（《论语·为政》）孔子早就看出子张有偏激的毛病，说话做事容易过头，所以可能招致问题和后悔。因此孔子在这里以为人说话做事的方法来教育他，而并非以具体的为官之法教育他。孔子对他的毛病曾多次告诫，比如孔子在和子贡的对话中也曾指出他"过犹不及"（《论语·先进》）的问题。

可能是经过了孔门的学习，子张摆脱了"学干禄"的浅薄想法，开始积极地投入到对孔子之道和礼乐文明的学习中去。在学习中，他逐渐将自己"辟"的个性转化为对学问中较弘大部分的高远追求，开始关心礼乐制度和政治之道。子张曾向孔子询问历史演变中制度变迁的问题："子张问：'十世可知也？'子曰：'殷因于夏礼，所损益，可知也；周因于殷礼，所损益，可知也。其或继周者，虽百世，可知也。'"（《论语·为政》）子张认识到春秋末期礼崩乐坏问题的重要性，所以他想努力搞清楚这一变化的未来趋势以及规律。他还曾向孔子询问："《书》云，'高宗谅阴，三年不言。'何谓也？"孔子回答："何必高宗，古之人皆然。君薨，百官总己以听于冢宰，三年。"（《论语·宪问》）这是子张就具体礼制的一个提问，其背景就是《尚书》中所载的古制在当时已经不行。显然，子张具有创制立法的雄心壮志，所以他力图探求制度变迁的原因和规律。孔子也知道他的倾向，所以当他向孔子问仁时，孔子并不以个体的为仁工夫回答，而是以政治的为仁作答："能行五者于天下为仁矣。""恭、宽、信、敏、惠。恭则不侮，宽则得众，信则人任焉，敏则有功，惠则足以使人。"（《论语·阳货》）可见，孔子也是对子张有所期许的，期盼他未来能在政治实践上有所作为。子张自身也是以为政自期的，所以他也曾向孔子问政，而孔子以"居之无倦，行之以忠"（《论语·颜渊》）作答。

不过，子张却没有得到行道为政的机会，最后还是以弘道之儒而非行道之儒成就其学。子张之学得力于他"辟"的个性，他是将这种个性转化为对道德的极致坚持和广泛推广。"子张曰：'执德不弘，信道不笃，焉能为有？焉能为亡？'"（《论语·子张》）他认为，对于道德一定要有秉持而职守的坚毅，同时更要有坚定而不屈的信仰。这样才能在内心建立起强大的道德主体，从而不会为外在的事物所左右。也因此，他认为要广泛地结交朋友，这样才是对自己道德的推扩和坚定。为此，他曾和子夏有所争论。子夏的看法是："可者与之，其不可者拒之。"但子张认为："异乎吾所闻：君子尊贤而容众，嘉善而矜不能。我之大贤与，于人何所不容？我之不贤与，人将拒我，如之何其拒人也？"（《论语·子张》）应当说，子张的看法更具平等主义色彩，但他和子夏所争论的到底孰是孰非呢？其实孔子也曾说过"毋友不如己者"，但孔子也认为"三人行必有我师""不耻下问"。那么，如何解决这一矛盾呢？在我看来，这个问题可能是从两个阶段来说的：就"毋友不如己者"来说，是在最初求学的阶段。在这个阶段，自己的很多毛病还没有转化掉，所以要向比自己好、自己强的人去学习；而"三人行必有我师""不耻下问"，则是在学问有所成就、德行有所确立之后去做的。这时候自身的骄傲自大等毛病已经改掉，所以可以谦逊地从不如自己的人身上汲取养分。因此，子夏、子张的不同说法其实是依照孔子对在成学不同阶段的情况而说，他们的矛盾其实是可以调和的。

正是秉持这样一种对道德的信仰和坚毅，子张对孔子对他的很多教诲能深入学习和实践。"子张问行。子曰：'言忠信，行笃敬，虽蛮貊之邦行矣。言不忠信，行不笃敬，虽州里行乎哉？立，则见其参于前也；在舆，则见其倚于衡也，夫然后行。'子张书诸绅。"（《论语·卫灵公》）子张的工夫正是由言行的细致工夫入手，所以他对自己学生的教诲也是如此。这就导致他的学生出现了荀子批评的"弟佗其冠，神禫其辞，禹行而舜趋"（《荀子·非十二子》）的状况，即对具体言行的过分执着。这在一定程度上当然也是子张"辟"的毛病的遗传。这表明，子张自身的工夫虽然很艰深，道德修养的成就也很高，但其中问题不小。所以，子游说他："吾友张也，为难能也，然而未仁"（《论语·子张》）；曾子则说他："堂堂乎张也，难与并为仁矣。"（《论语·子张》）

可见，子张一生的学问得力于他对"辟"的转化和利用，又失之于其对"辟"的转化不够、消克未尽，即他的"克己"工夫还不足。此其所以既能在"儒分为八"中独占一派，但其流派又无法在后世成为正宗的原因。

二、有子的孝悌之学

孔门后学在孔子死后分散于各地，但他们都思念孔子在世时聚在一起的讲学之乐，因此颇有一批年轻学生想要推举出一位领袖，来全盘领导儒家集团。他们推举的便是有子。尽管这件事情最终因为曾子的反对而告吹，但它向我们反映出一个事实，即孔子死后有子在孔门集团中拥有较突出的地位。之所以如此，有人说是因为他的相貌和举止类似孔子，但这一说法太过牵强，孔门后学还不至于着急到这个地步；有子在孔门中较高地位的取得，应当是因为他的工夫修养所达至的德行境界之高和他在政治、社会生活中能很好地践行孔子之道。

有子的工夫以孝悌为入手，以礼学而广大，以仁道趋成就。有子认为："其为人也孝弟，而好犯上者，鲜矣；不好犯上，而好作乱者，未之有也。君子务本，本立而道生。孝弟也者，其为仁之本与！"（《论语·学而》）务本，就是由孝悌入手来做工夫，这也就是孔子所说的"入则孝，出则悌"（《论语·学而》）。有子继承孔子的这一观点，将每个人身边最近的血亲关系看作工夫的入手处。由这里入手，不仅是因为它的情感体贴真实，具有普遍性和简易性；更因由此做工夫，小者可以使得自己情感顺遂、家庭和睦，大者可以由父子兄弟的和睦过渡到更广泛的君臣的和谐。

通过由孝悌入手逐渐确立自己的仁德的内在基础后，有子将这一基础推扩到更广泛的礼乐制度中去，并认为由此可以使君臣和谐、秩序井然。他认为："礼之用，和为贵。先王之道斯为美，小大由之。有所不行，知和而和，不以礼节之，亦不可行也。"（《论语·学而》）

礼乐制度以和为贵，和就是和谐。但不是为了和谐而一味地抹稀泥，而是在礼乐规范下的和谐，即有原则、有底线的和谐。而这一原则底线，实际上就是通过孝悌建立起来的仁德。

经孝悌生根仁道，经礼乐树立和谐，那么在外王的政治实践中自然就要践行此二者。因此，当鲁哀公向有若提问："年饥，用不足，如之何？"时，有子回答道："盍彻乎？"鲁哀公不禁不爽道："二，吾犹不足，如之何其彻也？"有子应答道："百姓足，君孰与不足？百姓不足，君孰与足？"（《论语·颜渊》）显然，有子在鲁哀公时就已经比较有名，所以哀公才会向他询问国家大事。有子认为，国家的财政政策应当是藏富于民，因此国家税收顶多就是十一而税，不能比这更高了。百姓富足了，统治者自然就会富足；百姓如果不富足，统治者就不可能富足。这里，显然有着丰富的民本思想：统治者的政治治理应当是为民的；统治者的政策应当是薄赋减税的；统治者不应当为了一己私利去剥削百姓。

由上所述，我们可以发现，有子的确能将孔子思想的诸多大端都予以继承。他的孝悌之工夫、仁礼之学问，都堪为孔子的正脉嫡传，此其所以能被子张、子游等人所推崇，而要以之为孔门领袖的原因。但因为有子过于年轻，且孔门分化的趋势不可阻挡，所以他最终未能成为孔门的一代宗师。尽管如此，他的从孝悌入手，由小及大、一步步推扩上升的笃实工夫，始终为后世儒者所钦赞。

三、曾点之狂、原宪之狷

孔子的工夫论，在于通过各种修养方法达到中庸。但"中庸之为德也，其至矣乎！民鲜久矣"（《论语·雍也》），所以在中庸很难实现的前提下，孔子更看重两类人：狂者和狷者。"子曰：'不得中行而与之，必也狂狷乎。狂者进取，狷者有所不为也。'"（《论语·子路》）

曾子的父亲曾点，可以作为狂者的一个代表。在著名的"子路、曾皙、冉有、公西华侍坐"章中，曾点以一个十分特殊的形象出现。他在师友问对的同时怡然自得地弹琴，在同门都以为政作志向时，他却回答以"莫春者，春服既成，冠者五六人，童子六七人，浴乎沂，风乎舞雩，咏而归"（《论语·先进》）。这一回答得到了孔子的认可。狂者之所以得到孔子的赞许，就在于狂者实际上是具有内在的主体自足的。所以当孔子周游列国到陈国时，曾慨叹："归与！归与！吾党之小子狂简，斐然成章，不知所以裁之。"（《论语·公冶长》）所谓狂简，就是有质而少文，虽然足以有所成就，但尚缺乏礼乐文明的熏陶养成。曾点的回答显然就是这样一个情况。

狷者其实和狂者有一个很大的相同点，就是都具有很强的主体自足性，并且对之能极力坚持。只不过狂者是能按着内在主体性的要求放手去做，如曾点就不顾及他人的回答而坚定自己的选择；而狷者则是把自己主体性所持守、珍重的东西认真保护起来，不使外在的人、事、物侵扰自身，因而更多的是以隐的方式来存在的，比如原宪。原宪曾向孔子问什么是耻，"子曰：'邦有道，谷；邦无道，谷，耻也'"（《论语·宪问》）。原宪的一生恪守着孔子的这条教诲，而春秋末世既然是乱世，那么在原宪面前就只有一条路——归隐。而他的道德修养工夫，也使得他能够做到这一点。他曾向孔子询问："克、伐、怨、欲不行焉，可以为仁矣？"大约原宪是能做到这点的，孔子对此赞许道"可以为难矣"，但同时也指出"仁则吾不知也"（《论语·宪问》）。因为原宪所说的这几点都是纯粹克己的一面，却不含向外推扩的一面。而原宪竟选择不再推扩，这正是其"狷者有所不为也"的工夫指向——只向内，不向外。

应当说，狂、狷实际上都是在质上自足的，但也正因为这个内在的自足，所以或者不文，或者不推扩。这造成他们无法达到中庸之行。不过，能在内在确立起这个自足的道德主体性，就已经很难得了，所以孔子对他们仍旧非常认可。可见，孔门之学，最重要的还是要树立起内在的道德主体，并始终以德行为主轴。

四、其他弟子工夫论简述

除了以上所述诸位历史文献记载较多的弟子外，其实孔门中还有很多弟子的成就很大，甚至形成了他们自己的学派。但因为种种原因，著作流失，名声掩盖。我们现在难以全面发现和理解他们的思想，只能从只言片语中去探求他们的成学工夫之特色。

所谓"儒分为八"中有"漆雕氏之儒"，应是孔门弟子漆雕开所开创的一派。漆雕开以侠义之勇闻名，同时又对人性论有讨论、有见解。所以，他应当是孔门后学中的一位重要人物。据《论语·公冶长》记载："子使漆雕开仕。对曰：'吾斯之未能信。'子说。"可见，漆雕开也是一位很好学、很谦逊的人物。他的工夫从义勇入手，"漆雕之议，不色挠，不目逃，行曲则违于臧获，行直则怒于诸侯，世主以为廉而礼之"（《韩非子·显学》）。可见，漆雕开能得孔子智仁勇三达德的一端。他的行为不因对方的地位、财富为转移，而只论是义还是不义。因此，他是见义必为、勇不疾贫、勇而好学、真正无所畏惧的勇者。他所以能达到这一步，与他学习大六艺是分不开的。据《孔子家语》记载，他尤其擅长《尚书》。那么可以推断，他的确从古圣先贤的事迹中体悟出道德正义的永恒价值，进而能以生命来捍卫它。由此他形成了他的义勇精神，并以此号召起一批人，形成了一个流派。

据王充记载，儒门中与漆雕开一起对孔子人性论有所发挥的是宓子贱。据记载，他和漆雕开的人性论观点一致："宓子贱、漆雕开、公孙尼子之徒，亦论情性，与世子相出入，皆言性有善有恶。"而世硕的观点是："周人世硕，以为'人性有善恶，举人之善性，养而致之则善长；性恶，养而致之则恶长'。如此，则性各有阴阳，善恶在所养焉。故世子作《养书》一篇。"(《论衡·本性》) 这种人性论意味着"人性包含着善恶两种素质。就人性之善的方面培养，则善发展起来；就人性之恶的方面培养，则恶发展起来。……是成为'善人'还是'恶人'，全赖后天的修养如何"。① 宓子贱之所以具有这种人性论，是与他自身重视道德修养分不开的。"子谓子贱，'君子哉若人！鲁无君子者，斯焉取斯？'"(《论语·公冶长》) 显然，他曾对德行下过极深的工夫，而他的工夫论依着其人性论就当是"养性"——养人性中善的部分。而他因着养性工夫，最终得到了孔子很高的称赞。孔子认为这个人的道德修养足以达到君子的境界，可见养性工夫在孔门后学中成为一个重要的工夫论思想。

在王充的记载中还提到一位讨论人性论的公孙尼子，据说《礼记·乐记》篇即是他所作。这篇文献指出："人生而静，天之性也；惑于物而动，性之欲也。物至知知，然后好恶形焉。"人性因着外物的影响而有善有恶，人性本身也是可善可恶的，这与王充的记载若合符节。而如果任凭人性与外物的肆意作用，那么就会使人性发出来的情感肆无忌惮。于是，"好恶无节于内，知诱于外，不能反躬，天理灭矣。夫物之感人无穷，而人之好恶无节，则是物至而人化物也。人化物也者，灭天理而穷人欲者也"。不能加以节制和修养，人会被外物引诱而异化，这样就会流到恶的一面。"于是有悖逆诈伪之心，有淫泆作乱之事。是故，强者胁弱，众者暴寡，知者诈愚，勇者苦怯，疾病不养，老幼孤独不得其所，此大乱之道也。"为此，必须培植人性中善的部分。培植的方法就是通过礼乐文明，"是故先王之制礼乐，人为之节，衰麻哭泣，所以节丧纪也；钟鼓干戚，所以和安乐也；昏姻冠笄，所以别男女也；射乡食飨，所以正交接也。礼节民心，乐和民声，政以行之，刑以防之。礼乐刑政，四达而不悖，则王道备矣"。

---

① 李存山. 中国传统哲学纲要 [M]. 北京：中国社会科学出版社，2008：153.

礼乐文明对人性抒发出的情感行为加以节制和疏导，因而人的行为就会被规范于正道。这样人本性中善的部分就会被培植起来，慢慢的人就会成为善人，而施行礼乐文明的社会也就会越来越好。因此，"《乐记》之思想乃以道德控制情绪为主""礼与乐之特性皆在于对情欲立一种限制，即所谓节；以便使情绪受理性之支配"。[①] 在公孙尼子看来，工夫的方法主要就是以礼乐文明来养性，使得自己的性情得正、行为归善。

可以看到，孔门后学中有好多位都将"养性"工夫作为其修养的方法。这表明人性论的讨论和就本性上下二夫成为孔门后学关注的一个热点，而这也成为思孟学派乃至荀子特别重视人性论和对本性下工夫的起点。

同样具有很高德行的还有澹台灭明、南容等人。澹台是孔子晚年的弟子，是子游在武城发现的人才。他在拜入孔门前就已经有很好的德行了："行不由径，非公事，未尝至于偃之室也。"(《论语·雍也》)可见，这是个正直而不行私的人。大约经过孔门的进一步教育和学习后，他的道德修养进一步提高，学问也很有成就，所以后来到楚地一带广泛传播儒家的学说。南容是孔子的侄女婿，他对六经很有研究，并能深得六经中的深意。比如他"三复白圭"(《论语·先进》)，就是对《诗经》中所传达的君子之意有深刻领会；又比如他说"羿善射，奡荡舟，俱不得其死然。禹、稷躬稼而有天下"(《论语·宪问》)，这可能是他通过对《尚书》的学习，认识到以仁德得天下和以暴力服天下的不同。所以，孔子称赞他"君子哉若人！尚德哉若人！"也正因如此，孔子人为他能"邦有道，不废；邦无道，免于刑戮"(《论语·公冶长》)。可见，由六经以养成德行，是孔门工夫论的重要组成部分。

---

① 劳思光. 新编中国哲学史（第二卷）[M]. 桂林：广西师范大学出版社，2005：57.

　　孔子晚年还有一位很好问问题的弟子——樊迟。在《论语》中，他曾三次向孔子问仁，两次向孔子问知。这在其他弟子中是很少见的。不过，这个弟子却也曾向孔子"请学稼""请学为圃"，搞得孔子很不高兴。另外他对孔子的一些教诲也不太明白，需要同门的指点。可见，此人虽然有进取之心，也好问问题，但大约是个既急于求成、但又悟性有限，同时很重视实际的人。所以，他在后代的记录中湮没无闻。不过他的经历提示我们，孔门的工夫虽然不忽视器用之才的培养，但绝不是为了解决温饱问题而成的小器，此是小六艺之教的成就；而必须是能够有大用途的大器，这是大六艺所成就的；最终还要在大器之上再提升一步，成为君子。

　　可以说，孔门的工夫论虽有小六艺，但更重要的是大六艺。这就是所谓的诗礼之教。孔子也正是以此来教育他的儿子孔鲤："尝独立，鲤趋而过庭，曰：'学《诗》乎？'对曰：'未也。''不学《诗》，无以言。'鲤退而学《诗》。他日又独立，鲤趋而过庭，曰：'学《礼》乎？'对曰：'未也。''不学《礼》，无以立。'鲤退而学《礼》。"（《论语·季氏》）而在诗教中，孔子又有所选择："子谓伯鱼曰：'女为《周南》《召南》矣乎？人而不为《周南》《召南》，其犹正墙面而立也与！'"（《论语·阳货》）孔子之所以重视二南，是因为它们是周公、召公两位先圣先贤封地的诗歌，最能体现圣贤之治的内涵和成果，是德行和德治的结晶。所以孔子希望儿子能从中体会到古圣先贤的遗风和遗教，从而自己有所挺立和收获。

　　显然，孔子的诗礼之教，其目的在于获得其中所蕴含的深刻内涵。所以由诗礼之教入，进而求得其本也是一个重要的工夫。比如林放就曾向孔子求问"礼之本"，孔子赞叹他道："大哉问！礼，与其奢也，宁俭；丧，与其易也，宁戚。"（《论语·八佾》）而对于更多关注礼仪细节的公西华，孔子虽然赞同他在礼学方面知识性的成就，"赤也，束带立于朝，可使与宾客言也"，但因为他不能深入其中，所以孔子惋惜他"不知其仁也"(《论语·公冶长》)。

通过对以上这几位孔门弟子的讨论,我们可以确认,孔门工夫论的主要架构是:以小六艺为基础技能,以大六艺为进阶教材,以德行为主干、知识为辅助,注重实际的践履,强调在成器之上再进一步超越而成就君子人格。

第四章　思孟学派的工夫论思想

　　经过孔门第一代弟子的继承和发展，儒家思想在各个方面都有了丰富多彩的发展。工夫论也是如此。而如果对它们加以总结的话，可以说，孔门弟子的工夫论，一是在工夫之内在化、精细化方面有所推进，二是在礼乐和六经之教化上有所拓展。而这两条思路，成为日后儒家工夫论的两个面向。每个儒者虽然有所侧重，但对这两者都不会完全否定。而在战国初期，随着社会形势的变化和诸子百家的出现，儒家学者的工作更加关心内在方面。当然，这并不意味他们就不再关心外在的礼乐文明和社会秩序的重建，而是他们越来越多地认识到：如果不能从自身上把问题解决，那么外在政治和社会秩序的重建就无从谈起。因此，无论是孟子的以"不忍人之心"行仁政，还是荀子的以"化性起伪"之心隆礼重法，看起来差异众多，但就其通过内在的建设而为外在重建建立根基这一点来看，并无根本不同。而将这样一条思路明确树立起来的，是子思及其学派。根据学界的认识，孟子被认为是子思学派的后学，因而有思孟学派一说。这个认识应是可靠的。因此，本章就来讨论思孟学派的工夫论。

第一节　子思的工夫论

　　子思，是孔子的孙子。他从小就生长在儒门之中，深受孔子及其弟子之熏陶，再加上自己勤学深思，因此成为一代大儒。子思一方面在思想上对儒学大大推进，另一方面在政治上积极参与鲁国的政治活动。因而，他一度成为当时思想界尤其是儒者中的权威。他还广收门徒，形成了自己的学派，进而对其他各地儒者的思想也都有影响。子思的著作很多，《史记》记载他作《中庸》，《汉书》记载他的作品《子思》二十三篇以及相关的《中庸说》二篇。而根据《隋书》记载沈约的奏答："《中庸》《表记》《坊记》《缁衣》皆取《子思子》"，则现存《礼记》中的四篇正是当初《子思子》中的作品。事实上，古人没有明确的著作权观念，所谓《子思》《子思子》只能说是子思及其弟子的作品，也就是子思学派著作的总集。而我们根据司马迁、班固和沈约的看法，只能大约确定《中庸》一篇为子思自己所作。而且今本《中庸》虽然包含子思《中庸》的内容，但它是否也和其他古代文献一样，在流传的过程中被后学加入了一些内容，也难断定。因此，包括新出土的郭店楚简中的儒家类文献在内的相当一批和子思有关的文献，只能称为子思学派的作品。所以我们这节讨论子思的工夫论，实际上是讨论子思学派的工夫论，因而其中会出现一些有点矛盾的现象，这是难以避免的。

一、《中庸》——子思之学的义理架构

无论历史上尤其是近代以来，对《中庸》成书进行过怎样的辩难和考证，都无法否认其作为子思学派核心著作的基本立论。因此，考察子思的理论首先应从《中庸》入手。目前关于今本《中庸》的一个核心争议就是，该文本存在内容不完全规整的问题。从冯友兰先生对它进行两个部分的划分，到近年来郭沂、梁涛等学者直接将它分割为两篇文章，认为一为类似《缁衣》的原始《中庸》，一为理论性更强的《天命》或《诚明》。今本《中庸》的文本问题成为我们理解《中庸》乃至理解子思及其学派的一个关键问题。应当承认，《中

庸》文本的确存在内容不规整的问题，第二章到第二十章中间的这一部分内容和第一章及二十章中间往后这一部分内容，确实存在差异。但是，分析一篇文献的关键在于其内容能否在梳理后连贯。如果文献中的理论能够疏通，这就表示同大于异，因而就不必把文献强分为二。尤其是在目前没有其他文献支持的情况下，更不必甚至不应将现存文献再割裂开来。

由此，我认为，今本《中庸》仍旧可以认为是一篇文献。因为其内容是可以连续起来、疏通贯穿的。第一章："天命之谓性，率性之谓道，修道之谓教。道也者，不可须臾离也，可离非道也。是故君子戒慎乎其所不睹，恐惧乎其所不闻。莫见乎隐，莫显乎微，故君子慎其独也。喜怒哀乐之未发，谓之中；发而皆中节，谓之和；中也者，天下之大本也；和也者，天下之达道也。致中和，天地位焉，万物育焉。"这一节正如朱子引杨时语所言，"一篇之体要是也"。《中庸》中最重要的几个概念是天、性、道、教、中、和、诚等，这几个概念组合成了一个贯穿的系统，从而将儒家的心性学、工夫论的理念全都容纳进来。事实上，《中庸》整篇的内容都不离开篇所论述的这个由天到性、由性到道、由道到教的四物三阶段："天命之谓性"是第一个阶段，在这个阶段中，"天"作为超越的本体向下贯注到每个个体的生命，这个过程就是"命"。在这个从起点到完成的整个过程中，天是"诚"的、"中"的、"和"的。这也就是天之自然大化流行，而天贯注到我们每个个体的就是"性"。"率性之谓道"是第二个阶段，在这个阶段中，我得之于天的"性"，自然的要向外流行与万物相接，以走出个人之"道"。在这个过程中，我"率"（即循）天贯注于我的"性"而行。于是，我自然就是"诚"的、"中"的、"和"的。而这个阶段需要人的工夫来实现，如慎独、择善固执等。"修道之谓教"是第三个阶段。在这个阶段中，我个人依天命和本性而走出的"道"没有尽头，于是自然要进一步扩充到人人物物以成己成物。因此，有所谓"教"。这个教，是我"修"自己之道而自然德化到人人物物的。所以，这个过程仍然是"诚"的、"中"的、"和"的。而在这个过程中更需要众多的外在工夫去做，这就是仁政、礼治等。这样一个由天到性、由性到道、由道到教的过程，它本身是一个由超越的义理层面到现实的生活层面的过程。超越的天是义理的根源和保证，所以在第一个阶段无所谓工夫；而落实到现实的人和事之后，就不能像第一个阶段那样自然流行便是，而必须有工夫来进行保证。于是，有了慎独、择善固执、仁政、礼治等。

由上所述，我们可知今本《中庸》仍应作为一个完整的整体来理解，而不当将之分裂开来，否则就无法看到子思及其学派对中庸概念的发展以及其学派理论的全貌。因此，我们认为，子思及其学派的理论可以以《中庸》为核心，划分为三个层次：一、人性理论的层面。在这个层面中，子思将人性之本源上推到天命，从而以超越的义理之天来确立人性的道德本源，于是为性善论建立了基础；二、心性工夫的层面。子思继承了慎独的工夫论，并更加重视隐微的内在心灵，从而使其修养工夫论更加内在化；三、政治实践的层面。子思以中庸至诚之德贯注于政治和社会秩序的重建，因而重视德教、德政，并且特别重视政治治理的纯洁性。这表现在当时就是统治者自身的道德纯正性。可以说，子思及其学派的理论主要就是围绕这三个层面展开的。通过我们以上的分析，对子思及其学派的理论架构和思维特征有了更好的把握，这对我们接下来的工夫论讨论很有帮助。

二、源性明德以立本

子思将曾子和《大学》的思想进一步深化。首先，他确立了道德的来源和道德实践的出发点，并建立起"思知人，不可以不知天"的模式。子思认为"天命之谓性，率性之谓道，修道之谓教"(《中庸》)。面对道家天道宇宙观和墨家习染人性论的挑战，子思将孔子的义理之天和人的本性联系起来，从而建立起一个天道性命相贯通的天道、人道合一的人性论系统。由此子思从人性论上确立了道德的先天性和内在性，这样道德的来源就得以确立。而接下来的问题是，如何使得道德本性发用出来并进行道德实践。对此子思指出，人心有未发和已发的区别。因而，人的道德工夫就要在心思意念上去做。由此，子思认可《大学》的观点，即工夫论要由诚着手。"诚者，天之道也；诚之者，人之道也。诚者不勉而中，不思而得，从容中道，圣人也。诚之者，择善而固执之者也。"（《中庸》）圣人不用思就能明善，不用工夫就能中庸；普通人则先要经过思来"择善"，再用诚意的工夫来"固执之"。即一般人的道德实践要通过效仿天道的真实无妄，来使得意念的发动达到真实无妄，这样才能切实地把握住善而实践。可见，子思继承了曾子和《大学》的思和诚的观念，而并将之纳入天人之学的模式而给予彰显。

这里需要指出的是，子思特别重视"思"的工夫。如果说他在《中庸》中多是对《大学》中诚的观念发扬的话，他对思的思考则体现在出土文献《五行》中。①《五行》极重视思，正如陈来先生指出的："这里的思并不是单纯的思考，而包括内心的种种活动状态和活动趋向"②。事实上，《五行》篇中的思基本上都可以理解为德性之思。《五行》言："不仁，思不能精"；"不智，思不能长"；"不圣，思不能轻"。这是讲没有内在的德作为基础，德性之思便是不可能的。在确立了道德的内在本性后，《五行》便开始从工夫论的角度来谈思："仁之思也精，精则察，察则安，安则温，温则悦，悦则戚，戚则亲，亲则爱，爱则玉色，玉色则形，形则仁"；同样的，"智之思也长，长则得……

---

① 关于竹简《五行》经的部分为子思作品的说法，可参看郭沂. 郭店竹简与先秦学术思想 [M]. 上海：上海教育出版社，2001：457-459.

② 陈来. 竹帛《五行》与简帛研究 [M]. 北京：生活·读书·新知三联书店，2009：128.

玉色则形,形则智""圣之思也轻,轻则形……玉音则形,形则圣"。
这是指通过对仁、智、圣的德性之思而使众德得以发用于外形成为
德行。这种思,是对人本身所具有的内在德性的思,具有一定体证、
认取的意味,可以通向孟子的"先立乎其大者"的思。这显示了子
思的思观念的特色,在先秦儒学中具有承上启下的地位。

三、"慎独""诚意"以修心

如上所述,子思之工夫论通过思来奠定人性之本源与道德之基
础,接下来就要进行切实的道德修养工夫了。在具体的道德修养中,
子思仍旧首先突出思的功能,即在内在心性上做工夫。正如《五行》
篇所讲,"仁形于内谓之德之行,不形于内谓之行。义形于内谓之德
之行,不形于内谓之行。礼形于内谓之德之行,不形于内谓之行。
智形于内谓之德之行,不形于内谓之行。圣形于内谓之德之行,不
形于内谓之行"。行为即使符合道德规范,但如果不是由内在的道德
意识发出来的、没有内在的道德根基,那么也不算德行。这种认识
已经具有了道德自律的意味。因此,工夫必须从内在做起,而具体
的做法就是通过思。"君子亡中心之忧则亡中心之智,亡中心之智则
亡中心之悦,亡中心之悦则不安,不安则不乐,不乐则亡德。五行
皆形于内而时行之,谓之君子。士有志于君子道,谓之志士。善弗
为亡近,德弗志不成,智弗思不得。思不精不察,思不长不德,思
不轻不形,不形不安,不安不乐,不乐亡德。"(《五行》)君子因忧
而思、因思解忧而智,于是发为德行而得喜悦安宁。在这里,知识
与道德得到了统一,德福得到了一致,实现了子思以道德来统摄一
切的思想特征。

子思之所以特别重视心的工夫,在于他在身心关系中,有这
样一个认识:"耳目鼻口手足六者,心之役也。心曰唯,莫敢不唯;
诺,莫敢不诺;进,莫敢不进;后,莫敢不后;深,莫敢不深;浅,

莫敢不浅。"(《五行》)心是身的主宰，身的举止动作都要听从心的号令。所以，工夫必须从心上做起，才能真正产生效果。而为了更好地使心"率性"，子思十分重视慎独的工夫。此前，曾子和《大学》中已经将慎独提出，而在子思这里，慎独具有了核心地位。

首先，慎独是工夫论的核心，人的道德修养必须要在慎独上下工夫。《中庸》讲："道也者，不可须臾离也，可离非道也。是故君子戒慎乎其所不睹，恐惧乎其所不闻。莫现乎隐，莫显乎微，故君子慎其独也"，将工夫修养归结到慎独上来。而关于慎独的含义，历代颇有争议，郑玄等人以为是在无人之处自己也要保持道德。对这种理解的狭隘性，至朱子已有所反思，认为是"人所不知而己所独知之地也"。而经过当代学者的研究，尤其是借助出土文献的帮助，我们基本可以确定：慎独并不是周围没有人的时候自己也要谨慎的意思，而是对自己的心思意志要谨慎而使之专一纯正。如出土文献中说："'淑人君子，其仪一也。'能为一，然后能为君子，君子慎其独也。""'瞻望弗及，泣涕如雨'。能'差池其羽'，然后能至哀。君子慎其独也。"(《五行》)这里的慎独都要解释为心思的专一、纯一才可通。因此说子思及其学派的慎独是一个深刻的工夫论概念，是对自己心思意志的一种纯化的工夫。由此，我们可以更好地理解上面所引《中庸》的那段话：子思认为"率性之谓道"，遵循着道德善性的道路是人人所应当行的正途，离开了这条正途就是邪路。但是，这条路是十分不好走、非常容易走偏的，因为有天生人成的身体和欲望时时刻刻来影响我们。所以，我们对自己不为他人所睹、所闻的内心，一定要戒慎恐惧。因为我们的心思意志虽然是内在不显的，但它却是决定性的。我们一切外在的言行举止莫不由它决定，所以说"莫现乎隐，莫显乎微"。这样，一切的道德修养工夫就归结到内在的心灵上来，而工夫说到底就在于"慎独"——对自己的心思意志时时刻刻保持戒慎恐惧，使它不走偏、不放纵、不堕落。这样，我们的心思意志就会符合"喜怒哀乐之未发，谓之中"的纯净本性，进而发出去的情感和行为也会是"发而皆中节，谓之和"。

其次，慎独即心思意志的专一和谨慎。实际上和诚意是一个意思，而诚意即是人道的诚。这样工夫上的诚就和本体上的诚相通，由此人道和天道有了契接点。《中庸》言："诚者，天之道也；诚之者，人之道也。诚者不勉而中，不思而得，从容中道，圣人也。诚之者，择善而固执之者也。"天道以诚而生化不息、永合中庸之道，由此人道亦应仿效之而时时刻刻"诚之"。事实上，这里的"诚之"用词并不当，主语、宾语不明，形容词动词化亦容易造成混淆。所以，后来孟子对此有所纠正。不过在子思的整体思路中，我们还可以理解他的意思，就是人要效法天道来做诚的工夫，以使自己的内心活动和行为举止时时刻刻达到中庸。具有模范典型意义的圣人，因为天生的可能性和现实性的完全结合，自然而然地表现出行为和内心的中庸，所谓"不勉而中，不思而得，从容中道"即是如此。而现实中的人则不能如此，所以需要慎独、诚意。这样我们就可以理解，"择善而固执之"的意思并不是固执于一项道德，而是通过慎独诚意的工夫来坚定地职守内心本性之善，这样就可以逐渐达到人道的中庸。这样的通过工夫达到诚，是所谓"其次致曲。曲能有诚，诚则形，形则著，著则明，明则动，动则变，变则化。唯天下至诚为能化"（《中庸》）。也就是说，最后也达到了至诚，而"天下至诚，为能尽其性；能尽其性，则能尽人之性；能尽人之性，则能尽物之性；能尽物之性，则可以赞天地之化育；可以赞天地之化育，则可以与天地参矣"（《中庸》）。我们因着自己的慎独诚意工夫，使自己的内心和行为时时刻刻都达到了诚，因而与天地之道的诚相配而三，这样我们就达成了自己之所以为人的目的。而在此之后，我们更会进一步认识到天地人万物一贯之诚，于是便会不能自已地为天地、他人、万物服务，帮助他们也实现诚，由此就最终在天地之间完成了真正的自我。这样，人道的慎独、诚意最终和整个世界达到了一个完美的契合、和谐的交通——这就是中庸、中和。

最后，子思认为：在慎独和诚意的工夫中，实际上已经蕴含了学习的内容。"诚身有道，不明乎善，不诚乎身矣。"如果对于善不能有明白的认识，那么慎独和诚意的工夫是无法做的。因此，子思对学习提出了一些深刻的认识："博学之，审问之，慎思之，明辨之，笃行之。有弗学，学之弗能，弗措也；有弗问，问之弗知，弗措也；有弗思，思之弗得，弗措也；有弗辨，辨之弗明，弗措也；有弗行，行之弗笃，弗措也。人一能之，己百之；人十能之，己千之。果能此道矣，虽愚必明，虽柔必强。"（《中庸》）朱子对此解为："此诚之之目也。学问思辨所以择善而为知，学而知也。"李存山先生指出："学、问相当于孔子所谓'多见''多闻'，思、辨相当于思虑。"[①] 可见，在子思的工夫论中，固然十分重视内在德性方面的工夫，同时也不忽略知性、理性的方面。因为必须通过见闻的学习和思考，才能使自己的知识广博而正确，这样才能保证修身工夫始终符合儒家的正统，而不会走偏。

四、畅情节欲以修身

在上一章我们已经提到，曾子及其后学已经对道德修养中欲望的负面作用有所认知。在子思这里，因着战国时代的到来，其认识更进一步增强，并对欲望、情感、心、性之间的关系也有了更丰富、更深刻的认识。

一方面，子思学派因着对"未发""已发"之"中""和"的认识，并不将情看作性的对立面，而是认为情是性的真实流露。因而影响

---

① 李存山. 中国传统哲学纲要［M］. 北京：中国社会科学出版社，2008：296.

人的道德修养的并不是情感，这和自宋明理学以来形成的天理人欲之分很不同。子思及其学派认为："凡人虽有性，心亡定志，待物而后作，待悦而后行，待习而后定。喜怒哀悲之气，性也。及其见于外，则物取之也。性自命出，命自天降。道始于情，情生于性。始者近情，终者近义。……四海之内其性一也。其用心各异，教使然也。凡性，或动之，或逆之，或交之，或厉之，或出之，或养之，或长之。凡动性者，物也；逆性者，悦也；交性者，故也；厉性者，义也；出性者，势也；养性者，习也；长性者，道也。"（《性自命出》）具体来讲，人的内在可以分为性、心、情三个部分，性是天命予人的、先天确定的，而在性里面天然地就蕴含着喜怒哀悲的情感；而情就是性向外流露而成的外在表现，因此它是真实不虚的；心则是心思意志的活动，它是没有定准的，受到外物的巨大影响，而我们的内在外在活动都决定于心。正是在这种理解角度下，为了保证性情的正确抒发，子思将工夫论集中到心上来，所谓"凡道，心术为主"（《性自命出》）。由此子思认为，经过内在的慎独诚意工夫后，心能纯一不虚。这样，我们外在的言行举止就自然能合乎本性、顺乎情感了。应该指出的是，子思这里的情是完全由本性而产生的合理适度的情。因此"凡人情为可悦也"，子思对待情感采取一种舒畅、抒发的态度。这是因为他对情的定义与我们现在的理解不同。也就是说，他的慎独诚意的工夫论，就是为了使情的表达不受影响而可以正常地抒发。所以，与节情不同，子思是一种畅情的情感观。这和他整体的性情心的哲学架构密不可分。

另一方面，对于欲望，子思则坚决采取节制的态度。因为他认为欲望对心有巨大的诱惑作用，由此会对情感的正常抒发有负面影响，也就是对本性的摧折。"子思谓子上曰：有可以为公之尊而富贵人众不与焉者，非唯志乎；成其志者，非唯无欲乎。夫锦绣纷华，所服不过温体；三牲大牢，所食不过充腹；知以身取节者则知足矣，苟知足则不累其志矣。"（《孔丛子·居卫》）过度的欲望会使道德意志不得挺立，而道德意志不挺立，心灵也就不会有定准、有方向。因而，情感的抒发就会不正常，而走上邪路。所以，子思认为要节制欲望以使道德修养得以完成。

第二节　孟子之心性修养论

子思的工夫论在慎独、节情等方面都很有创获，为儒家工夫论的发展做出了巨大的贡献。但是，子思的工夫论在一些部分尚有不甚细致之处，另外其系统性还不是很强，因此仍有待于后学的进一步补充和完善。而思孟学派的另一位大儒孟子，正是在大体延续子思思路的基础上，将工夫论的内在化、精细化、系统化大大推进。正如陆九渊所说"孟子十字打开，更无隐遁"（《象山语录》），孟子的工夫论建基于性善的论证，进而在心性修养和践形修身两方面共同发展。从而既存心、养性、事天，又养"浩然之气"而成"大丈夫"之气象，使自己成为一个真正的成德之人。

一、君子立志

在孟子看来，工夫的第一步，或者说最初的出发点，就在于立志。立志之所以重要，一是因为志向不立，就没有做工夫的动力；二是因为志向不明，就没有做工夫的方向。因此，一个进行儒家工夫修养的人，首先就要立志。立志之后，才可能进一步专心追求儒家之道，并进行认真刻苦的工夫修养。

具体来讲，孟子以"类"观念来论证立志的必要性和重要性。"今有无名之指屈而不伸，非疾痛害事也，如有能伸之者，则不远秦、楚之路，为指之不若人也。指不若人，则知恶之；心不若人，则不知恶，此之谓不知类也。"（《孟子·告子上》）身体上有疾患、不像他人那样正常，人们就会厌恶自己的不足，进而苦苦寻求方法以使自己变得正常起来。但当人们的心理有问题、心术不正的时候，却常常不能厌恶自己这方面的不足以寻求改变。这表明，人们在认识上混淆了自己归属的类别，已未能把心灵上的不正常归于不正常，进而无法认识到什么是正常。因此，孟子特别强调人禽之辨："人之所以异于禽兽者几希，庶民去之，君子存之。舜明于庶物，察于人伦，由仁义行，非行仁义也"（《孟子·离娄下》）人和禽兽的差别不在于生理上的差别，而在于人性上的差异。也就是人是有道德自觉的，而禽兽是没有道德自觉的。但普通人常常因为不知类而不能认识到这一点，结果无法使自己真真正正地符合一个"人"的要求。在这里，孟子通过"类"的论证，逻辑地将道德注入人性之中，从而真正对旧有的天生人成的人性论进行了突破，使得性善在人性中得以扎根。

由此，人立志立的就不是别的志，而是使自己符合自己"类"的要求，并将自己的本性实现和完成。因此，"孟子道性善，言必称尧、舜"（《孟子·滕文公上》）。尧、舜虽然是圣人，但和普通人没有根本上的差异，尧舜之道和普通人应当的生活之道也没有差别。"夫道一而已矣。成覸谓齐景公曰：'彼，丈夫也；我，丈夫也；吾何畏彼哉？'颜渊曰：'舜，何人也？予，何人也？有为者亦若是。'公明仪曰：'文王，我师也；周公岂欺我哉？'"（《孟子·滕文公上》）这些历史上的圣贤和我们普通人都是同类，从最初上讲都是普通的"丈夫""人"，因此每个人都具有达到他们圣贤境界的可能性与应当性。

所以，作为工夫之基础和出发点的立志，就是每个普通人都应当做的事。孟子进一步通过类比论证道："羿之教人射，必志于彀。学者亦必志于彀。"（《孟子·告子上》）人们在学习射箭的时候，都知道目标在于射中靶心，也知道必须要立志不达到那个标准誓不罢休。因此，作为与禽兽不同的一类存在——人来讲，也应立志必须成为一个真正的人，并且不将人做好就誓不罢休。所以，立志是每个人工夫修养的基础出发点。"王子垫问曰：'士何事？'孟子曰：'尚志。'曰：'何谓尚志？'曰：'仁义而已矣。杀一无罪，非仁也。非其有而取之，非义也。居恶在？仁是也。路恶在？义是也。居仁由义，大人之事备矣。'"（《孟子·尽心上》）作为一个士，应当确立高尚的志向，而这志向就是仁义。就是要使自己的心以仁为居所、以义为道路，这样就可以由士而达到大人，也即成德。因此，立志于仁义最为重要，也最为基础。而立志之后的工夫，就在对心做工夫，使它能居应居之所、行应行之路。这就是接下来的工夫——求放心。

二、"求放心"

孟子将道德仁义通过类观念逻辑地注入人性之中后，作为道德情感的仁和道德律令的义就都是内在的了，两者应当是人心之所居和所行。但是，因为"人之所以异于禽兽者几希"（《孟子·离娄下》），所以人在相当大的程度上还有与动物相似的地方，如饮食、欲望等。因此，我们的心实际上是会在人类和禽兽类之间游走的，即由仁义之心常常会放纵为禽兽之心。而在这个时候，人实际上就已经不再是人，而堕落为禽兽了。所以，立志立的是要使自己始终成为人。因此，首先要做的工夫就是使自己的心不能放纵为禽兽之心，而必须始终保持它是一颗人类之心。这一步的工夫，就是——求放心。

孟子指出："仁，人心也；义，人路也。舍其路而弗由，放其心而不知求，哀哉！人有鸡犬放，则知求之；有放心而不知求。学问之道无他，求其放心而已矣。"（《孟子·告子上》）人们对外在财物利益的丢失常常十分警醒和计较，这是人由其生物性一面所致；但正因为人还是人，所以应当对自己仁义道德的丢失也打起万分的警醒和计较，否则人便失去了其类的归属。因此，在孟子看来，一切的学问工夫，可以归结到一点上，就是"求放心"——将自己放纵而流失、堕落到禽兽层面的心追回来，使之认识到人之所以为人的本质在于仁义道德，进而以仁为知情意的居所，以义为行为的标准。由此，就可以使人成为人，进而进行此后更精微高深的工夫修养。

孟子对失却本心和求放心之间的差异有深刻的理解，他曾以极端的例子来说明两者之间的紧张关系。"鱼，我所欲也，熊掌亦我所欲也；二者不可得兼，舍鱼而取熊掌者也。生亦我所欲也，义亦我所欲也；二者不可得兼，舍生而取义者也。生亦我所欲，所欲有甚于生者，故不为苟得也；死亦我所恶，所恶有甚于死者，故患有所不辟也。如使人之所欲莫甚于生，则凡可以得生者，何不用也？使人之所恶莫甚于死者，则凡可以辟患者，何不为也？由是则生而有不用也，由是则可以辟患而有不为也，是故所欲有甚于生者，所恶有甚于死者。非独贤者有是心也，人皆有之，贤者能勿丧耳。一箪食，一豆羹，得之则生，弗得则死，嘑尔而与之，行道之人弗受；蹴尔而与之，乞人不屑也。万钟则不辩礼义而受之。万钟于我何加焉？为宫室之美、妻妾之奉、所识穷乏者得我与？乡为身死而不受，今为宫室之美为之；乡为身死而不受，今为妻妾之奉为之；乡为身死而不受，今为所识穷乏者得我而为之，是亦不可以已乎？此之谓失其本心。"（《孟子·告子上》）孟子在这里讲的是义利之辨，而义利之辨的实质其实是人禽之辨，能由仁义行的便是人，便是高于禽兽者；不能由仁义行的便是禽兽，便是低于人者。每个人的心中本来都是有仁义道德本性的，这叫作人的本心。但是人心会因为生物、生理上的欲望而丧失掉人之所以为人的本性，这就叫失去了本心。

通过求放心的工夫论，使得人可以保持其仁义道德的本心，所以孟子说"大人者，不失其赤子之心者也"（《孟子·离娄下》）。"赤子之心"即是"本心"，有更高工夫修养的大人也必须以不失却本心为基础，即以求放心为最重要的基础工夫。在求得本心之后，我们就回复到了人本身，符合了人的类规定，这样进一步的工夫就可以展开了。"君子深造之以道，欲其自得之也。自得之，则居之安；居之安，则资之深；资之深，则取之左右逢其原，故君子欲其自得之也。"（《孟子·离娄下》）所谓自得就是获得其自身本具的仁义道德之心，使自己放纵走作的心重新回到本然之仁义道德中来。如此就能安居于仁义，也就能凭借此先天之心而进一步有所修养获得了。可见，求放心实在是工夫论的根源之处，因为心不追求回来，就无从立本，而"苟为无本，七八月之间雨集，沟浍皆盈，其涸也，可立而待也"（《孟子离娄下》）。人没有求放心的工夫，本心就不立，本心不立的人，则必将无所成就。

三、"尽心""知性""知天"

求放心之后，我们已经使自己放纵堕落于禽兽之心的心恢复成了以仁义道德为居所和道路的本心。接下来要做的，就是让这个本心发挥作用，让它来指导我们进行认识和活动。而所谓"尽其心者，知其性也。知其性，则知天矣。存其心，养其性，所以事天也。殀寿不贰，修身以俟之，所以立命也"（《孟子·尽心上》）讲的都是本心的工夫。尽心、知性、知天和存心、养性、事天，虽是不可分割的整体工夫，但如果细致分析，则有先后之别。即尽心、知性、知天在存心、养性、事天之前。

尽心，就是让心发挥作用。那么，心的作用是什么呢？孟子将人的官能分成两部分：一是大体；一是小体。而这两者到底如何发挥作用，则决定了一个人能成为一个什么样的人。"公都子问曰：'钧是人也，或为大人，或为小人，何也？'孟子曰：'从其大体为大人，从其小体为小人。'曰：'钧是人也，或从其大体，或从其小体，何也？'曰：'耳目之官不思，而蔽于物。物交物，则引之而已矣。心之官则思，思则得之，不思则不得也。此天之所与我者。先立乎其

大者，则其小者不能夺也。此为大人而已矣。'"（《孟子·尽心下》）
大人、小人之分，在一定程度上与人禽之辨相同，都是讲本心和放
心的差别。小人，就是本心无法发生作用，而只能听凭耳目感官的
作用，于是就会被外物所遮蔽和诱惑，陷溺于财货利禄之中而无法
自拔了。大人，则是本心能发挥作用，其作用就是思。通过本心的
积极作用，就能有所得、有所立，如此外物就不能再蒙蔽和诱惑我。
于是便能超越世俗的功利，而达到更高的境界。所以，本心的作用
就是思。尽心，也就是发挥心的思的功能。

对于思的工夫，孟子十分重视，并提出了"思诚"的观念。这
是继承子思"诚者天之道，诚之者人之道"的思想，而进一步完善
的工夫论。这里需要指出的是，子思讲的是"诚之者人之道"，而
孟子却讲"思诚者，人之道"（《孟子·离娄上》）。应当说，孟子的
讲法是对子思的一个修正。因为按子思的讲法，"诚之"的工作是
由诚来完成的。而诚本身是个表示状态的词，虽也可活用为动词，
但由它来讲具体的工夫，总显得主体不明了、过程不清楚。因此孟
子改用"思诚"，以求将工夫论的主体和过程讲得更加清楚明白。
孟子的"思诚"实际上仍是就诚意来讲的。所谓"仁义礼智，非由
外铄我也，我固有之也，弗思耳矣。故曰：'求则得之，舍则失之。'"
（《孟子·告子上》）正如刘述先先生指出的，孟子认为"人与人的
分别不在禀赋上，乃在官能运用的选择上"①。思是人心的功能，内
在的仁义礼智这些善端，需要人心通过思来得之。如果心之思不起
作用的话，人就会听从耳目这些血气官能的作用，被外物遮蔽而行
不善。所以，道德实践工夫的关键在于思，在于通过思来在人心的
诸多意念中进行选择，并由此确立人的道德主体性。可见，孟子的
"思诚"工夫，是融会了"择善"和"固执"的，是面向"诚意"

---

① 刘述先. 论儒家哲学的三个大时代 [M]. 贵阳：贵州人民出版社，2009：21.

而讲的。因此，孟子认为："至诚而不动者，未之有也。不诚，未有能动者也。"（《孟子·离娄上》）只有经过了思的诚意工夫，德才能表现为真正的道德实践；如果未能对意端进行思的工夫，就无法发展成道德行为。

通过尽心，发挥了心的思的功能后，人就能真正地、透辟地了解人性，这就是知性。对于人性，此前的求放心其实已经有所获得，但尚未有坚实的认识和深刻的理解，非得经过尽心的过程才能达到。关于人的本性，孟子之前的思想界有很多种说法。"公都子曰：'告子曰："性无善无不善也。"或曰："性可以为善，可以为不善。是故文、武兴，则民好善，幽、厉兴，则民好暴。"或曰："有性善，有性不善。是故以尧为君而有象，以瞽瞍为父而有舜，以纣为兄之子且以为君而有微子启、王子比干。"'"（《孟子·公孙丑上》）但孟子认为，这些说法都是就天生人成的旧观念而言，是不知类的误解。要想真正认识人性，就必须发挥心的思的作用，由此才能拨开层层迷雾，认识到真正的人性。"乃若其情，则可以为善矣，乃所谓善也。若夫为不善，非才之罪也。恻隐之心，人皆有之；羞恶之心，人皆有之；恭敬之心，人皆有之；是非之心，人皆有之。恻隐之心，仁也；羞恶之心，义也；恭敬之心，礼也；是非之心，智也。仁义礼智，非由外铄我也，我固有之也，弗思耳矣。故曰：'求则得之，舍则失之。'或相倍蓰而无筭者，不能尽其才者也。《诗》曰：'天生蒸民，有物有则。民之秉彝，好是懿德。'孔子曰：'为此诗者，其知道乎！故有物必有则，民之秉彝也，故好是懿德。'"（《孟子·公孙丑上》）人之所以会行不善，不是人本心本性的缘故，而是因为人的本心具有仁义礼智的四端，也就是人的本性是仁义礼智，是道德的、善的。可见，人性善先天地内具于人心中，因而人的本心也是善的。由此，孟子得以由人道而进至于天道。

孟子的天道观大体是对子思的继承，他也赞同"诚者，天之道也"

（《孟子·离娄上》）。这里的天，既是自然之天，更是义理之天，而且这两种意义互相证成、互相支持。天，生生不息，既体现了诚之道，同时又将诚道贯注人道之中。所以人才要做"思诚"的工夫，以求合于天道。可见，天是人的根源，天道之诚也正是人性之善的根源。另外，孟子的天论也承认命运之天的意义，这是自孔子以来儒家一直肯定的一个观念。这个意义上的天，代表了一种外在客观对人主观的限制。"君子创业垂统，为可继也。若夫成功，则天也。君如彼何哉？强为善而已矣。"（《孟子·梁惠王下》）而了解到人性之本善和其先天的来源在于天，以及天对人的限制后，就是知天了。

由上所述，我们可以说，尽心、知性、知天是偏重于认识论层面的工夫，是通过发挥心之思的功能，透彻地了解人性之善和义理、命运之天，从而认识到人自身的价值、能力和限制所在，以及天道的内涵和法则。有如此之认识后，人又当如何具体地去行动呢？这就是接下来的存心、养性、事天。

四、"存心""养性""事天"

在孟子的工夫论中，心、性、天是工夫的连贯对象。心发挥其思的功能而知人性善，而因为人性善源于天因而由知性又知天。在认识上达到后，接下来就要使这些认识对实际的道德生活起作用，这就是"存其心，养其性，所以事天也。殀寿不贰，修身以俟之，所以立命也"（《孟子·尽心上》）。

所谓存心，就是将通过求放心而追回的、具有思的功能的本心加以操存，从而使它时时刻刻能够发挥功能。需要指出的是，在身心关系问题上，孟子一方面认识到身心之间的密切联系和相互作用，因而重视身的修养对心的影响；另一方面，他更认为存心的工夫对身的决定性作用。因此，他指出"人之于身也，兼所爱。兼所爱，则兼所养也。无尺寸之肤不爱焉，则无尺寸之肤不养也。所以考其善不善者，岂有他哉？于己取之而已矣。体有贵贱，有小大。无以小害大，无以贱害贵。养其小者为小人，养其大者为大人。今有场师，舍其梧槚，养其樲棘，则为贱场师焉。养其一指而失其肩背，而不知也，则为狼疾人也。饮食之人，则人贱之矣，为其养小以失大也。饮食之人无有失也，则口腹岂适为尺寸之肤哉？"（《孟子·告子上》）孟子以身体上的大小关系来比喻身心关系上的主次问题：一方面，每个人对其身、心都是兼爱的，这一点没有问题；另一方面，正如手指和肩背有大小之别，身、心之间也是有大小之别的，人不会为了手指而舍弃肩背。这表明肩背重于手指，同样，在身心关系上，也是如此。心要重于身，心为主，身为次。因此，存心的工夫在孟子这里十分重要，由存心可以通于身体上的修养，并进一步养性、事天。

所以，存心的工夫决定了一个人是君子还是普通人。孟子认为："君子所以异于人者，以其存心也。君子以仁存心，以礼存心。仁者爱人，有礼者敬人。爱人者，人恒爱之；敬人者，人恒敬之。有人于此，其待我以横逆，则君子必自反也：我必不仁也，必无礼也，此物奚宜至哉？其自反而仁矣，自反而有礼矣，其横逆由是也，君子必自反也，我必不忠。自反而忠矣，其横逆由是也。君子曰：'此亦妄人也已矣。如此，则与禽兽奚择哉？于禽兽又何难焉？'是故君子有终身之忧，无一朝之患也。乃若所忧则有之：舜，人也；我，亦人也。舜为法于天下，可传于后世，我由未免为乡人也，是则可忧也。忧之如何？如舜而已矣。若夫君子所患则亡矣。非仁无为也，非礼无行也。如有一朝之患，则君子不患矣。"（《孟子·离娄下》）所谓"以仁存心，以礼存心"，仁固然是内在的，这里的礼也是内在的、不是外在的。因为孟子之心是四端之心，包含仁义礼智之四端。所以存心，就是存仁义礼智之四端。而存心之法，孟子在这里提到了一种，就是自反。当别人对我不仁、无礼之时，应当反省自己的问题，看自己的心是否有不仁、无礼之处。如果发现自己没有不仁、无礼之处，那么要进一步自反，看自己的内心还有没有不诚之处。可见，自反就是通过反省的办法，保证自己的心时时刻刻按照四端之心的本心来作用。当然，自反只是存心的一个消极的办法，存心还有一个积极的办法。

存心与养性实际上是一体之两面，因为道德仁义之性实际上就存在于人的本心之中。因此养性即是养本心，所以当孟子论述养性的时候，实际上是养心，即使心中的本心更多地呈露而不被欲望之心所削减。著名的"牛山之喻"讲的就是这个问题："牛山之木尝美矣，以其郊于大国也，斧斤伐之，可以为美乎？是其日夜之所息，雨露之所润，非无萌蘖之生焉，牛羊又从而牧之，是以若彼濯濯也。人见其濯濯也，以为未尝有材焉，此岂山之性也哉？虽存乎人者，岂无仁义之心哉？其所以放其良心者，亦犹斧斤之于木也，旦旦而伐之，可以为美乎？其日夜之所息，平旦之气，其好恶与人相近也者几希，则其旦昼之所为，有梏亡之矣。梏之反复，则其夜气不足以存。夜气不足以存，则其违禽兽不远矣。人见其禽兽也，而以为未尝有才焉者，是岂人之情也哉？故苟得其养，无物不长；苟失其养，无物不消。孔子曰：'操则存，舍则亡；出入无时，莫知其乡。'惟心之谓与？"（《孟子·告子上》）牛山之木代指的就是人的仁义道德之性，也即人的本心；砍伐和放牧则是对它的削减和侵害；而削减和侵害它的，正是我们身体中的欲望等。而且，孟子注意到，一般来讲，人们在早晨初起之时，因为尚没有经受社会上种种事情的影响，因而本心尚未受到侵害；而当白天到社会上经历各种功名利禄的生活后，到晚上的时候，本心很容易就被减削殆尽了。因而孟子引孔子的话，指出对心一定要进行工夫修养，以操存住本心，使他时时刻刻存在而发挥作用。而这里提出的一个积极的方法，就是养夜气。即重视夜里和清晨的时光，通过这一段独处的时间，使自己较少受欲望和功名利禄影响的本心能够呈露出来，进而体验它、认取它、把握它，从而保养自己的本心，使之不至于因白天的影响而消磨罄尽。通过长期养夜气的工夫，就可以使本心得到滋养，从而得到生长。于是逐渐在白天也能发挥作用，并进而渐渐地在一整天、一整月、一整年、一生中都发挥作用。可见，存心养性是一项工夫，因此孟子也有养心的说法。"养心莫善于寡欲。其为人也寡欲，虽有不存焉者，寡矣；其为人也多欲，虽有存焉者，寡矣"（《孟子·尽心下》）。寡欲正是为了不使欲望来砍伐伤害本心，由此本心才能得到滋养和生长。因此，存心、养性的积极工夫正在于培植本心而克减欲望。对于孟子寡欲的工夫论，李源澄先生曾指出：孟子在工夫论上，一方面对于大众"不仅不绝情，而主于达情"，但同时"于私人修养，则主寡欲""盖寡欲正所以同欲，多欲者必不能与人同欲，两者实相反相成也"。① 的确，寡欲只是手段，不是目的。

使得本心得存、善性得养后，人之成德就可以有所期待，也就可以进一步由人道而跻于天道了。前面已经讲到，孟子的天，一是义理之天，一是命运之天。就义理之天讲，存本心、养善性，即所以事天。而就命运之天讲，则是认识到客观命运的严峻性和限定性，从而谨慎地过正道的生活，而不求侥幸。孟子认为人一生中的遭遇："莫非命也，顺受其正。是故知命者不立乎岩墙之下。尽其道而死者，正命也；桎梏死者，非正命也。"（《孟子·尽心上》）客观意外是不可避免的，这是命运的无可奈何；但是明知可能有困难和危险却还要去做，这就不是客观意外，而是主观松懈了。因而在尽心、知性、知天后按着所知去做，而不是肆意妄为，这样就能在命运的客观限定下最大限度地实现自身的本心、本性。这就叫作正命，也就是事命运之天了。

① 李源澄. 李源澄儒学论集 [M]. 成都：四川大学出版社，2010：164.

第三节　孟子之修身"践形"论

心性的修养，只是孟子工夫论中的一个面向。因为在孟子看来，心灵和身体之间虽然有主有次，但都是一个人修养成德的必要条件。一方面，心灵和身体连贯为一体，"君子所性，仁义礼智根于心，其生色也睟然，见于面，盎于背，施于四体，四体不言而喻"（《孟子·尽心上》）。心性的工夫在很大程度上影响了身体和外在的表现。但另一方面，"西子蒙不洁，则人皆掩鼻而过之。虽有恶人，斋戒沐浴，则可以祀上帝"（《孟子·离娄下》）。光进行心性工夫，而身体和外在的行为没有进行修养，也会有问题。因此，如果没有身体上的修养工夫，成德的工夫就不算真正完成，心性工夫也就达不到极致。所以，孟子的工夫论还有践形修身的一面，这既与此前的心性工夫相连，因而也有心性工夫的内容；另外也通向实际的道德实践、社会生活和政治活动，也有具体实践的内容。所以，这一步的工夫也是很丰富的。

一、反求诸己与"知言"

自省与反求诸己是自孔子以来，经曾子强调而大部分儒家都十分重视的工夫论。孟子也不例外。而且，孟子在他的反求诸己观念中，将修身和德福关系融合在一起，从而为修身的重要价值做出了论证。

首先，孟子继承《大学》的思路，将治国平天下的根本归于修身。他认为："人有恒言，皆曰'天下国家'。天下之本在国，国之本在家，家之本在身。"（《孟子·离娄上》）政治生活和伦理生活的根本在于自身，也就是在于自己做得怎么样，自己的修养如何，自己是否是个有德之人。因此，为了使自己生活得好，每个人都应当进行自我修养，除了自暴自弃者。什么是自暴自弃者呢？孟子认为："自暴者不可与有言也，自弃者不可与有为也。言非礼义，谓之自暴也。吾身不能居仁由义，谓之自弃也。仁，人之安宅也；义，人之正路也。旷安宅而弗居，舍正路而不由，哀哉！"（《孟子·离娄上》）

既然反求诸己对我们的生命和生活如此重要，那么它是否会带给我们幸福呢？孟子认为："爱人不亲，反其仁；治人不治，反其智；礼人不答，反其敬。行有不得者皆反求诸己，其身正而天下归之。《诗》云：'永言配命，自求多福。'"（《孟子·离娄上》）可见，孟子将德福关系放在天人关系的视角下考虑，而且这里的天更多的是义理之天，而非命运之天。其实对于孟子来讲，他认为的幸福是："君子有三乐，而王天下不与存焉。父母俱存，兄弟无故，一乐也。仰不愧于天，俯不怍于人，二乐也。得天下英才而教育之，三乐也。"（《孟子·尽心上》）这里的乐，在一定程度上等同于幸福。而孟子所认同的乐，是一种道德伦理的乐，是一种建立在非物质上的精神之乐，是一种心灵的、真正舒适自在的乐。而普通人的乐，都是建立在物质基础上的、欲望或情感的享乐，这种乐可能很刺激，但并不是长久的，也不是真实的，因为它太依赖于外在的东西。只有心灵的乐才是长久的，才是真实的，因为它不需要依赖太多的外在。所以，可以说，孟子的乐是一种道德境界层次上的心灵体验，并因此而带给自己一种自给自足的充实。具体说来，这里的三种乐：第一的乐事是父母兄弟都健康平安，这是一种天伦之乐。孟子认为，家庭中的孝悌是道德的基础，人能很好地践行孝悌之道，就实现了人之所以为人的基本，而它就会带给人一种道德实现的充实感。第二的乐事是人能做到"反身而诚，乐莫大焉"。也就是说，人能做到诚实无欺，就获得了最大的快乐。因为，人的言行举止只有合乎了自己良心的要求，才能做到问心无愧，才能获得心灵的安宁；否则将会终日惴惴不安，何谈快乐幸福呢？第三的乐事是能得到天下英才来进行教育，开启他们的心智，解答他们的疑惑，传授他们知识，看到他们成长起来，并把儒家之道弘扬开来，并最终泽惠百姓。这个乐，是因为道统没有在自己身上断绝，而得到了进一步的传承，并且在现实中得到了广泛的认同，所以为道的兴盛而快乐。我们可以看到，孟子的这三乐，从道德的基本实践、到道德的终身完成、再到道德的弘扬传承，都是以道德实践为核心的。因为在孟子看来，人之所以为人就在于人有道德，而且唯有实现了道德，人才算完成了自己的构建。所以只有道德的实践，才会带给人真正的快乐。这是一种自我得到实现、自我得到完全充实之后的大自在。

那么，反求诸己的方法是什么呢？孟子在一段与《中庸》很相近的话中指出："居下位而不获于上，民不可得而治也。获于上有道，不信于友，弗获于上矣。信于友有道，事亲弗悦，弗信于友矣。悦亲有道，反身不诚，不悦于亲矣。诚身有道，不明乎善，不诚其身矣。是故诚者，天之道也。思诚者，人之道也。至诚而不动者，未之有也。不诚，未有能动者也。"（《孟子·离娄上》）修身和反求诸己就是诚身，而诚身就在明白善。这样，修身的工夫和心性工夫就打通为一，即发挥心的思的功能来认识仁义道德之性和本心。因而，明于善之后的修身工夫仍不离对心的工夫，而经由心的工夫就可以对身体有所作用。

在现实的修身工夫和道德实践中，孟子还很看重"知言"的工夫。孟子曾说自己能"知言"。言的范畴很广，既包含日常的语言，也包括诸子百家不同学派的理论，更包括儒家的经典。而对于工夫论来讲，"知言"中最重要的是知六经，并经由大六艺之教而养成自己。孟子于六经有深入的理解和研究，其经学思想对后世影响极大。孟子认为对六经的学习有两个方法，一是"颂其诗，读其书，不知其人，可乎？是以论其世也，是尚友也"（《孟子·万章下》）。孟子认为，任何一部经典都不是独立的，它和作者的思想理念、人生经历、时代背景有着密不可分的关系。所以要想真正理解经典，就必须了解其作者生活的时代，作者在这个时代中经历过什么，而他的经历又带给了他一些什么样的思想认识。因此，我们阅读经典，必须做到知人论世，否则就无法理解作者到底要表达的是什么意思。另外一个方法就是"不以文害辞，不以辞害志。以意逆志，是为得之"(《孟子·万章上》)，在知道了作者要表达的是什么意思后，还要进一步探求他意思背后更深层次的思想和意志。如对于《春秋》(这是孟子最深入的一部经)，他认为："《春秋》，天子之事也。是故孔子曰：'知我者，其惟《春秋》乎！罪我者，其惟《春秋》乎！'"(《孟子·滕文公下》)《春秋》本是鲁国的编年史，但经过孔子的重新编辑后，便凝结了孔子晚年对历史、政治、社会的思考，因而成为一本既带有政治理想性，又带有现实批判性的著作。孟子指出，《春秋》并不简简单单的是一部史书，而是孔子代行天子的职责而写的一部史书。尽管其中的历史记载都是从鲁国的史书上来的，但在具体的遣词用句上，孔子则将他的进退褒贬都加了进去。也就是说，孔子把他对各个历史事件中应当如何、不应当如何的理解都蕴含在《春秋》的每一个文字上了。这样，孔子就等于代行了天子的在天下推行正义的职责。因为孔子把自己对正义的理解、理想政治应当如何的想法浓缩入了《春秋》中，所以要了解他必须通过《春秋》。在孟子心中，《春秋》并不是一部史学著作，而是一部政治哲学、历史哲学的著作。可见，"知言"在孟子这里是一项重要的工夫论，是达到对孔子和儒家思想之正确理解的关键所在。

二、"不动心"与"浩然之气"

在孟子身体方面的工夫论中，最重要的就是养浩然之气。而浩然之气的养成，又离不开不动心的工夫。因此，两者应当放在一起讨论。

所谓"不动心"，是和勇德联系在一起的。"北宫黝之养勇也，不肤桡，不目逃，思以一毫挫于人，若挞之于市朝，不受于褐宽博，亦不受于万乘之君；视刺万乘之君，若刺褐夫，无严诸侯，恶声至，必反之。孟施舍之所养勇也，曰：'视不胜犹胜也；量敌而后进，虑胜而后会，是畏三军者也。舍岂能为必胜哉？能无惧而已矣。'孟施舍似曾子，北宫黝似子夏。夫二子之勇，未知其孰贤，然而孟施舍守约也。昔者曾子谓子襄曰：'子好勇乎？吾尝闻大勇于夫子矣。自反而不缩，虽褐宽博，吾不惴焉；自反而缩，虽千万人，吾往矣。'孟施舍之守气，又不如曾子之守约也。"（《孟子·公孙丑上》）勇有两种：一是因着血气之刚强而一往无前之勇；二是发挥心之思的作用而有所权衡的道德理性之勇。孟子赞同后者之勇，因为这个勇不是以气驭心，而是以心驭气，所以是真正的勇。而"不动心"，正是以心驭气。

不动心的达到，似乎并不是一件特别难的事情。孟子四十而不动心，而和他争辩的告子还先他不动心，但两者的不动心却不同。"告子曰：'不得于言，勿求于心；不得于心，勿求于气。'不得于心，勿求于气，可；不得于言，勿求于心，不可。'"（《孟子·公孙丑上》）告子达到不动心的方法有两个，即专心求言语的不可反驳和专心求心志的不可动摇。说到底是追求言语上的不可动摇，即其理论的不可动摇。而孟子认为，这种工夫实际上是分裂的，而且是混乱的，因为告子无法处理言语和心志的关系问题。当言语不得时，却不去求心反而只在言语上争辩，这只会陷于表面而无法从根本上解决问题。孟子之所以这样认为，与他的言语观有很大关系。我们曾指出，孟子认为"知言"是自己的一大特长，"诐辞知其所蔽，淫辞知其所陷，邪辞知其所离，遁辞知其所穷。生于其心，害于其政；发于其政，害于其事。圣人复起，必从吾言矣"（《孟子·公孙丑上》）。孟子生值战国诸子百家风起云涌之时，此时言辞的重要意义为各家所认识，而分辨各家、各派的理论言辞更是诸子重要的能力。孟子的"距杨墨"就是建立在这一基础之上的。孟子认为片面的、过分的、不当的、不清楚的言辞，并不仅是言语表面的问题，而是说话人自身的心的问题。正是因为这个人自身的心的认识是片面的、过分的、不当的、不清楚的，他的理论言语才会如此。而听信这样的言语，再以这样的理论去治理国家只会坏事。可以说，言为心声，是孟子的言语观。这和他"以意逆志"的诠释观、读书法正相通。也正因如此，孟子对告子"不得于言，勿求于心"的达到不动心的方法，坚决反对。

另外，告子达到不动心的方法说到底是在理论言语上一味地坚定。这实际上是上面所讲的勇的第一个层次，而不是守约的办法。而孟子自己的不动心的工夫论，则是守约，即只持守于心志。"夫志，气之帅也；气，体之充也。夫志至焉，气次焉；故曰：'持其志，无暴其气。'"（《孟子·公孙丑上》）在身体之血气和心灵之意志的关系上，孟子显然认为心主导身，因此需要以心志来指导身体之血气，而不能是相反的次序。这是达到不动心需要注意的第一点。但同时，也要"持其志，无暴其气"。这又是为什么呢？这就是孟子也认识到身体血气对心灵意志的反作用，"志一则动气，气一则动志也。今夫蹶者趋者，是气也，而反动其心"（《孟子·公孙丑上》）。专一的意志固然会主导血气，但外在的身体血气如果也专一起来，就会反过来主导意志。如果仅仅是因为运动或意外的影响也就罢了，但如果是因着欲望的过度，就会令我们丧失本心，危害就大了。因此，不动心需要注意的第二点就是不要使自己的身体血气泛滥不受限制。

通过坚定意志、以意志主导身体和限制血气、收敛身体欲望，我们就可以达到不动心。这个不动的心，不是仁义道德的本心，而是活动层面的功能的心。当它在活动时，不受天生人成的生理、生物、欲望之心的影响，因而不会堕落于禽兽层面。我们就能始终保持人类层面的本心，由此再进行修养，就可以在外在气象上养成浩然之气。

"其为气也，至大至刚，以直养而无害，则塞于天地之间。其为气也，配义与道。无是，馁也。是集义所生者，非义袭而取之也。行有不慊于心，则馁矣。我故曰：告子未尝知义，以其外之也。必有事焉而勿正，心勿忘，勿助长也。无若宋人然：宋人有闵其苗之不长而揠之者，芒芒然归，谓其人曰：'今日病矣！予助苗长矣！'其子趋而往视之，苗则槁矣。天下之不助苗长者寡矣。以为无益而舍之者，不耘苗者也；助之长者，揠苗者也，非徒无益，而又害之。"（《孟子·公孙丑上》）浩然之气，并不是外在之气的集合，而是内在仁义道德之心经过不断地滋养和发用、积累进而呈现于外的一种气象。通过"求放心"和"不动心"，我们的本心得以居仁宅、由义路；通过尽心、知性、知天，我们得以通透地了解自己的心性之善本性和与天道之连续；再通过存心、养性、事天，我们的心性得以时时刻刻依照善来活动，进而符合天之规定性。由此，我们的心就会始终合乎义的标准，而走在仁道之正路上。这样，我们的身体就会呈现出不受欲望影响、不受外物诱惑的刚直不阿的气象，这就是浩然之气。需要指出的是，孟子在这里特别提到在养浩然之气时，要注意"必有事焉，而勿正，心勿忘，勿助长也"。一方面，要把养浩然之气的工夫视为一件大事而认真去做，时时刻刻去追求；另一方面，又不可过于用力，否则会拔苗助长。前一方面的意思好理解，孟子为什么要提到后一点呢？这是因为养浩然之气的工夫是一个由心而身的、自然而然、逐渐积累的过程，如果过于着重结果而要求速度的话，就会偏重于外在气象而忽视内心的工夫。这样就会适得其反，丧失了根本。

浩然之气的养成，标志着人的道德修养工夫到达了一个新的层次。即由心性而扩展到了身体，由内在而形于外。正如劳思光先生指出的："孟子之本旨乃成德之学，以德性我为主宰，故必以志帅气，且必以心正言"；"以志帅气，其最后境界为生命情意之理性化，至此境界之工夫过程即孟子所谓'养气'"；"生命情意若皆能理性化，则经理性化后之生命力量,即浩浩然广大无际。"① 的确,浩然之气的养成正是在于生命的义理化,而道德行为的最终实现还需要进一步的工夫,以求使我们的身体能最终真正地践行仁义道德。

三、"践形"与实现仁道

通过以上的各种工夫,人的气象达到了浩然之气,人的道德实践得以展开。这就使得人的心灵和身体之功用都得到了发挥,这就叫践形。"形、色,天性也。惟圣人然后可以践形。"(《孟子·尽心上》)身体、相貌等都是天赋予人的,因此它们从根本上来讲是要成就人,而不是陷溺人的。因此,人最终是要实现自己的身心合一于道德,即在现实中完全实现自身性善的本质。徐复观先生将孟子的工夫论的核心归于"践形",认为践形的工夫实际上包含两个方面:"从充实道德的主体性来说,这即是孟子以集义养气的工夫,使生理之气,变为理性的浩然之气。从道德的实践来说,践形,即是道德之心,通过官能的天性、官能的能力,以向客观世界中实现。"②

从最终落脚点的角度来说,孟子的内在修养工夫论最终指向的是"践形"说。而孟子的工夫论,特别重视身心的调适与合一,因"身体,在古代儒家以及其他许多思想家的论述中,区分为三个层次:心—气—形。儒家主张以'心'来统帅形体,是道德心自然渗透到人的躯体,而使人格美呈现于外,可以被感知。而且,儒家也强调把自然意义的'气'或'血气',转化为德行意义的'浩然之气'。"③ 而践形所达成的圣贤人格,实际上就是身体与心灵的完美重建以及自我与他人关系的和谐调适。圣贤不仅是一种人格,更是一种境界。

---

① 劳思光. 新编中国哲学史(第一卷)[M]. 桂林:广西师范大学出版社,2005:128.

② 徐复观. 中国人性论史 [M]. 上海:华东师范大学出版社,2005:113.

③ 黄俊杰. 东亚儒学史的新视野 [M]. 上海:华东师范大学出版社,2008:312.

这种境界就是："万物皆备于我矣。反身而诚，乐莫大焉。强恕而行，求仁莫近焉。"（《孟子·尽心上》）所谓"万物皆备于我"，是孟子工夫论中一个修养境界的重要观点。我们一般都将万物看作是自己外面的、与自己相对为二的，孟子却不这样认为。原因有二：一、孟子所说的万物并不是一种客观的存在，而是指它们的本性。它们的本性与我的本性在先天或三道的层面讲是为一的，所以我能具备万理；二、孟子的万物更多的是结合道德实践来讲的。在道德实践中的万物所呈现的就不是客观的，而是一种实践中的应然法则。比如在我们对父母的道德实践中，所呈现的理就是孝。这个孝当然不是客观的，而是我们的善本性中所具有的。正是在这两个意义上，孟子讲"万物皆备于我"。所以，我们的修养工夫中，万物就不是在外的了。因而修身践形的工夫，一是反身而诚，我们不要一味地去追求外在的道理，而应该时时反过来关注自己，发现我们的良知良能，并按着它去做事。这样我们就能体察到自己的本性，感悟到万物的道理，乃至领会到天地的究竟。于是我们会豁然开朗，而其中的喜悦自然无法形容，"乐莫大焉"了。二是强恕而行。我们不要想太多应该怎样对待人和物，而只要按照"己所不欲，勿施于人"的恕道去做就可以了。这就是推己及人，也就是把对自己的爱推广成对他人的爱，这样也就是仁了。因此要追求仁道、实现仁道，不需要太多智巧的考虑，只要用恕道去做，就是最简洁的道路。说到底，孟子的践形工夫论仍是要回到自己内心上做。因为在孟子这里，心是身的主宰，践形说到底只是使心的主宰发挥作用，从而使自己的行为时时刻刻符合本性、本心。这样就会通过浩然之气的养成，而具有大丈夫的人格气象。所谓大丈夫就是"富贵不能淫，贫贱不能移，威武不能屈"，这样一种刚正不阿、正气凛然的人格是完全按照道德和礼制去做事情的人所达到的气象，是恪守心中的道德自律和社会礼仪规范的人的标志。而这种人是不会为任何其他的东西所动摇和屈服的，因为他们本身就是大道的代表、正气的所在。孟子这个大丈夫的定义，下得酣畅淋漓，让人心境明畅而振奋，因而在历史上激励着无数仁人志士践行之而成为中华民族正气不衰的脊梁。文天祥的《正气歌》就是对此人格境界的一个很好展现："天地有正气，杂然赋流形。下则为河岳，上则为日星。于人曰浩然，沛乎塞苍冥。……是气所磅礴，凛烈万古存。当其贯日月，生死安足论。地维赖以立，天柱赖以尊。三纲实系命，道义为之根。……顾此耿耿在，仰视浮云白。悠悠我心悲，苍天曷有极。哲人日已远，典刑在夙昔。风檐展书读，古道照颜色。"

总之，"践形"是孟子工夫论的最终指向，是以身体这个载体将本心本性的道德之善在现实生活中完全、完善地完成。因此可以说，孟子的工夫论正是要达到去私而恢复人本心、本性的道德纯然性，进而以此实现人的个人道德，然后再将此个人道德推扩到社会政治的重建中去，以最终实现社会政治的去私和正义。这正是孔子仁道的最终完成。

第五章　荀子的工夫论思想

　　荀子的工夫论思想在儒家中独具特色，这是因为他的工夫论不同于思孟学派的道德心性、天道性命贯通视野下的工夫论，而是关注人文世界的思虑认知的工夫论。但是，他的工夫论仍不失儒门本色，因为他最终强调的是通过礼乐制度来实现人的道德和社会的秩序，始终是对孔子仁礼之学的发挥和继承。荀子从"知"的角度出发，在类观念之下引导出人类所独具的道德情感——"仁"，进而确定"义"的道德判断标准。于是在"仁义"的指引下创生了"礼"的生活规范，由此来实现人和社会的重建。这样一条工夫论的思想，为我们呈现了工夫论的丰富面向；重新认识它的价值和意义，对于我们理解儒家的全貌和丰富性颇有帮助。而且，在当今这个更重视知性、理性的时代，荀子的立根于可切实捉摸的"知"之上的工夫论，对于我们来说可能更具有操作性。当然，具体到荀子的工夫论来看，它在道德的本原论说和理论的圆融性上的欠缺，需要我们注意。

第一节　荀子工夫论的理论背景

　　荀子与孟子并称为孔子之后先秦儒学的两位大师。孟子着力发明仁义内在的心性论思想，荀子则全面阐扬礼的思想。对两人的这点不同，学界多有讨论。不过，仁礼二端，作为儒学并行不悖的两轮，实际上是缺一不可的。从孔子开始，任何一个儒者都不可能偏废其中的任何一点。侧重允许有不同，但绝不会不谈仁或不谈礼，否则就不能算是个儒家。这是因为，儒家的一个重要目的在通过礼乐制度的损益来安定世道人心。而礼乐制度在儒家看来，是仁义道德的制度化、成形化。孔子以继承周公的制礼作乐事业为己任，并将外在的礼乐文明奠基于内在的仁学，这样就形成了儒家仁礼并建的传统，也即内圣外王的思想架构模式。因此，任何一个儒者都必须兼讲仁礼，方能立住根本。而历来研究荀子的学者，一般都比较重视他的礼学，亦即外王学；而将其内圣工夫之学归纳为性恶、起伪，认为问题极多、需要更正，然后就去探讨他的逻辑思想等细节之论了。而我们今天重新考量荀子的思想，首先会发现，在《荀子》一书中，"仁"字凡一百数十见，且多以仁知、仁义、仁礼并称，可见荀子并非不重视仁。之所以会造成荀子重礼轻仁的印象，在于荀子对于仁的论述，不像他对礼、对性、对知的论述那样系统而细致。但细思荀子的内圣成德之学，"仁"实际上具有很关键的作用。不能将荀子仁学的真义阐明，就无法知晓他是如何由知转出礼义的，也就无法知晓性恶为何能转变为人伪，更不能说明他是如何由内圣打通到外王的。因此，本章的第一节，首先来梳理荀子仁礼之学的思想，以作为探讨其工夫论的基础。

一、由知别类而生仁

荀子思想的一大独特处，就在于他十分重视工夫论。他的很多论述都是从工夫论的角度切入，这与孟子直立性善之根本的立说方式有所不同。因为在荀子看来，仁义道德等并不是先天就有的，而是需要通过工夫来获得的。所以，我们首先来探讨荀子的仁义道德来源理论。荀子也是从人禽之辨的角度来论述道德的："水火有气而无生，草木有生而无知，禽兽有知而无义，人有气、有生、有知，亦且有义，故最为天下贵也。力不若牛，走不若马，而牛马为用，何也？曰：人能群，彼不能群也。人何以能群？曰：分。分何以能行？曰：义。故义以分则和，和则一，一则多力，多力则强，强则胜物；故宫室可得而居也。故序四时，裁万物，兼利天下，无它故焉，得之分义也。"（《荀子·王制》）荀子的人禽之辨较之孟子更为详细和全面，他将人放入整个世界中和非生命体、植物、动物来比较，从而确认了人的独特性和最高级：禽兽虽然已经有了聚散之气、成形之生、感官之知，然而无道德之义；① 人则不然，人能有道德之义。由义，故能分；能分，故能群；能群，故能胜物、用物而尽其天职。荀子的这个分辨，颇似近代生物学进化论所谓的由无生命到原初生命体、到植物、到动物、到人的变化。他的这个认识以经验观察为基础，认为气、生、知、义是由低到高逐渐进化的关系。对荀子的这个人禽之辨，由气到生、到知的分辨很容易由经验理解，但是，从知到义这个阶段，为什么就产生了人禽的不同呢？即如何能从感官知觉发展出道德理性呢？

事实上，荀子人禽之辨的关键点，在于他对知的分别。人禽皆有知，只不过禽兽的知是感官知觉的感性之知，人的知则不仅有这一层面，更有理性认识的一层。"凡生天地之间者，有血气之属必有知，有知之属莫不爱其类。今夫大鸟兽则失亡其群匹，越月踰时，则必反铅；过故乡，则必徘徊焉，鸣号焉，踯躅焉，踟蹰焉，然后能去之也。小者是燕爵，犹有啁噍之顷焉，然后能去之。故有血气之属莫知于人，故人之于其亲也，至死无穷。将由夫愚陋淫邪之人与，则彼朝死而

---

① 关此，美国汉学家倪德卫说得明白："荀子最后必须假定：人有义，虽然他不需要假定它具有任何特定的内容。我认为，这正是他把人和只有'知'的动物做比较的时候所说的。"［美］倪德卫. 儒家之道［M］. 周炽成，译. 南京：江苏人民出版社，2006：57.

夕忘之；然而纵之，则是曾鸟兽之不若也，彼安能相与群居而无乱乎！将由夫修饰之君子与，则三年之丧，二十五月而毕，若驷之过隙，然而遂之，则是无穷也。故先王圣人安为之立中制节，一使足以成文理，则舍之矣。"（《荀子·礼论》）天地间的生物，自禽兽以上者皆有感官之知，而由此感官之知便能形成一种情感上的同种同类的判断；有此判断，故自禽兽以上者皆对其同类有巨大的感情，如兔死狐悲、物伤其类之属便是。而人为天地间之至灵，所以人不仅具有此种感情，而且此种感情也最重，因此人对于其亲人的情感是绵绵无尽的。但是，人如果一味沉湎于此情感而荒废其他事情就不对了，故而圣王立三年之丧之礼以节文之。也就是说，人通过感观之知而产生一基于类判断的情感，此种情感的表现就是爱同类，继而因着对这情感的节文而生出义、礼来。也就是说，由感官之知而形成的道德情感是礼乐的根本。那么，这个道德情感在荀子这里是什么呢？就是仁。

荀子认为："仁者爱人，爱人故恶人之害之也；义者循理，循理故恶人之乱之也。彼兵者所以禁暴除害也，非争夺也。故仁者之兵，所存者神，所过者化，若时雨之降，莫不说喜。是以尧伐驩兜，舜伐有苗，禹伐共工，汤伐有夏，文王伐崇，武王伐纣，此四帝两王，皆以仁义之兵，行于天下也。故近者亲其善，远方慕其德，兵不血刃，远迩来服，德盛于此，施及四极。诗曰：'淑人君子，其仪不忒，其仪不忒，正是四国。'此之谓也。"（《荀子·议兵》）这一段是荀子乃至儒家兵学的经典理论。通过他对仁义之兵的讨论，我们可以发现荀子思想中仁义的本性。"仁者爱人"，人有同类之情感故有不忍之心生，于是爱敬同类而厌恶同类间的杀伐。"义者循理"，人有心知故能知天地间的道理而鄙弃违背此道理者。古代行仁义之兵的圣王皆由此出发，因此能安定天下。可见，在荀子那里，那非知、非义、非礼的基于类判断的道德情感，即是仁。因此，仁即是对同类之爱。

因而，"若夫忠信端悫，而不害伤，则无接而不然，是仁人之质也"（《荀子·臣道》）。一个仁人之所以为仁人，就在于他忠厚、有信、端恭、诚悫，尤其是他能做到不伤害他人。

由此，我们可以了解荀子对仁的定义：仁乃是基于感官认知而生成的类判断而来的对同类、同种之道德情感，它以爱为本质。而仁的来源亦可确定：仁源于感官之知。因此，仁为人类与禽兽所共有。但是如果人类仅仅驻步于此，则无以异于禽兽，人的道德性亦无以显现出来。那么，人究竟与禽兽差异在哪里呢？

二、以仁发义而制礼

由上所述，我们知道人与禽兽都有对于同类的情感，也就是同有仁之质。但是，人禽之心的发动作用则大大不同，由此形成了人禽之间最终的巨大差异。禽兽们不过是尽其自然情感的流行而已，而人则能于其中生仁义道德之心，进而运用其智慧以规范社会与人生。于是，道德与礼法随之产生。"人主仁心设焉，知其役也，礼其尽也，故王者先仁而后礼，天施然也。"（《荀子·大略》）这一段虽然是就君主而言，但其实也符合荀子的一般思路。君主因其仁心之发用，故役使智慧而创制礼法。可见，由仁心而制礼乃自然而然的逻辑。但是，这里面尚有一个问题，就是制作礼乐的标准是什么呢？这就是义。"故曰：以国齐义，一日而白，汤武是也。汤以亳，武王以鄗，皆百里之地也，天下为一，诸侯为臣，通达之属，莫不从服，无它故焉，以义济矣。——是所谓义立而王也。"（《荀子·王霸》）商汤和周武王都能以义为标准来治国利民，因而能内昌其国，外定天下。这个义即是道德，而为外王的根本。需要指出的是，在荀子的义观念中，分是一个重要的部分。上引《王制》一段论述人禽之辨的地方，就以义为人禽的根本分界。这是因为分是群的基础，而"人生不能无群，群而无分则争，争则乱，乱则离，离则弱，弱则不能胜物；故宫室不可得而居也，不可少顷舍礼义之谓也。能以事亲谓之孝，能以事兄谓之弟，能以事上谓之顺，能以使下谓之君"（《荀子·王制》）。由此可知，荀子以为，人能胜物在于人能群，而人能群在于人有分之认识；而分之认识在于人有义，义是人不可须臾离的标准，而此义又是所谓道德。这样，我们可以发现，荀子的义不同于孟子的义，但又不同于以往"仁内义外"的义。他的义，是兼对内外、普遍正确有效的。

那么，仁和义之间的关系如何呢？荀子认为："惟仁之为守，惟义之为行。"（《荀子·不苟》）仁为所守之根本，而义为流行之作用。由此可见，在荀子的理论架构中，义是仁之发用而成的结果，即是由那同类相爱的情感转化出的作为行动标准的道德。此义由仁所生，而又合于理，故为判断与行动的标准。但是仅仅有义，尚不足以规范社会，故圣王还要制作礼乐以成外王之道。那么，仁、义、礼三者究竟有什么关系呢？

"亲亲、故故、庸庸、劳劳，仁之杀也；贵贵、尊尊、贤贤、老老、长长，义之伦也。行之得其节，礼之序也。仁，爱也，故亲；义，理也，故行；礼，节也，故成。仁有里，义有门；仁，非其里而处之，非仁也；义，非其门而由之，非义也。推恩而不理，不成仁；遂理而不敢，不成义；审节而不和，不成礼；和而不发，不成乐。故曰：仁义礼乐，其致一也。君子处仁以义，然后仁也；行义以礼，然后义也；制礼反本成末，然后礼也。三者皆通，然后道也。"（《荀子·大略》）仁是爱的情感，故其特征是亲亲；义为道德之理序，故其特征是尊尊；礼乃对仁义的节文，仁义必合礼方可施行。也就是说，义为仁的理路，礼为义的门径，乐为礼的和节。因而在荀子看来，仁、义、礼、乐乃是一贯之道。可见，荀子以仁为道德情感基础，义为依此天然情感而来之道德理性，礼为顺仁义而制作以推广之矩范，乐为对规矩之调适。

至此，我们可以全盘了解荀子对仁及其功用的认识：仁为义的情感基础，但也仅仅如此而已，绝不再具有更多的意义。因而，我们说荀子仁礼之学的思路是：由感官之知而生道德情感的仁，由仁而产生道德判断的义；人因着义而制礼作乐，再以礼乐来成就自身、改造社会。这一思路与思孟学派有一个根本的差异。思孟学派的仁义道德是人禽之辨的根本，而在荀子这里，仁是人禽都有的，并不是人禽之辨的根本，义以及由它产生的礼乐才是人禽之辨的差异所在。这一差别导致了思孟学派的工夫论是沿着道德情感、道德判断、道德理性一路顺通下去，而荀子则是以道德判断产生的道德理性反过来对道德情感进行调适，因而可以说是理路大异。①

三、三个问题

荀子仁礼之学的思想主干已经阐明于上。而这里面有三个问题是荀子所需要面对的，也是我们所需要了解的。

第一，人与禽兽既同有感官之知，又同有情感爱类的仁，那么为什么人能由之而生义，禽兽则未能？这是因为在荀子看来，知有两个层次之分：一为"天官薄类"的感性之知；二为"心有征知"的理性之知。禽兽所具有的只是感性之知，因而它们可以有情感的产生，但却不能有进一步的判断和思考。人则在感性与情感之上还有理性，因而能在"虚一而静"之"大清明"中思考，于是乃有义、有礼乐。也就是说，人禽之间的根本区别，在此理性之知。所以，荀子工夫论的核心就围绕着理性之知而展开。这是我们接下来主要讨论的内容。

第二，既然仁的观念在荀子这里的确显得偏弱，那么荀子的仁学还有什么意义呢？其意义首先在于，让我们对仁有一个更接近原

---

① 对于荀子的这条思路，美国著名汉学家史华慈有一简要解释："荀子的圣人和君子之深思熟虑的行动，却首先含着纯粹知性的努力和学会如何把他们本人以及其他人从混乱与冲突的悲惨境地中解救出来的决心，而这种混乱与冲突源于他们不知满足的利益之争。"［美］史华慈. 古代中国的思想世界［M］. 程钢，译. 南京：江苏人民出版社，2004：304.

初意义的认识，即仁主要是和道德情感相联系的一种爱类之情。因而在儒家思想中，爱同类是其最根本的一个出发点，而重视人道情感也是儒家的出发点所在。这对我们摆脱理学流弊以及狭义地将仁义道德解释为道德律令颇有帮助，而且能为我们打开一条基于经验论的道德思考理路。

第三，荀子的仁学有何问题？近代学者对荀子的内圣学与仁学多所攻驳，尤其是港台新儒家更是批驳极多，但他们的批驳常有不能深入之病。如徐复观先生认为："荀子虽然承儒家的传统，也不断提到仁义，但他的精神、思想，是偏于经验的合理主义的一面，对于孔学的仁，始终是格格不入的。他喜欢说'仁义之统'，'统'是知识的条理、系统，他是把仁当作客观的知识去看，而不是通过自己的精神实践去体认，仁便在荀子的思想中没有生下根。"①而根据我们上面的阐释，荀子的仁并不是一个外在的、客观的知识。尽管它产生于人的感官，但却是人的同类相爱的情感。事实上，我认为，荀子之学的根本症结在于：他的仁的情感不是人禽之辨的根本，而他把人禽的差异限定在理性、知性的范围，并以此来进行人格和社会的重建，这样，人的德性、情感等很多人所固有的方面就被压抑了，人的整个生活范畴也被压缩了。而且，随着荀子的思想逐渐僵化为经典认知之学和外在治术之学，在后世一方面变化为经学，一方面流为法家。而这两者最终都成为历代君主的御用之学，对中国历史的走向产生了一定的负面影响。

第二节　"虚一而静"以"解蔽""知道"

荀子工夫论的关键点就在于知，而知的主体是心，所以荀子的工夫论也是在心上做。只不过，荀子的心是作为认知主体的心，而

---

① 徐复观. 中国人性论史 [M]. 上海：华东师范大学出版社，2005：157.

不是思孟学派的道德主体的心。这就决定了他的心的工夫论和思孟学派的心性的工夫论迥然不同。在荀子看来，天生而成的人本身具有很多限制性的条件，如身体、如欲望，如心灵的自我中心。这些问题不得到解决的话，真正的知——"知道"就达不到。而达不到"知道"，人就无以区别于禽兽，也就无法成就其自身。因此，人在心上做工夫，就是要力求摆脱那些限制，从而使心完全地发挥作用，全面地获得认知，这样才能达到人之所以为人的要求。而心的作用，按荀子讲就在于其思的功能。因而明确思的概念在荀子这里是什么意义、占何等地位，是我们分析其工夫论的第一步。

一、心之功用——思

思的观念，在儒家工夫论中具有重要地位。思孟学派从德性之思的角度来探讨思的工夫，而荀子则从知性之思的角度来进行论述。荀子对思孟学派的五行学说有极严厉的批判："略法先王而不知其统，犹然而材剧志大，闻见杂博。案往旧造说，谓之五行，甚僻违而无类，幽隐而无说，闭约而无解。案饰其辞而只敬之曰：此真先君子之言也。子思唱之，孟轲和之。世俗之沟犹瞀儒，嚾嚾然不知其所非也，遂受而传之，以为仲尼、子游为兹厚于后世，是则子思、孟轲之罪也。"（《荀子·非十二子》）根据出土文献《五行》篇，我们发现其中注重德行的内在和五种德行的归类，正符合荀子的这些批判，而《五行》还大谈思和五行的关系。可以想见，荀子对这种关于德行的德之思也当持批评的态度。而且，荀子还曾对子思有一段暗讽："空石之中有人焉，其名曰觙，其为人也，善射以好思。耳目之欲接则败其思，蚊虻之声闻则挫其精，是以辟耳目之欲，而远蚊虻之声，闲居静思则通。思仁若是，可谓微乎？"（《荀子·解蔽》）荀子显然认为德性之思是抵挡不住血气欲望的，所以德性之思的用处不大。因此，荀子虽也认可思在道德实践中的重要作用，但他的思却不是德性之思，而是限制在思索、思虑范围内的知性之思。

《荀子·劝学》载："君子知夫不全不粹之不足以为美也，故诵数以贯之，思索以通之"，杨倞注以为诵数指的是"礼乐诗书"。则思考的也就是"礼乐诗书"其中的含义。那么，礼乐诗书从何来呢？《荀子·性恶》言："圣人积思虑、习伪故，以生礼义而起法度，然则礼义法度者，是生于圣人之伪，非故生于人之性也。"荀子认为礼义法度不是先天而来的，而是通过人后天的思虑、学习之积累而来的。则荀子此处的思虑是一种对事物的规律之思考、对如何实践之考量、对过去的理论之反思。这种思显然是知性意义的，虽然更偏于实践理性方面。因此，荀子说："今人之性，固无礼义，故强学而求有之也；性不知礼义，故思虑而求知之也。"（《荀子·性恶》）思虑正是为了求知——礼义之知。因为在荀子看来，礼义可以使我们克制血气欲望，因而通过思而获得礼义之知才是最重要的。而礼义是外在的，所以思就是心向外求的过程。这样，思在荀子这里就指向了认知思虑意义的思。当荀子把思的意义限制在认知思虑的角度后，就把道德实践的关键转化为思知，不知不能行德。那么如何才能思呢？这就在于《荀子·解蔽》篇所提出的"虚一而静"。关于"虚一而静"的具体内容，我们且放在下一部分详细说明。

应当说，荀子之所以特别重视思的知性意义，有两个重要背景：一是在百家争鸣中要维持儒家的正确性，就必须思考各家、各派的学说，因而思虑是要重视的；二是在荀子的时代，政治问题的重要性远远超过了个体道德实践问题，因此荀子的思路是将道德实践纳入政治实践中，从而在一定程度上取消了道德的独立性。因此，德性之思的意味便在他这里大大减弱，而为了处理实际政治问题所特别需要的知性意义便大大加强。这正是荀子"隆礼义"思路下的必然结果。

当然，我们并不能因此就说荀子的思是忽视道德的。"生之所以然者谓之性。性之和所生，精合感应，不事而自然谓之性。性之好、恶、喜、怒、哀、乐谓之情。情然而心为之择谓之虑。心虑而能为之动谓之伪。虑积焉、能习焉而后成谓之伪。"(《荀子·正名》)荀子的人性论是自然人性论：自然之性的发动就是情，对情的选择是思虑，经过思虑而再行动之就是行为；思虑不断积累、行为不断习惯就成为伪，而伪则可以改变自然本性，使人规范于道德。可见，思虑作为后天是对先天的修正。在荀子这里，情之发动是可恶可善的，但如果放任不管就会顺着血气欲望而变成恶。唯有经过思虑的作用，才能发展出道德的行为。应当说，荀子这种以思治情的说法与孟子的思诚之思是很类似的，两者都是就人心的发动处做工夫。但是，孟子的思是就道德本性予以发现、肯定、体证的思，是德性之思；荀子的思则是就行为后果和道德规范而言的思，是知性之思。两者不可混淆。也因此，荀子认为："无性则伪之无所加，无伪则性不能自美。性伪合，然后圣人之名一，天下之功于是就也。"(《荀子·礼论》)先天的自然人性为后天的思虑提供了对象，而经过后天思虑的作用，道德实践得以完成，理想人格和理想政治都得以实现。所以，思在道德实践中仍是至关重要的，因此一定要做好"思"的工夫。这也就是荀子在《解蔽》篇中要大谈"虚一而静"的原因。

二、"虚一而静"以"解蔽"

荀子"不承认先验的善性，而肯定人有总结经验的智力，应依此智力改造本性、培养品德"[1]因而将工夫的核心归纳于心的思和知。因此，其工夫论就在于保证思和知的全面与正确。荀子对影响思和知的相关因素认识得十分清楚。他指出，使人的认知思考出现错误的根本原因在于"凡人之患，蔽于一曲而暗于大理"(《荀子·解蔽》)。荀子自身认可的是儒家思想。在面对战国诸子百家争鸣和各国异政

---

① 张岱年. 张岱年全集·中国伦理思想研究 [M]. 石家庄：河北人民出版社,1996：647.

的情况时，他坚持儒家的仁义礼乐之道，并站在儒家的立场上对诸子百家的学说进行评判。在荀子看来，这个世界上是有唯一真理的，而通向真理的真正大道也只有一条。那么，为什么诸子百家有那么多不同的说法呢？在荀子看来，这是因为各种原因对人造成了蒙蔽，使人的认知不能全面，而真理由此被遮蔽。荀子认为，人们被蒙蔽的原因就在于不能全面地看问题，不能对这个世界和具体事物有全面的认识。每个人对于对象的认识，都是从一个方面、一个角度出发，这就导致了他的认识的片面性和局限性。具体来讲，"欲为蔽，恶为蔽，始为蔽，终为蔽，远为蔽，近为蔽，博为蔽，浅为蔽，古为蔽，今为蔽。凡万物异则莫不相为蔽，此心术之公患也"（《荀子·解蔽》）。自己的强烈个人欲望和自己已经养成的好恶习气，会使得我们丧失客观的认识能力；只注重过程或者只注重结果，都会让我们顾此失彼；只从长远的角度看和只从现在的角度看，会让我们无法真正把握事物的演变发展；通博和专精之间的关系处理不好，会让我们无法从广度和深度上同时认识事物；厚古薄今或者薄古厚今，都会使我们的认识偏颇或极端。这种种的蒙蔽，使得我们"心不使焉，则白黑在前而目不见，雷鼓在侧而耳不闻"，是阻碍我们认识进步的重要原因。

　　因而心要想真正地思虑认知，就必须要解除这种种的遮蔽。"圣人知心术之患，见蔽塞之祸，故无欲无恶，无始无终，无近无远，无博无浅，无古无今，兼陈万物而中县衡焉。是故众异不得相蔽以乱其伦也。"（《荀子·解蔽》）荀子认为真理已经为圣人所发现，并且圣人已经将真理揭示出来。这就是道。"何谓衡？曰：道。故心不可以不知道。……知道，然后可道；可道，然后能守道以禁非道。以其可道之心取人，则合于道人，而不合于不道之人矣。以其可道之心，与道人论非道，治之要也。何患不知？故治之要在于知道。"（《荀子·解蔽》）作为万物偏正之衡量准绳的就是道，所以心知就是要知道。只有心知道，才能行合道，才能取贤人而罢佞人，才能遵正路而辟邪路。那么，"人何以知道？曰：心。心何以知？曰：虚一而静。"（《荀子·解蔽》）人能知道的所在在于心，心的功能是思，所以求知的方法就是心之思。"心未尝不臧也，然而有所谓虚；心未尝不满也，然而有所谓一；心未尝不动也，然而有所谓静。""不以所已臧害所将受谓之虚""不以夫一害此一谓之一""不以梦剧乱知谓之静"。"将须道者之虚则人，将事道者之一则尽，尽将思道者静则察。知道察，知道行，体道者也。虚一而静，谓之大清明。"（《荀子·解蔽》）这就是说，我们的心在发挥功能进行思虑认知的时候，要保持心的虚而容物、多而有一、动而能静。这样就能既具有宽广的知识、了解各种的见解，又能有所主见、不为混乱，同时在无尽的动中能停下来进行沉静的思考而不至于昏乱。这就达到了虚一而静，而"虚一而静，谓之大清明。万物莫形而不见，莫见而不论，莫论而失位。坐于室而见四海，处于今而论久远，疏观万物而知其情，参稽治乱而通其度，经纬天地而材官万物，制割大理，而宇宙里矣。"（《荀子·解蔽》）达到了"大清明"的心，就可以照察天地万物之理，明达治乱兴衰之道，从而最终可以实现理想的世界。

显然，"虚一而静"是心的工夫，"大清明"之心是通过工夫而达到的理想的认知状态。荀子自身正是通过这套工夫而实现了他所希冀的认知，因而他对先秦诸子都有一番评论。而这些评论在今日看来仍然具有重要价值。如他批评"墨子蔽于用而不知文，宋子蔽于欲而不知得，慎子蔽于法而不知贤，申子蔽于势而不知知，惠子蔽于辞而不知实，庄子蔽于天而不知人"（《荀子·解蔽》）。这些评论大都能切入诸子思想的深处，而探抉出其思想的偏向和欠缺所在。不仅如此，荀子对儒家内部的各派也运用"大清明"之心予以分辨。除了指出思孟学派五行说的问题外，他还认为"弟佗其冠，神禫其辞，禹行而舜趋，是子张氏之贱儒也。正其衣冠，齐其颜色，嗛然而终日不言，是子夏氏之贱儒也。偷儒惮事，无廉耻而耆饮食，必曰君子固不用力，是子游氏之贱儒也"（《荀子·非十二子》）。可见，他对儒家众多派别对孔子思想的曲解以及由此产生的流弊有清醒的认识。这些具有重要学术价值的判断之所以能产生，就在于荀子"虚一而静"的"大清明"之心。但是，这颗心的成就并不仅仅是"虚一而静"就能够达到的。因为尽管"虚一而静"的确是一个达到理想状态之心的最重要的工夫，但是，理想状态的心还需要很多其他的工夫才能保持住。这就需要养心治气的工夫了。

三、养心治气

心在荀子的工夫论中具有核心地位。因而如何使心能保持"大清明"的状态，是荀子工夫论的另一个关键点。荀子对心有这样一个比喻："人心譬如盘水，正错而勿动，则湛浊在下而清明在上，则足以见须眉而察理矣。微风过之，湛浊动乎下，清明乱于上，则不可以得大形之正也。心亦如是矣。"（《荀子·解蔽》）人心能虚一而静的话，就如同盘中水一样清澈而能明万物，这就是"大清明"。但如果被其他事物摇动的话，就会清浊混淆，不能再照察万物了。在这个比喻中，我们可以发现，荀子暗地里已经指出了人心中有清浊之分，因而必须要以适当的工夫，使得心不被摇动，从而使清的部分正确发挥功用。而且，在认识中，我们"凡观物有疑，中心不定，则外物不清，吾虑不清，则未可定然否也"（《荀子·解蔽》）。所以只有使得内心安定不摇，才能如盘照物，清楚明白；否则内心不安定，认识就不可能清楚。因此，养心的工夫必不可少，"故导之以理，养之以清，物莫之倾，则足以定是非，决嫌疑矣。小物引之则其正外易，其心内倾，则不足以决庶理矣"（《荀子·解蔽》）。要以礼义之正理来引导心，以清明的大道来培养心，这样才能不被外物引诱，而能在众物中知是知非。

所谓浊的部分，就是人的血气、欲望，荀子认为要以礼制之，使之不过分。"扁善之度，以治气养生则后彭祖；以修身自名则配尧、禹。宜于时通，利以处穷，礼信是也。凡用血气、志意、知虑，由礼则治通，不由礼则勃乱提僈；食饮、衣服、居处、动静，由礼则和节，不由礼则触陷生疾；容貌、态度、进退、趋行，由礼则雅，不由礼则夷固僻违、庸众而野。故人无礼则不生，事无礼则不成，国家无礼则不宁。诗曰：'礼仪卒度，笑语卒获。'此之谓也。"（《荀子·修身》）血气、欲望等，是人天生而来无法去除的，但如果不以礼加以节制，就会对人不利，所以要以礼来对这些浊的部分予以节制，这样才不会伤害清的部分。而仅仅有礼的节制还不足以根治这些问题，所以荀子还提出了"治气养心之术：血气刚强，则柔之以调和；知虑渐深，则一之以易良；勇胆猛戾，则辅之以道顺；齐给便利，则节之以动止；狭隘褊小，则廓之以广大；卑湿、重迟、贪利，则抗之以高志；庸众驽散，则劫之以师友；怠慢僄弃，则照之以祸灾；愚款端悫，则合之以礼乐，通之以思索。凡治气养心之术，莫径由礼，莫要得师，莫神一好。夫是之谓治气养心之术也"（《荀子·修身》）。每个人的血气、欲望都各有所偏，所以对治的方法也各有不同，但总结起来，一条共同的途径是   通过礼的节制来克制血气、欲望；通过师法的教育来驯服血气、欲望；通过心的主动调节来调适血气、欲望。这样在内在的调适和外的克制教育下，人的浊的血气、欲望就被导往正途，而人的清的心灵也会得以滋养。这里需要指出的是，荀子对欲望的观念在儒家中显得更客观。他提出的对欲望的对治方法是"节欲"，较之孟子的"寡欲"还要更弱一些。因为在他看来，"寡欲"会很容易滑落到"无欲"中去。而这就会成为道家的观点，而道家的无欲观是根本错误的。在道家看来，人的欲望是导致世界混乱无序的根本原因，所以要去欲而达到无欲素朴。但荀子认为，有欲和无欲实际上对治乱并不是决定性的因素，因为"欲不待可得，所受乎天也；求者从所可，受乎心也。所受乎天之一欲，制于所受乎心之多，固难类所受乎天也。人之所欲，生甚矣，人之所恶，死甚矣，然而人有从生成死者，非不欲生而欲死也，不可以生而可以死也。故欲过之而动不及，心止之也。心之所可中理，则欲虽多，奚伤于治！欲不及而动过之，心使之也。心之所可失理，则欲虽寡，奚止于乱！"（《荀子·正名》）欲望是天然而成的，是人生来就有的，所以也是不可能根除的，而想从欲望去除这里入手去达到秩序重建更是根本不可能的。但是，人天然地还有一个认识思虑的心。这个心可以作用于欲望，而对欲望加以驯服，从而使之不过分过度，控制在一个合理的范围内，这样欲望也就不会对人和社会造成什么伤害了。所以在荀子这里，血气、欲望的确会对我们的工夫造成影响，但是它并不是决定性的因素，真正决定人的还是我们自己的心；因此最重要的工夫还是要在心上来做，因为心是具有可能性的所在，是改变的真机。

荀子在此处已经提到了"养心"，但这里是结合"治气"而言，所以偏重于消极一面；而对于心的积极的滋养，荀子也提出了一定的工夫，这就是"诚"。"君子养心莫善于诚，致诚则无它事矣。惟仁之为守，惟义之为行。诚心守仁则形，形则神，神则能化矣；诚心行义则理，理则明，明则能变矣。变化代兴，谓之天德。天不言而人推高焉，地不言而人推厚焉，四时不言而百姓期焉。夫此有常，以至其诚者也。君子至德，嘿然而喻，未施而亲，不怒而威。夫此顺命，以慎其独者也。善之为道者，不诚则不独，不独则不形，不形则虽作于心，见于色，出于言，民犹若未从也，虽从必疑。天地为大矣，不诚则不能化万物；圣人为知矣，不诚则不能化万民；父子为亲矣，不诚则疏；君上为尊矣，不诚则卑。夫诚者，君子之所守也，而政事之本也。唯所居以其类至，操之则得之，舍之则失之。操而得之则轻，轻则独行，独行而不舍则济矣。济而材尽，长迁而不反其初则化矣。"

（《荀子·不苟》）荀子在这里的言说与思孟学派的论述极其相近，他既把"诚"视作天道和人道之同德，也把诚意和慎独看作一体之工夫。可见，这些观念是先秦儒者的共识，而诚意和慎独在工夫论中的重要地位更加显明。同时我们也要注意到，荀子这里的诚意、慎独虽然也是指向心的工夫，认为必须慎独诚意心才能专一，进而行为才能真实不虚；但是这里的慎独和诚意并非指向道德仁义的本善之心，而是指向思虑认知的认识之心。所以，荀子讲"诚心守仁""诚心行义"。仁义并不是内在于心灵的，所以才需要通过使心诚之后才能去守、去行。也正是在这个意义上，我们发现：荀子的用语是"诚心"，而不是"诚意"。这是因为"诚意"已经暗含仁义道德本性的内在于心了，所以诚的是已发的意，而不是未发的心，而这正是荀子所反对的。所以荀子用"诚心"一词，是讲通过对内心做工夫，使我们的认知之心真诚不虚，这样就可以使心达到"虚一而静"的"大清明"。而荀子之所以还以"慎独"和"诚心"的工夫来对心进行滋养，是因为他看到了在"慎独"中，心能专一而不虚假，这样就可以排除其他事物的影响，而恢复其本来的"虚一而静"的"大清明"。因此，荀子将之视作"养心"的重要工夫之一。

总之，正如李源澄先生所指出的，荀子对于"举春秋以来所论究之心身情欲理气诸问题，而用礼以解决之"。而荀学之要在于治心，"治心之要，不外二端，以知言心，则重在解蔽；以情言心，则重在去私"。[①] 以治心而求治世，正是荀子之学的根本基调。因而荀子的工夫论十分重视心的作用，因为"公生明，偏生暗，端悫生通，诈伪生塞，诚信生神，夸诞生惑。此六生者，君子慎之，而禹、桀所以分也"（《荀子·不苟》）。虚一而静即所以生公而去偏，养心治气即所以端正诚信而不虚伪夸张。而是否如此做工夫，正是君子小人的差异所在。

---

① 李源澄．李源澄儒学论集 [M]．成都：四川大学出版社，2010：165.

当然，仅有心的工夫还不足以达到君子。因为在荀子的思想体系中，心的工夫仅是使认知之心完全地发挥作用，而这正是为了下一步——学习礼义。因此，对礼义之教的学习在荀子的工夫论中非常重要。

第三节　"积学""师法"以"化性起伪"

港台儒学界多以孟子为道德自律的代表，而以荀子为道德他律的代表。这类说法虽然有一定生硬之处，但也的确指出了两人思想的一个较大差异：孟子的工夫修养主要是向内求，要以四端之心来立本性进而扩充；荀子的工夫论则指向于外在，要以虚一而静的认知心来认识外在的礼乐制度规范。因此，孟子虽然也看重对外在的学习，但毕竟在一定程度上只是对内在的印证和进一步提高；而在荀子这里，学习则具有决定性作用。不进行六经和礼乐规范的学习，人就不能成为人、成为君子，乃至于成为圣人。因此，学习是荀子工夫论中最重要的部分，是上一节所讲"虚一而静"等工夫的最终指向。荀子自己对学习有很深的理解和心得，以至于他自己学有大成，并能三次做了稷下学宫的祭酒。因此，他在学习方面的工夫论，十分值得我们重视。

一、"积学"与"师法"

冯友兰先生曾指出，荀子之学"谓人之性恶，乃谓人性中本无善端。非但无善端，且有恶端。但人性中虽无善端，人却有相当之聪明才力。人有此才力，若告之以'父子之义''君臣之正'，则亦可学而能之。积学既久，成为习惯，圣即可积而致也"。① 的确，积学是荀子工夫论中十分重要的一点，是达至圣人的关键。《荀子》第

---

① 冯友兰. 中国哲学史［M］. 上海：华东师范大学出版社，2000：218.

一篇即是《劝学》，这一篇将荀子积学之工夫论的要义和盘托出。如前所述，荀子的工夫论是一条认识论的工夫论，而工夫要达到的最终目标是全面而正确的至道，因此"君子知夫不全不粹之不足以为美也，故诵数以贯之，思索以通之，为其人以处之，除其害者以持养之，使目非是无欲见也，使耳非是无欲闻也，使口非是无欲言也，使心非是无欲虑也。及至其致好之也，目好之五色，耳好之五声，口好之五味，心利之有天下。是故权利不能倾也，群众不能移也，天下不能荡也。生乎由是，死乎由是，夫是之谓德操。德操然后能定，能定然后能应，能定能应，夫是之谓成人。天见其明，地见其光，君子贵其全也"（《荀子·劝学》）。而要达到这个目标，就需要学习儒家的经学，需要思索儒家经学中的微言大义，需要亲近老师以成就自身，只有这样才能使自己全身心地投入儒家之道的学习中去。由此就能不被生死、外物、诸子百家学说所动摇，而心灵能安定于儒家之道，才能成为一个真正的君子。思和养心治气的工夫前一节已经讨论，我们这里只讨论他对积学和师法的论述。

首先，荀子就思、学关系给予了评述。他以思孟学派的思观念为对照，在孔子思学相辅相成的提示下，进一步指出了学习的重要性。荀子指出："吾尝终日而思矣，不如须臾之所学也；吾尝跂而望矣，不如登高之博见也。登高而招，臂非加长也，而见者远；顺风而呼，声非加疾也，而闻者彰。假舆马者，非利足也，而致千里；假舟楫者，非能水也，而绝江河。君子生非异也，善假于物也。"（《荀子·劝学》）思孟学派在学思关系中更重视通过思来确立人的内在道德性，而学因此只是后一步的工夫。而如上节所述，荀子在批评了思孟学派的思的理论后，更在这里进一步认为：学思虽然相辅相成，但是思只是学的前一步，最重要的不是学。只思而不学，就无以认识先贤的文献，也就无法了解礼乐文明，更无法知晓圣贤之道。说到底，心的功能虽然是思，但是思的目的是学。如果只是空思，那就荒废了心的功用。只有使思投入到学习中去，心的功用才算真正得到了发挥。因此，君子和小人的本性并没有差异，之所以产生后来的不同就在于："干、越、夷、貉之子，生而同声，长而异俗，教使之然也。"（《荀子·劝学》）不同的教育和学习，决定了人们最终的人格水平和境界。

那么，该如何学习呢？荀子特别看重两点：一是学习有一定的矩范和方法，必须予以遵循；二是学习必须有老师，只有从老师那里才能真实而快速地学习到礼法。

就第一个方面讲，有学习原则、学习纲领之分。第一，学习是一件长期的事情，非一朝一夕可以完成，所以学习的总原则是"学不可以已"（《荀子·劝学》），也就是要积学。在荀子看来，礼乐文明的学问极其宏大而高深，他曾比喻道："故不登高山，不知天之高也；不临深谿，不知地之厚也；不闻先王之遗言，不知学问之大也。"（《荀子·劝学》）面对如此宏大的学问，我们必须"积土成山，风雨兴焉；积水成渊，蛟龙生焉；积善成德，而神明自得，圣心备焉。故不积跬步，无以致千里；不积小流，无以成江海。骐骥一跃，不能十步；驽马十驾，功在不舍。锲而舍之，朽木不折；锲而不舍，金石可镂"（《荀子·劝学》）。只有一步步踏踏实实地去学习，才能有所得，而冀求一步登天者实际只会浅尝辄止；只有坚持长期的学习，每天都进行工夫修养的锻炼，这样经过积累，才能最终达到想要的结果。第二，荀子对学习给出了一个具体的学习纲领，以便可以实际操作。"学恶乎始？恶乎终？曰：其数则始乎诵经，终乎读礼；其义则始乎为士，终乎为圣人。真积力久则入，学至乎没而后止也。故学数有终，若其义则不可须臾舍也。为之，人也；舍之，禽兽也。故《书》者，政事之纪也；《诗》者，中声之所止也；《礼》者，法之大分，类之纲纪也，故学至乎《礼》而止矣。夫是之谓道德之极。《礼》之敬文也，《乐》之中和也，《诗》《书》之博也，《春秋》之微也，在天地之间者毕矣。"(《荀子·劝学》）荀子之学，以经学入而达乎礼乐文明之精神内核，因此它的学习方法以经学开始，以礼乐文明终结。需要注意的是，荀子在这里提到了《书》《诗》《礼》《乐》《春秋》，而没有提到《易》。这恐怕是他与思孟学派及《易传》学派的意见不同，因而对《易》有所保留。① 实际上，我们看他这里对五经的分析，《尚书》是因为和政事相关，《诗经》是因为合乎礼的中的原则，《礼》更是其学之根本，《乐》则是中和的表现，《春秋》则有关于历史与政治的微言大义，所以可见荀子对经学的选择渗透着他对礼乐文明之精神的理解。因而他也认为，对这五经的学习并不是学习他们的文章，而是要探求其中所蕴含的古圣先王之道，要通过读经使自己由一个普通的士人提升到圣人的境界。第三，在学习中，还有一个最需要注意的地方，就是要专心。专心，是贯穿荀子工夫论的一点，此前的虚一而静和养心治气实际上也就是为了达到专心。因为只有专心，才能在学习中真正获得正确而全面的认知。"蚓无爪牙之利，筋骨之强，上食埃土，下饮黄泉，用心一也。蟹六跪而二螯，非蛇蟮之穴无可寄托者，用心躁也。是故无冥冥之志者无昭昭之明；无惛惛之事者无赫赫之功。行衢道者不至，事两君者不容。目不能两视而明，耳不能两听而聪。螣蛇无足而飞，梧鼠五技而穷。《诗》曰：'尸鸠在桑，其子七兮。淑人君子，其仪一兮。其仪一兮，心如结兮。'故君子结于一也。"(《荀子·劝学》）荀子在这里所引的《诗》在《五行》篇也被引用来指专一和慎独，这表明慎独的意思就是心的专一。而荀子更认为，心是否专一是学能否有成的关键。能用心专一去学的人，就能充分发挥心的功能，因而学习的效果将可以浸

---

① 马积高先生曾就《荀子》一书中引《易》的情况来分析荀子和《易》的关系，并指出："荀子的天人观则是天人相分，故他虽精于《易》，但认为'善为《易》者不占'（《大略》），即他只取某些《易》理。"马积高. 荀学源流 [M]. 上海：上海古籍出版社，2000：162. 的确，荀子在天人关系、人性论上与《易传》学派差异很大，这是他不重《易》的重要原因。

润身心、影响四肢、培植气质，这样学成的就是君子；而小人虽然也学，但只是在耳目之间不能深入内心，更不会对气质、人格的养成有作用。所谓"君子之学也，入乎耳，箸乎心，布乎四体，形乎动静。端而言，蠕而动，一可以为法则。小人之学也，入乎耳，出乎口，口耳之间则四寸耳，曷足以美七尺之躯哉！古之学者为己，今之学者为人。君子之学也，以美其身；小人之学也，以为禽犊。"（《荀子·劝学》）可见，在荀子这里，能否用心学习已经上升到了人禽之辨的高度，这在儒家中是空前的认识。

其次，在学习中，荀子还特别重视老师的重要性。"学莫便乎近其人。《礼》《乐》法而不说，《诗》《书》故而不切，《春秋》约而不速。方其人之习君子之说，则尊以遍矣，周于世矣。故曰学莫便乎近其人。"（《荀子·劝学》）五经虽然是入道的法门、学习的对象，但是因其是死的文献，对人的影响有一定限制，不能简洁直接地切入人的内心去影响人，所以学习最好还是能亲近老师。老师可以直接对学生进行亲切而有针对性的教育，因此有一个好的老师并接受他的指导，是我们学习的重要环节。所以在荀子看来，在学习中，老师是极其重要的，"学之经莫速乎好其人，隆礼次之。上不能好其人，下不能隆礼，安特将学杂识志，顺《诗》《书》而已耳，则末世穷年，不免为陋儒而已"（《荀子·劝学》）。这里提到的"隆礼"实际上就是师法中的法。师法是荀子的一个独特范畴。"礼者，所以正身也；师者，所以正礼也。无礼何以正身？无师，吾安知礼之为是也？礼然而然，则是情安礼也；师云而云，则是知若师也。情安礼，知若师，则是圣人也。故非礼，是无法也；非师，是无师也。不是师法而好自用，譬之是犹以盲辨色，以聋辨声也，舍乱妄无为也。故学也者，礼法也。"（《荀子·修身》）可见，礼法在荀子这里是两个可以相通的概念，无礼就是无法。礼法就是学习的内容，老师就是教给我们礼法的。通过老师而习得礼法，是学习的重要方法。之所以如此，是因为在荀子看来学习是一个积累的过程，而老师作为在先的学习者，他所积累的知识、所达到的认识远较我们丰富和深刻；因而只有通过向他们学习，才能更快、更好地习得礼法。"故有师法者，人之大宝也；无师法者，人之大殃也。人无师法则隆性矣；有师法则隆积矣，而师法者，所得乎情，非所受乎性。性不足以独立而治。性也者，吾所不能为也，然而可化也；情也者，非吾所有也，然而可为也。注错习俗，所以化性也；并一而不二，所以成积也。习俗移志，安久移质，并一而不二则通于神明，参于天地矣。"（《荀子·儒效》）只有通过师法，我们的积学才能够成就。而只有如此我们才能够通过礼乐制度的外在规范来改变我们内在争夺欲望的本性，这就是荀子工夫论的目标——"化性起伪"。

二、"化性起伪"

经过勤奋刻苦的学习后，要达到什么目的呢？就是"要以外在的善，代替本性所有的恶，则在知善之后，必须有一套工夫。这一套工夫，荀子称之为'化性起伪'"。[①] 我们说过，荀子的人性论是天生人成的人性论，而且他认为，如果顺着人性自由自在地发展，就会导致争端和祸乱。因此必须以人的理性思维来建立礼乐制度反过来克制人的本性，这样才能使人归于道德、社会归于规范。事实上，荀子的这一番论述与西方近代以来霍布斯等人的契约论有一定相通之处，他们对人性、对人的理性作用的认识都有一定程度的接近。但后者最终是通过建立契约制国家来建立民主制度，进而使人得以自我保全，而荀子则通过教育修养来建立礼乐制度，进而使人获得自我完善。这其中细致而深刻的差别很值得我们深思，但限于本书讨论的关注点所在，我们暂且放下。而荀子之所以重视学习，就是

---

① 徐复观. 中国人性论史 [M]. 上海：华东师范大学出版社，2005：152.

要在这个过程中发挥出人的理性作用来，即通过对古圣先贤之文献的学习，认识到礼乐文明的正确性和仁义道德的重要性，从而使自己的身心行为都依从于此。这的确带有道德他律的味道，却有其深刻的考虑在其中。

首先，荀子生当战国末年，他所见到的战争和苦难较之孟子更胜一筹，所以他对人性的负面认识更加清楚："人之性恶，其善者伪也。今人之性，生而有好利焉，顺是，故争夺生而辞让亡焉；生而有疾恶焉，顺是，故残贼生而忠信亡焉；生而有耳目之欲，有好声色焉，顺是，故淫乱生而礼义文理亡焉。然则从人之性，顺人之情，必出于争夺，合于犯分乱理而归于暴。"（《荀子·性恶》）在战国末期那个人人逐利、国国争胜的年代，荀子不可能对人性中的负面视而不见，因而他形成这样一个性恶论的观点是有很强的经验基础的。但是，天生人成的人性只是事实如此，并不代表应当如此，因为还有先王之道、礼乐之制所代表的正义和道德。因此，荀子对性和伪进行了定义："凡性者，天之就也，不可学，不可事；礼义者，圣人之所生也，人之所学而能，所事而成者也。不可学、不可事而在人者谓之性，可学而能、可事而成之在人者谓之伪，是性、伪之分也。"（《荀子·性恶》）荀子的人性定义是天生人成的生物上的定义，关注的是自然的人性，而不是义理应然的人性；而他的伪的观念则是从可能性上进行的定义，是从人的发展的角度来看的。因为，荀子认为对于这个现实的人性必须进行改造，以使其由自然走向应当。"故必将有师法之化，礼义之道，然后出于辞让，合于文理，而归于治。用此观之，然则人之性恶明矣，其善者伪也。故枸木必将待隐栝、烝、矫然后直，钝金必将待砻、厉然后利。今人之性恶，必将待师法然后正，得礼义然后治。今人无师法则偏险而不正，无礼义则悖乱而不治。古者圣王以人之性恶，以为偏险而不正，悖乱而不治，是以为之起礼义，制法度，以矫饰人之情性而正之，以扰化人之情性而导之也。始皆

出于治、合于道者也。今之人化师法，积文学，道礼义者为君子；纵
性情，安恣睢，而违礼义者为小人。用此观之，人之性恶明矣，其
善者，伪也。"（《荀子·性恶》）人一生下来既有自然的利欲追求，
但同时也有可以思虑的认知之心，因而需要发挥心的功能，通过认
识的作用，接受师法的教育、学习礼义之道；这样就能使人不至于因
为自然的争夺心而最终丧失了自我保全的基本要求，并由此可以进
一步使人由自然世界走向应然世界，使人能令自身获得发展和完善。

而使人能由自然世界走向应然世界，靠的是人心的认知功能。
而这一功能也是人天生而来的，是每个人都具有的，所以荀子认为
成为君子、改造人性的可能性是每个人都具有的。所谓"涂之人可
以为禹"，就是说："凡禹之所以为禹者，以其为仁义法正也。然则
仁义法正有可知可能之理，然而涂之人也，皆有可以知仁义法正之质，
皆有可以能仁义法正之具，然则其可以为禹明矣。"（《荀子·性恶》）
每个人都有这个可能，但并不是每个人都能实现这个可能，其间的
差别就在于学习与否，"今使涂之人伏术为学，专心一志，思索孰察，
加日县久，积善而不息，则通于神明，参于天地矣。故圣人者，人
之所积而致矣"（《荀子·性恶》）。可见，积学的工夫在荀子这里是
具有最重要的地位的。通过积学，人就可以习得礼乐文明和仁义道德，
从而改变自己争夺利欲的本性而趋于善。

荀子的工夫论，是通过心的作用来进行学习，然后通过学习而
认知到应然的礼乐和道德，进而以此改造原始的人性，使人由此实
现君子人格和秩序之善。显然，这是一条外铄的工夫论，而这条道
路指向的最高目标是圣人。荀子认为："圣人化性而起伪，伪起而生
礼义，礼义生而制法度。然则礼义法度者，是圣人之所生也。故圣
人之所以同于众，其不异于众者，性也；所以异而过众者，伪也。"（《荀
子·性恶》）圣人与普通人在人性上和可能性上本无差异，但是他能
充分发挥自己心的功能，从而使自己完全按照礼义法度而行，进而

以此进行社会、政治实践。

三、工夫论的目标——"尽伦尽制"的圣王

尽管内圣外王是儒家圣人观念的一个重要特色，但具体来看的话，荀子的圣人观念与孟子的颇有差异。在孟子那里，圣、王之间有一个很强的张力，圣的观念和王的观念颇有些不同。孟子认识到成为圣人和成为王者之间存在巨大的现实性鸿沟。荀子虽对此也有一定的认识，认为圣人是人伦道德的极致，而王者是政治秩序的极致，但是因为某种心理上的迫切和其理论上的一贯观念，使得在荀子这里，圣人观念和王的观念最终合在了一起。而这样一种结合，对后来法家思想的君主观影响极大。

荀子的圣王是他工夫论的最终指向，因为在他看来，"虚一而静"之后的心可以完全发挥其思虑认知的功能，这样就可以进行正确的学习，从而认识到大道真理。"凡以知，人之性也；可以知，物之理也。以可以知人之性，求可以知物之理而无所疑止之，则没世穷年不能遍也。其所以贯理焉虽亿万，已不足以浃万物之变，与愚者若一。学，老身长子而与愚者若一，犹不知错，夫是之谓妄人。故学也者，固学止之也。恶乎止之？曰：止诸至足。曷谓至足？曰：圣也。圣也者，尽伦者也；王也者，尽制者也；两尽者，足以为天下极矣。故学者，以圣王为师，案以圣王之制为法，法其法，以求其统类，以务象效其人。"（《荀子·解蔽》）人天生就有知觉器官，这是天赋予人的本能，因而人自觉地去认识万物是这个世界的一个必然性。但是，世界是无穷的，人的认知是有限的。如果一味地去追求对世界万物的认识，那是永远不可能达到的。因此，荀子认为，学习的目标不在于对无限世界的全面认知，而在于达到对人的有限世界的正确认知。这和荀子对我们所生活的这个世界的划分有关。荀子认识到世界可以分为自然世界和人文世界两个部分，而人的认识一定要认知到这一点。

荀子在《天论》中指出："明于天人之分，则可谓至人矣。"自然世界和人文世界是迥然不同的，自然世界"不为而成，不求而得，夫是之谓天职"。人对于自然世界应当认识到自己认识的限度，所以"如是者，虽深，其人不加虑焉；虽大，不加能焉；虽精，不加察焉：夫是之谓不与天争职"。而对于人文世界，则人要进行深刻而全面的认识，以求发现其中的大道真理，这样"天有其时，地有其财，人有其治，夫是之谓能参。舍其所以参而愿其所参，则惑矣"。所以，荀子事实上将人的认知和实践完全限定在人文世界之内，认为"唯圣人为不求知天"。这种思路实际上是对思孟学派以及道家、墨家的一个反对，同时也是荀子思想的一个基点——将思想完全关注于人文世界。正是因此，荀子的工夫论的最终指向就是认识了人文世界之真理的人，即圣王。圣，是对人伦道德有全面正确的认识；王，是对礼乐制度有全面正确的认识。这两个方面，在荀子看来，就是人文世界的永恒的真理，因而他将工夫论达到目标的不同层级按此进行划分："向是而务，士也；类是而几，君子也；知之，圣人也。"（《荀子·解蔽》）向着这两个方面努力的，是有志之士；因着工夫而逐渐能明白人之所以为人而对人文世界有所认识的，是君子；而对人文世界的这两个真理获得了全面正确的认识的，就是圣人了。我们看到，荀子对人文和自然两个世界的划分，与他的人禽之辨是相对应的，而他对不同人格层次的区分完全是按照认识水平来进行的。这与思孟学派等其他儒者的看法的确有所不同，有其独特的立场和风格。

作为工夫论的最终目标，圣王在荀子这里具有了标准和权威的意义。因为在他看来，圣王实际上已经掌握人文世界的真理，因此"百王之无变，足以为道贯。一废一起，应之以贯，理贯不乱。不知贯，不知应变，贯之大体未尝亡也。乱生其差，治尽其详。故道之所善，中则可从，畸则不可为，匿则大惑"（《荀子·天论》）。王者之所以为王者，就在于他能明了人文世界的真理，并将之付诸现实；而历代的王者也因此只有具体的人的区别，而没有根本的道的差异。因此，这个真理、这个道是具有永恒性的。认识它、依照它的，就可以国治；不认识它、不依照它的，就会国乱。这样，荀子就将人文世界之道、之真理寄予在圣王的身上，因而"辨莫大于分，分莫大于礼，礼莫大于圣王"（《荀子·非相》）。不过，道固然是一贯的，但是道寄托于现实的具体制度行迹则可以有不同，因而"圣王有百，吾孰法焉？故曰：文久而息，节族久而绝，守法数之有司极礼而褫。故曰：欲观圣王之迹，则于其粲然者矣，后王是也。彼后王者，天下之君也；舍后王而道上古，譬之是犹舍己之君而事人之君也。故曰：欲观千岁则数今日；欲知亿万则审一二；欲知上世则审周道；欲知周道则审其人所贵君子。故曰：以近知远，以一知万，以微知明，此之谓也"（《荀子·非相》）。荀子认为，既然道是一贯的，圣王是一贯的，那么越近者越容易认识和了解，所以从他们那里就可以了解到人文世界的真理至道。这就是荀子的"法后王"观念。他的"隆礼重法"等观念都以此为基础，而工夫论的楷模自然也就落在后王这里。而这样一种观念就给韩非子、李斯等人走向法家打开了一扇门。因为他把至道真理和具体的现实圣王合为一体，这样就使得反过来以现实权威当作人文世界的至道真理成为可能。不过就荀子自己来讲，他还是在儒家的范围内谈圣王，只不过他的这种谈论陷入了一个困境：工夫论的最终目标是尽伦尽制的圣王，但是现实的王是不可能人人都可以做的，这就和"涂之人可以为禹"造成了矛盾。对于这个矛盾，荀子没有解决，也不可能解决，因为这是儒家政治哲学一直以来的一个难点所在。

总之，荀子的工夫论以思虑认知之心的发挥为关键点，既关注如何使之正常而全面地发挥，由此形成了虚一而静和养心治气的工夫论，同时又关注此心得以正常发挥作用后如何去认知人文世界的真理。这就是积学师法的工夫论。经由这一系列的工夫论，我们可以认识到人文世界的真理在于仁义道德和礼乐制度。这样，一方面它们可以对治我们自身不好的欲望，另一方面我们可以构建一个和谐安定的社会，而我们自身也可以实现圣王的人格。这是荀子工夫论的最终目标。正如劳思光先生指出的："就学之本性言，荀子以为所谓为学即以文化成绩改造自身；就学之目的言，荀子以为在于成圣；就所致力之对象言，荀子言礼；就进学之方法言，则荀子以为应有诵数、择友及用思等数者。"① 可以说，荀子的工夫论集中发挥了儒家认知思虑学习的这一面向，和思孟学派差异明显。而由此他对世界进行的划分，并将人文世界作为人的限度和关注点所在，展示了儒家积极的入世情怀。

① 劳思光. 新编中国哲学史（第一卷）[M]. 桂林：广西师范大学出版社，2005：263.

结　语

　　先秦儒家的工夫论思想，上溯于上古三代的宗教传统，渊源于周代的礼乐文明和以德配天思想，成型于儒家学派的创始人——孔子，经孔门弟子而呈现丰富多彩的姿态；在思孟学派中将儒家工夫论的仁义道德内在化一面弘显而出，荀子则在对此进行批评的基础上将儒家工夫论知性的一面加以阐扬。因此，工夫论并不是到宋明理学后才出现的，而是在先秦儒家这里就已经十分丰富而深刻了。当然，先秦儒者并没有使用"工夫"一词，但正如以"中国哲学"一词言说中国古代思想一样，"工夫"一词也可以用来涵盖先秦儒家的相关思想。事实上，宋明理学的工夫论基本都是在先秦儒家工夫论的基础上加以发挥、深化、细化而来。因此，从源头上来研究儒家的工夫论，不仅对工夫论本身的研究大有裨益，而且对探讨整个儒家思想的特质及其发展，都很有帮助。

　　牟宗三先生称儒学为"生命的学问"，这一说法极有见地。的确，儒家思想的一个重要面向就是人的生命的道德化和完善化，而这一方面是儒家思想的另一面向——社会和政治秩序重建的基础。因此，儒家思想天然的就是人生实践的，也就是工夫论的。尽管从理论的系统化角度看，工夫论要以人性论、心性论为奠基，但如果从实际的思考出发点来看，可能工夫论的需要甚至要在人性论、心性论之先。而且，工夫论是由内圣通向外王的枢纽。没有工夫论的思考和践履，君子人格就无以养成，而儒家修身、齐家、治国、平天下的整体架构就将失去实际意义和现实载体。因此，工夫论既是思想理论的，更是实践践履的。

我们现在多少已经可以摆脱孟荀之异、朱陆之辩的时代限制，而以更开放的视角来审视儒家的工夫论。这样，我们就可以更全面地发现一条儒家工夫论的系谱。我们作为一个个鲜活的个体生命生活在这个世界上，不可避免地面临着自己和他人、自己和世界的关系问题，而且还有自己与自己的问题。儒家以"推天道以明人事"的思维范式，首先发现了天道的大化不息、生生之德，进而确认了人道的仁义礼智信五常之德、差异而和谐的社会政治秩序，因而人所面临的问题就归结到在这个世界中实现理想的人格和理想的社会政治秩序。这样一种归结，使得儒家解决问题的方式自然而然地走向了工夫论。孔子在礼崩乐坏的春秋末期，将人的重建和社会政治秩序的重建联系起来，并以人的重建为基础——即将人人都培养成君子。这样孔子就以他所创辟的仁道来统贯人生与社会政治，因而仁道中自然也就必须包含着仁德和礼乐两个部分。而工夫论也就同时在仁德的养成和礼乐的习得两方面展开。因此孔子的学的观念是一个广泛而开放的观念，其中既有道德意志、道德情感的培植，也有道德理性、认知理性的培养。孔门后学因着个人性格的差异和所学自得的不同，对孔子的工夫论进行了不同角度的拓展。在这个过程中，仁德和礼乐开始产生裂痕。曾子、有子、子夏、子游、子张等人之间的分歧，就昭示了各自偏向的不同。而这一不同，直接导致了工夫论的两条理路。思孟学派以深刻的心性分析，以诚的观念将人道和天道打通，以慎独和诚意的工夫来求道德本心的建立和道德意志的发挥作用，进而反映到外在的身体气象上而养成大丈夫的浩然之气。荀子则否认思孟学派的看法。他从人禽之辨的角度出发将人和其他生物的根本区别划定为人具有认知理性，进而将这个世界划分为自然世界和人文世界，而将人可以穷尽的认识范围限定在人文世界中。这样他就以认知的方法来树立道德理性，进而建立起礼乐文明，用以重建人格境界和社会秩序。

实际上，人作为一个极其复杂的存在，其心灵并不是单向度的。它既有道德意志，也有认知能力，还有欲望。因此，任何单一向度的工夫论都不足以解决人的问题。朱陆之争之所以无法圆满解决，根结就在于此。事实上，我们应当回到孔子的原始思路中去，以仁道的总原则来从仁德和礼乐两方面进行工夫修养。这样，我们就不仅需要思孟学派的心性工夫论，同样也需要荀子的知性工夫论。事实上，正如李存山先生指出的："'致知'与'涵养'即认识与德性修养的关系问题。儒家把'格物致知'作为明善的首要工夫，则其'致知'不是纯粹的认知理性，而是在价值理性统率下的真与善合一。因此，君子'修己以敬''尊德性而道问学''涵养需用敬，进学则在致知'，把认识与德性修养密切结合起来，一直是儒家的传统。"①的确，任何偏于一端的工夫论都无法达成儒家所要达到的目标。而且，即使同一个工夫论的名目，因着思路的不同，在先秦儒家工夫论中也会有不同的意义，如慎独、诚意。因而，现在再来讲求工夫论，固然要明其异，更要知其同，不可再陷入不必要的争论。

而在现在这个时代，重新提起甚至提倡工夫论，的确有"迂远而阔于事情"的嫌疑。毕竟，一方面，西风劲吹之势不减。不仅原来理性自我的声音仍旧有力，而且以基督教为代表的信仰灵修的影响也日盛。在这种冲击下，儒家传统的价值其实仍很受质疑，更何况其中小小的工夫论了。另一方面，目前儒学研究与发展的趋势，或者因着专业化的学术研究日益艰深，或者在面对中华大地的现实问题时转入了政治哲学方向的研究，使得内圣成德的实践之学反见衰弱。因而，在今日重新研究或提倡工夫论，的确有些底气不足。

---

① 李存山.中国传统哲学纲要 [M]. 北京：中国社会科学出版社，2008：317.

但是这种不足是虚假的、暂时的不足，而不是真实的、持续的不足。因为，就理论上讲，儒学有充分而深刻的工夫论思想；就实践上讲，工夫论有长期实践的经历和成果；就现实讲，儒学工夫论实际上对每个人都有真实的意义；就未来讲，工夫论对很多问题的解决虽不是决定性因素，但都会有所助益。

根据本书的论述，我们可以总结说，儒学工夫论有两个面向、三个维度、四个目标。

两个面向：一是就内在的心性上做工夫，培植自己浓厚的道德情感、坚定的道德意志、正确的道德判断、清明的认知理性；二是就外在身体上做工夫，在习得的礼乐文明规范的滋润下，使自己文质彬彬、气象高雅。

三个维度：一是道德意志、道德判断的维度，使自己成为一个有道德的人；二是认知理性、思虑学习的维度，使自己成为一个有知识、能思考的人；三是情感、欲望的维度，使自己情感的抒发合理合节，使自己欲望的实现正常无害。

四个目标：一是使人成为一个对家庭、社会有用的人才；二是使人成为一个超越了器的单向度限制的君子人格；三是使自己达到尽善尽美的圣人境界；四是通过以上人的重建来最终实现社会政治秩序的重建。

正如张岂之先生所说，儒学即是"人学"。的确，儒学的重要目标就是使人成为人。这是儒学之所以讲人性论、人禽之辨的基础，也是儒学内圣外王架构的一个枢纽。而工夫论正是为实现此目标、打通此枢纽而设。

需要指出的是，现代社会的工夫论必须对传统儒学的工夫论进行因革损益，否则胶柱鼓瑟的结果就是于人无益而儒学僵死。首先，传统儒家工夫论中的一些方法要改变。比如宋明理学家所提倡的"半日静坐"，在今天这个时代基本不可行。并不是说静坐这个方法不对（钱穆先生就常年坚持静坐，对改善身体和心理状态起到了很好的效果），而是在当今这个快节奏、高速发展的工业文明时代，过长时间的静坐会耽误很多事情，甚至影响到生活和工作的正常进行。因而只要能在工作、学习、思考前调整身心，做到"慎独""虚一而静"即可，不必妄求理学家的一些神秘境界。另外，传统儒家特别重视礼乐文明的学习，而在当今礼乐习俗已经改变很多的情况下，要尊重现实，不可一味复古；而且社会的日益法治化，儒家应当在一定程度上向荀子的重法倾斜，"隆礼重法"的意义可能需要重新诠释。其次，儒家工夫论中的认知理性维度需要得到更多的重视，并对其认知范畴加以大大开拓。传统儒家的工夫论虽然也有认知理性的维度，但即使最提倡它的荀子，也主要是将之运用于人文世界，而将自然世界置于其后。我们如果真正从人的完成的角度看，认知理性的运用应当是没有界限的，也就是必须要开拓到对自然科学的研究方面。换句话说，新时代的儒家不应当仅仅是哲学家、社会科学家，也应当能发展成自然科学家，这样才是真正的"人学"。当然，认知理性的运用的确有个限度，这就涉及最后一点，即儒家工夫论仍要始终以道德为主体。自然科学的研究是人认知理性的天然需要，但需要的目的不能反过来造成对人的自我保存基本需求的伤害。这是认知理性发展的一个极限，也就是康德道德哲学所说的以人为目的，而不是工具。这点在当代尤其重要，自我异化使得人们在相当的程度上忘记了人禽之辨和人之所以为人的根本，而儒家工夫论正是要在此发挥其作用。

总之，先秦儒家的工夫论较之宋明理学尚有不够细致精微的地方，但是其视野之宏大、维度之广泛、面向之兼重，却是后世所欠缺、遗忘的。因而我们今天研究工夫论，应认识到先秦儒家工夫论的重要意义。如果我们今天还要重新提倡工夫论的话，那么回到先秦的开放性、丰富性上来，对我们实现现代人的内外并建、身心双成可能更有益处。

参考文献

一、古籍原著

[1] ［清］阮元. 十三经注疏 [M]. 台北：艺文印书馆，1965.

[2] ［宋］朱熹，等. 宋元人注四书五经 [M]. 北京：中国书店，1985.

[3] 黄寿祺，张善文. 周易译注 [M]. 上海：上海古籍出版社，2004.

[4] 顾颉刚，刘起釪. 尚书校释译论 [M]. 北京：中华书局，2005.

[5] 高亨. 诗经今注 [M]. 北京：清华大学出版社，2010.

[6] ［清］朱彬. 礼记纂疏 [M]. 北京：中华书局，1996.

[7] ［清］王聘珍. 大戴礼记解诂 [M]. 北京：中华书局，1983.

[8] 杨伯峻. 春秋左传注 [M]. 北京：中华书局，1990.

[9] 徐元诰. 国语集解 [M]. 北京：中华书局，2002.

[10] 黄怀信. 逸周书校补注译 [M]. 西安：三秦出版社，2006.

[11] 高尚榘. 论语歧解集录 [M]. 北京：中华书局，2011.

[12] ［清］焦循. 孟子正义 [M]. 北京：中华书局，1987.

[13] 胡平生. 孝经译注 [M]. 北京：中华书局，1996.

[14] ［清］王先谦. 荀子集解 [M]. 北京：中华书局，1988.

[15] 傅亚庶. 孔丛子校释 [M]. 北京：中华书局，2011.

[16] 王国轩，等. 孔子家语 [M]. 北京：中华书局，2011.

[17] 李存山. 老子 [M]. 郑州：中州古籍出版社，2008.

[18] [晋] 郭象. 南华真经注疏 [M]. 北京：中华书局，1998.

[19] 黎翔凤. 管子校注 [M]. 北京：中华书局，2004.

[20] [清] 孙诒让. 墨子间诂 [M]. 北京：中华书局，2001.

[21] 蒋礼鸿. 商君书锥指 [M]. 北京：中华书局，1986.

[22] [清] 王先慎. 韩非子集解 [M]. 北京：中华书局，1998.

[23] 王琯. 公孙龙子悬解 [M]. 北京：中华书局，1992.

[24] 许维遹. 吕氏春秋集释 [M]. 北京：中华书局，2009.

[25] 司马迁. 史记 [M]. 北京：中华书局，1959.

[26] 何建章. 战国策注释 [M]. 北京：中华书局，1990.

[27] [清] 严可均. 全上古三代文·全秦文 [M]. 北京：商务印书馆，1999.

[28] [宋] 程颢，程颐. 二程集 [M]. 北京：中华书局，1981.

[29] [宋] 黎靖德. 朱子语类 [M]. 北京：中华书局，1994.

[30] [清] 戴震. 孟子字义疏证 [M]. 北京：中华书局，1991.

[31] [清] 王筠. 说文解字句读 [M]. 北京：中华书局，1988.

[32] [清] 陈澧. 东塾读书记 [M]. 北京：生活·读书·新知三联书店，1998.

二、学术论著

[1] 冯友兰. 中国哲学史 [M]. 上海：华东师范大学出版社，2000.

[2] 冯友兰. 贞元六书 [M]. 上海：华东师范大学出版社，1996.

[3] 张岱年. 张岱年全集·中国哲学大纲 [M]. 石家庄：河北人民出版社，1996.

[4] 张岱年. 张岱年全集·中国古典哲学概念范畴要论 [M]. 石家庄：河北人民出版社，1996.

[5] 张岱年. 张岱年全集·中国伦理思想研究 [M]. 石家庄：河北人民出版社，1996.

[6] 牟宗三. 中国哲学的特质 [M]. 上海：上海古籍出版社，2007.

[7] 牟宗三. 中国哲学十九讲 [M]. 上海：上海古籍出版社，2005.

[8] 徐复观. 中国人性论史 [M]. 上海：华东师范大学出版社，2005.

[9] 唐君毅. 中国哲学原论（导论篇、原性篇、原道篇、原教篇）[M]. 北京：中国社会科学出版社，2005.

[10] 钱穆. 孔子传 [M]. 北京：生活·读书·新知三联书店，2002.

[11] 钱穆. 四书释义 [M]. 北京：九州出版社，2010.

[12] 劳思光. 新编中国哲学史（第一卷）[M]. 桂林：广西师范大学出版社，2005.

[13] 侯外庐，等. 中国思想通史（第一卷）[M]. 北京：人民出版社，1957.

[14] 张岂之，等. 中国儒学思想史 [M]. 西安：陕西人民出版社，1990.

[15] 李源澄. 李源澄儒学论集 [M]. 成都：四川大学出版社，2010.

[16] 梁漱溟.《礼记大学篇》伍严两家解说 [M]. 成都：巴蜀书社，1988.

[17] 梁启超. 儒家哲学 [M]. 上海：上海人民出版社，2009.

[18] 梁启超. 先秦政治思想史 [M]. 天津：天津古籍出版社，2004.

[19] 梁启超. 论中国学术思想变迁之大势 [M]. 上海：上海古籍出版社，2006.

[20] 杜维明. 中庸洞见 [M]. 北京：人民出版社，2008.

[21] 杜维明. 道、学、政——论儒家知识分子 [M]. 上海：上海人民出版社，2000.

[22] 杜维明. 人性与自我修养 [M]. 北京：中国和平出版社，1988.

[23] 杜维明. 儒家思想 [M]. 台北：东大图书公司，1997.

[24] 刘述先. 论儒家哲学的三个大时代 [M]. 贵阳：贵州人民出版社，2008

[25] 杨儒宾. 儒学的气论与工夫论 [M]. 上海：华东师范大学出版社，2008.

[26] 杨儒宾. 中国古代思想中的气论和身体观 [M]. 台北：巨流图书公司，1993.

[27] 黄俊杰. 东亚儒学史的新视野 [M]. 上海：华东师范大学出版社，2008.

[28] 黄俊杰. 孟学诠释史论 [M]. 北京：社会科学文献出版社，2004.

[29] 曹德本. 中国传统思想探索 [M]. 沈阳：辽宁大学出版社，1988.

[30] 高明．礼学新探 [M]．台北：学生书局，1985．

[31] 陈满铭．中庸思想研究 [M]．台北：文津出版社，1981．

[32] 高专诚．孔子、孔子弟子 [M]．太原：山西人民出版社，1989．

[33] 李启谦．孔门弟子研究 [M]．济南：齐鲁书社，1987．

[34] 蔡仁厚．孔孟荀哲学 [M]．台北：学生书局，1985．

[35] 蔡仁厚．孔门弟子志行考述 [M]．台北：商务印书馆，1992．

[36] 崔大华．儒学引论 [M]．北京：人民出版社，2001．

[37] 王博．中国儒学史（先秦卷）[M]．北京：北京大学出版社，2011．

[38] 蒙培元．情感与理性 [M]．北京：中国人民大学出版社，2009．

[39] 蒙培元．中国心性论 [M]．台北：学生书局，1990．

[40] 李景林．教化的哲学——儒学思想的一种新诠释 [M]．哈尔滨：黑龙江
人民出版社，2006．

[41] 欧阳祯人．先秦儒家性情思想研究 [M]．武汉：武汉大学出版社，
2005．

[42] 郑淑媛．先秦儒家的精神修养 [M]．北京：人民出版社，2006．

[43] 李存山．中国传统哲学纲要 [M]．北京：中国社会科学出版社，2008．

[44] 李存山．气论与仁学 [M]．郑州：中州古籍出版社，2009．

[45] 李存山．中国气论探源与发微 [M]．北京：中国社会科学出版社，
1990．

[46] 颜炳罡．生命的底色 [M]．济南：山东友谊出版社，2005．

[47] 郭沂．郭店竹简与先秦学术思想 [M]．上海：上海教育出版社，2001．

[48] 王中江．简帛文明与古代思想世界 [M]．北京：北京大学出版社，
2011．

[49] 梁涛．郭店竹简与思孟学派 [M]．北京：中国人民大学出版社，2008．

[50] 梁涛，斯云龙．出土文献与君子慎独 [M]．桂林：漓江出版社，2012．

[51] 丁四新．郭店楚墓竹简思想研究 [M]．北京：东方出版社，2000．

[52] 罗焌．诸子学述 [M]．上海：华东师范大学出版社，2008．

[53] 陈来. 古代宗教与伦理 [M]. 北京: 生活·读书·新知三联书店, 2009.

[54] 陈来. 古代思想文化的世界 [M]. 北京: 生活·读书·新知三联书店, 2002.

[55] 郑开. 德礼之间——前诸子时期的思想史 [M]. 北京: 生活·读书·新知三联书店, 2009.

[56] 刘翔. 中国传统价值观诠释学 [M]. 上海: 华东师范大学出版社, 2010.

[57] 郭齐勇. 中国儒学之精神 [M]. 上海: 复旦大学出版社, 2009.

[58] 孔德立. 早期儒家人道思想的形成与演变 [M]. 成都: 巴蜀书社, 2010.

[59] 冷天吉. 知识与道德——对儒家格物致知新思想的考察 [M]. 北京: 中国社会科学出版社, 2009.

[60] 余敦康. 中国宗教与中国文化（第二卷）[M]. 北京: 中国社会科学出版社, 2005.

[61] 杨泽波. 孟子性善论研究 [M]. 北京: 中国人民大学出版社, 1995.

[62] 杨国荣. 善的历程 [M]. 上海: 华东师范大学出版社, 2009.

[63] 马积高. 荀学源流 [M]. 上海: 上海古籍出版社, 2000.

[64] 庞朴. 庞朴文集 [M]. 济南: 山东大学出版社, 2005.

[65] 李泽厚. 中国古代思想史论 [M]. 北京: 生活·读书·新知三联书店, 2008.

[66] 郭沫若. 十批判书 [M]. 北京: 东方出版社, 1996.

[67] 郭沫若. 青铜时代 [M]. 北京: 中国人民大学出版社, 2005.

[68] 吕思勉. 先秦学术概论 [M]. 昆明: 云南人民出版社, 2005.

[69] 张荣明. 中国古代气功与先秦哲学 [M]. 上海: 上海人民出版社, 1987.

[70] 姜广辉. 中国经学思想史（第一卷）[M]. 北京: 中国社会科学出版社, 2003.

[71] 李零. 郭店楚简校读记 [M]. 北京：中国人民大学出版社，2007.

[72] 李零. 上博楚简三篇校读记 [M]. 北京：中国人民大学出版社，2007.

[73] 季旭升. 上海博物馆藏战国楚竹书读本（一、二、三、四）[M]. 台北：
万卷楼图书股份有限公司，2005.

[74] 廖名春. 帛书《周易》论集 [M]. 上海：上海古籍出版社，2008.

[75] 张光直. 青铜挥麈 [M]. 上海：上海文艺出版社，2000.

[76] 王国维. 观堂集林 [M]. 北京：中华书局，1959.

[77] 王玉哲. 中华远古史 [M]. 上海：上海人民出版社，2003.

[78] 晁福林. 夏商西周的社会变迁 [M]. 北京：北京师范大学出版社，
1996.

[79] 胡厚宣，胡振宇. 殷商史 [M]. 上海：上海人民出版社，2003.

[80] 宋镇豪. 夏商社会生活史 [M]. 北京：中国社会科学出版社，1994.

[81] 童书业. 春秋史 [M]. 上海：上海古籍出版社，2003.

[82] 童书业. 春秋左传研究 [M]. 北京：中华书局，2006.

[83] 张广志. 西周史与西周文明 [M]. 上海：上海科学技术文献出版社，
2007.

[84] 杨宽. 西周史 [M]. 上海：上海人民出版社，2003.

[85] 杨宽. 战国史 [M]. 上海：上海人民出版社，2003.

[86] 张荫麟. 中国史纲 [M]. 上海：上海古籍出版社，2003.

[87] [美] 弗兰克尔. 活出生命的意义 [M]. 吕娜，译. 南京：华夏出版社，
2010.

[88] [美] 罗尔斯. 道德哲学史讲义 [M]. 张国清，译. 上海：上海三联书店，
2003.

[89] [美] 麦金泰尔. 伦理学简史 [M]. 龚群，译. 北京：商务印书馆，
2003.

[90] [德] 康德. 实践理性批判 [M]. 邓晓芒，译. 北京：人民出版社，
2003.

[91] [德] 康德. 道德形而上学原理 [M]. 苗力田, 译. 上海: 上海世纪出版集团, 2005.

[92] [日] 汤浅泰雄. 灵肉探微 [M]. 马超, 译. 北京: 中国友谊出版社, 1990.

[93] [美] 史华慈. 古代中国的思想世界 [M]. 程钢, 译. 南京: 江苏人民出版社, 2004.

[94] [美] 倪德卫. 儒家之道 [M]. 周炽成, 译. 南京: 江苏人民出版社, 2006.

[95] [美] 芬格莱特. 孔子——即凡而圣 [M]. 彭国翔, 译. 南京: 江苏人民出版社, 2002.

[96] [美] 孟旦. 早期中国人的观念 [M]. 丁栋, 译. 北京: 北京大学出版社, 2009.

[97] [美] 牟复礼. 中国思想之渊源 [M]. 王立刚, 译. 北京: 北京大学出版社, 2009.

[98] [美] 郝大维. 通过孔子而思 [M]. 安乐哲, 何金俐, 译. 北京: 北京大学出版社, 2005.

[99] [美] 江文思, 等. 孟子心性之学 [M]. 梁溪, 译. 北京: 社会科学文献出版社, 2005.

[100] [德] 罗哲海. 轴心时期的儒家伦理 [M]. 陈咏明, 译. 郑州: 大象出版社, 2009.

三、学术论文

[1] 杨儒宾. 论公孙尼子的养气说 [J]. 清华学报, 1992 (1).

[2] 张再林. 中国古代哲学中的身心一体论 [J]. 中州学刊, 2011 (5).

[3] 丁为祥. 践形与践行——宋明理学中两种不同的工夫系统 [J]. 中国哲学史, 2009 (1).

[4] 刘毅青. 中国思想的内在性特征与创造根源——徐复观论工夫体验

[J]．北方论丛，2007（4）．

[5] 向世陵．中国哲学"反本""复性"论研究［J］．中国人民大学学报，
2007（5）．

[6] 江雪莲．儒家为学体验新论［J］．中国哲学史，2003（3）．

[7] 袁曦．儒家心性论传统与工夫论思想研究［D］．海口：海南大学，2010．

[8] 曾昭旭．论忠恕与仁的本质关联——从本体论到工夫论［J］．鹅湖，
2006（2）．

[9] 胡治洪．论《大学》之道的成德进路、体知基础及其当代意义［J］．孔
子研究，2009（1）．

[10] 黄俊杰．先秦儒家身体观中的两个功能性概念［J］．文史哲，2009（4）．

[11] 习细平．人性论视域中的先秦儒家修养论［J］．内蒙古社会科学：汉文
版，2005（3）．

[12] 李景林．帛书《五行》慎独说小议［J］．人文杂志，2003（6）．

[13] 朱汉民．朱熹《四书》学与儒家工夫论［J］．北京大学学报：哲学社会
科学版，2005（1）．

[14] 胡文钦．《论语》所述"直"的意义与实践工夫［J］．孔孟月刊，2009
（12）．

[15] 王鸿鹏．先秦儒家生命安顿之工夫［J］．当代儒学研究，2009（12）．

[16] 戴琏璋．儒家慎独说的解读［J］．中国文哲研究集刊，2004（9）．

[17] 杜保瑞．中国哲学的基本哲学问题与概念范畴［J］．文史哲，2009（4）．

[18] 钱明．儒学"意"范畴与阳明学的"主意"话语［J］．中国哲学史，
2005（2）．

[19] 王采淇．从儒、道理论比较研究探寻建立道家工夫论之途径［J］．鹅湖，
2011（7）．

[20] 黄源典．先秦道家之意义治疗意蕴研究［D］．新北：台湾淡江大学，
2006．

[21] 林启屏．孟荀"心性论"与儒学意识［J］．文史哲，2006（5）．

[22] 郭燕华．存养扩充：孟子道德教化思想之理路 [J]．南昌大学学报：
      人文社会科学版，2006（4）．

[23] 黄伟伦．论孟子"养气"与"存心"的工夫观 [J]．孔孟学刊，1998(7)．

[24] 汪治平．孟子"养气"说背景考 [J]．中国文化大学中文学报，2003(8)．

[25] 晁福林．先秦时期"德"观念及其发展 [J]．中国社会科学，2005(4)．

[26] 晁福林．孟子"浩然之气"说探论 [J]．文史哲，2004（2）．

[27] 李启谦．子思及《中庸》研究 [J]．孔子研究，1993（4）．

[28] 王钧林．从孔子到孟子的儒家"修己"思想 [J]．孔子研究，1994(4)．

[29] 杨朝明．新出竹书与《论语》成书再认识 [J]．中国哲学史，2000(4)．

[30] 韩强．儒家心性论的基本特征和研究方法 [J]．南开学报，1989（3）．

[31] 杨泽波．孔子心性学说结构 [J]．哲学研究，1992（5）．

[32] 李翔海．从心性学说看荀子思想的学派归属 [J]．哲学研究，1998(10)．

[33] 叶蓬．儒家修养论与基督教修行论的比较研究 [J]．孔子研究，2001(4)．

[34] 郭齐勇．郭店楚简《性自命出》的心术观 [J]．安徽大学学报，2000(5)．

[35] 刘信芳．简帛《五行》慎独及其相关问题 [J]．湖北师范学院学报，
      2001（2）．

[36] 唐文明．本真性与原始儒家"为己之学"[J]．哲学研究，2002（5）．

[37] 张奇伟．孟子浩然之气辨正 [J]．中国哲学史，2001（2）．

附　录

从上帝宗教到人文德性

——殷商中后期到西周初年的哲学史考察

前　言

　　现在一般的中国哲学史教材，都把真正作为哲学的中国哲学史的开端定在孔子，而把带有哲学意味的中国哲学史的开端定在周公。这基本是符合哲学史史实的。[①] 但其中的一个问题是，何以在周公时期产生了具有中国哲学特色的哲学思想萌芽，也就是说为什么周公能开创出重德重民的人文主义的中国哲学思想传统。对此问题，近来的哲学史教材基本都把周公作为一个革命性的人物来看待，认为是他的独特创造所使然。但是，历史是一个渐进的过程，哲学思想的演进有时需要对相似的问题进行反复的论说，更何况是在人们思想演化缓慢的上古时代。所以，周公的哲学思想当然不是突然之间从天下掉下来的。来自哪里？只能来自他之前的商人和周人。所以，我们要解决周公"以德配天""敬德保民"等哲学命题的思想来源问题，就必须对中国哲学史的史前史进行研究，也就是对商代和周初

---

　　① 　目前通行的几本中国哲学史教材，如北大中国哲学教研室、冯达文与郭齐勇合著的《中国哲学史》等皆是如此。

时期的哲学思想进行研究。[①] 而商代思想界的主导是上帝宗教，但经由商代到周初则形成了人文德性的哲学思想，所以，我们要探讨的主题就是：从殷商的上帝宗教到周初的人文德性这一哲学史上的重要转变是如何发生和发展的。

对于这个时代的研究，现在大都集中在历史学界，但历史研究通常关注的是历史事实、典章制度、文化演变，并不关心也无法解决我们上面所提出的问题。因此，对这个问题的解决，需要由研习中国哲学的人来承担。但是，目前对这个问题的哲学性研究很少，即使有，也基本无法梳理出一个比较明晰清楚的发展脉络来。[②] 之所以出现这个情况，主要有两个原因：首先，人们固有的思维定式认为周公之前的哲学思想完全被宗教所笼罩，实在是没有什么好研究的，因此关注者寥寥。其次，那个时代留给后人的文献材料太少，仅存的文献资料（如《尚书》）真伪相间，增加了人们理解与研究的复杂性，使得很多人无法进入那个时代的哲学世界。

但是，文献的困难不应当成为我们研究的阻力，我们应当尽可能地努力解读文献，去发现和探索那个历史时期中哲学思想发展的脉络。因为尽管那是个以上帝宗教为统治思想的时代，但正是在那时开始出现了具有人文德性的、新的思想因素，并逐渐孕育出后世的中国哲学。所以，本文将致力于对殷商和周初哲学思想界发展的探讨，看一看人文德性的哲学思想是如何在上帝宗教中产生，并一步步逐渐发展的。

本文的探讨将上起殷商中叶的盘庚时期，下迄周初的武王、周公。

---

① 现在对中国哲学史前史的研究一般都很关注"绝地天通"这一事件。诚然，这一改革在宗教史上有重要影响，但它是在上古宗教之内发生的，而不是由宗教走向哲学中的事件，所以对我们探讨以人文德性为本的中国哲学之起源并无多大意义，因此本文不涉及。

② 如余敦康先生在《中国宗教与中国文化》第二卷的《夏商周三代宗教》一篇中，着重通过探讨神权与王权之间的互动来阐释中国哲学由宗教走向哲学的路程，但他更多的是一种思想史的叙述，而没有进行哲学史的深入和细致的探讨。余敦康. 中国宗教与中国文化 [M]. 北京：中国社会科学出版社，2005：3-87.

与这个时代相关的文献主要是《今文尚书》《逸周书》、甲骨文、金文等文献。本文的讨论将主要以《今文尚书》的篇章为主线，因为它是目前对殷商和周初思想比较完全的记录，而且经过几代文献学家的研究，《今文尚书》自《盘庚篇》以下文献的可靠性基本得到了确认，所以是可以使用的。同时，我们将以其他文献作为辅证与补充，尽量做到文献运用的全面性。但由于论文篇幅所限，仍会挂一漏万。

希望通过本文的探讨，我们能梳理出中国哲学从上帝宗教中走出，并形成自己人文德性传统的哲学史脉络，从而解决周公思想之源泉的问题。但由于目前学界对此问题研究得不够细致深入，导致笔者不得不在很多时候独创新见加以解说，所以文章中的不妥不当乃至荒谬之处必定甚多；而且由于文献的相对匮乏，必定在论述中有不足之嫌，如此等等，还望专家、学者多多斧正指导。

第一章　殷商中叶上帝宗教之困境与人文德性之初现

殷商时代是一个以上帝宗教为思维模式的时代，这是中国哲学史界的定论。诚然，上帝宗教在殷商时代中确实是始终作为人们思想的出发点而存在的。尽管在目前所见的各种文献中它始终占据着当时人们思维的主流，但事实上并非固若金汤。至少在盘庚时期，它经历了一次大的困境，并不得不通过引入非上帝宗教的思想因子才被重新稳定住。这就是利民重德的人文德性的哲学思想。在这一部分中，我们将通过解读《尚书·盘庚》篇，来探讨这一上帝宗教困境的发生以及人文德性因子是如何被引入的。在此之前，我们有必要来了解一下殷商时代的上帝宗教到底是什么样子的。

第一节　殷商的上帝宗教

就目前所见的各种文献来看，殷商时代是一个有着强烈宗教信仰的社会，他们的宗教是以上帝信仰为核心的、融合了自然崇拜和祖先崇拜的复合型宗教。商人认为在天上有一个高高在上的、主宰着自然和人类一切命运的、具有人格意志的至上神，它叫作"帝"或"上帝"。这个上帝主管天上的风云雷电、雨雪霜霓，也主管人间的政治刑罚、军事战役。同时，商人又认为"帝立子生商"。世俗的殷商帝系是上帝的嫡系亲属，他们是上帝在人间的代言人，是人间唯一有资格和能力与上帝沟通的，而且人帝死后会到上帝的身边也成为神灵。另外，商人还会祭祀山川四方等神灵，这表明他们的意识中也有泛神论的思想。但归根结底，商人认为，人帝只有遵从神灵、尤其是上帝的意志才能长久。因此，人们，尤其是人帝要想生活得好，就必须了解上帝的旨意。①

殷商宗教生活的核心就是如何获得上帝的旨意。而由于只有人帝才有认识上帝的能力，因此，关键的问题就是：人帝如何能够与上帝沟通呢？这是由两个媒介来完成的：一个是占卜；一个是王帝（也称下帝）。占卜是通过对具有灵性的龟甲、牛骨进行一系列神秘的操作来让帝命以征兆的形式呈现在人面前。也就是说，人帝通过甲骨这一宝器向神灵进行询问，而神灵把自己的答案以兆的形式呈现在甲骨上，再由人帝进行解卖。②王帝则指死去的殷商帝王，这些人在死后去到上帝的身边并具有了神性。于是人间的帝王用祷告、祭祀

① 这个看法是目前对殷商宗教的一般性认识，是学术界的共识。胡厚宣，胡振宇. 殷商史 [M]. 上海：上海人民出版社，2003：516. 尽管这一观点，在近十几年来受到晁福林、伊若泊等学者的质疑，但经过朱凤瀚先生的严格处理后，我们仍然可以认定，上帝确实比祖先神和其他自然神更具有权威性。虽不见得是绝对的至上神，但却是众多天神的主宰。宋镇豪，刘源. 甲骨学殷商史研究 [M]. 福州：福建人民出版社，2006：296-301.

② 对于占卜的性质，陈来先生在《古代宗教与伦理：儒家思想的根源》中指出："自然占卜不是实践性、操作性的，而是认知性的，它只是企图神秘地去发现事物之间的联系。"陈来. 古代宗教与伦理：儒家思想的根源 [M]. 北京：生活·读书·新知三联书店，1996：74. 而这种神秘认知的特点，便蕴含了笔者在下文通过分析《盘庚》篇而发现的占卜无法避免的问题——应验性困境。

的方式来使获得了神性的祖先保佑自己，而这些祖先也就经常会在人间显灵，并将神意告知人帝。① 通过这样两种沟通方式，人帝可以很好地获知上帝的旨意，从而使得自己的行为保持正确，进而永远与上帝一致。

不过我们在这里需要注意的是，殷商人似乎认为上帝本身是不直接对人们说话的，我们只能间接地了解上帝的旨意。这一认识范式带来了两个结果。一方面，把上帝推到了无以复加的至尊高度，因为我们自身根本无法企及于它，我们只能假手其他媒介才能了解它，可见它比我们高出了太多太多。另一方面，却可能有两个隐患：一是这个上帝是如此高远，那么它会否根本和我们是两个领域的而无法影响我们；二是上帝的旨意只能间接地降临于我们，这样事实上对上帝意志的解读权在人的手中，那么如何解读上帝便具有了相当大的自由度。占卜是由人来进行操作和推测的，对占卜结果的认识固然是有矩可循的，但它始终是要由人来进行解读，所以最根本的阐释权是在人手中的；而王帝的显灵虽然是主动的，但很多情况也并非王帝直接说话，而是通过其他先兆形式来显示，因此这里面也会掺杂相当程度的人的诠释自由。

对于第一个隐患，由于殷商的上帝宗教是包含了祖先崇拜的血缘性在内的，所以由祖先神的联系使得上帝虽高远，但却并不与我们分离。这种情况类似于后世中国社会所谓"天高皇帝远"一说，它虽然是远了，但毕竟还是和我们在一个世界之中，而且仍能影响和作用于我们。因此，这个隐患并不在事实上成立。而第二个隐患，则正是殷商宗教的摇动之根。因为在一般的情况下，人们确实可以按固有的上帝宗教传统去解读上帝意志，而不会造成太大的矛盾，

① 胡厚宣，胡振宇. 殷商史 [M]. 上海：上海人民出版社，2003：488-493，494-495，510-516. 要之，殷商帝王在祭祀祷告时，一般都只能向王帝祈求，拜托他们转向上帝祈祷，而不能直接祈求于上帝。

但是，一旦出现人们的意志与上帝的意志极其不符合的情况，就势必导致冲突。到底是按人的意志还是按上帝的意志，这是一个问题，而这个问题，就必然导致人文德性因子的跃动。而这，就是《盘庚》篇为我们呈现的当时思想界的状况。

第二节　《盘庚》：占卜的困境和利民思想

《尚书·盘庚》篇写定于周代，但其中的思想内容却可以确定是殷商时期的，是周代人用周代语言对殷商旧有文献的当代化处理。所以，可以用它来考察殷商时期的思想。①《尚书·盘庚》篇分为上、中、下三篇，其实按照事件的发生顺序排列应当是中、下、上：中篇是盘庚将要迁殷的讲话；下篇是迁到新都后的讲话；上篇是迁到新都一段时间后的讲话。而这三篇的叙述中又夹杂了倒叙、插叙等叙述方法，所以我们将打乱文章的次序，而按照事件发展的真正顺序来探讨殷商上帝宗教遇到的困难，以及盘庚如何通过引入人文德性的因素来对之进行解决。②

《盘庚中》记录，盘庚确定了迁都到殷的命令后，开始制作船具，同时把那些反对他迁都的贵族们叫到王宫中进行教导。这里我们有两个问题需要解释：一是盘庚为什么要迁都；二是贵族们

---

①　这里需要特别说明的是，我们的讨论不从《汤誓》开始。之所以如此，是因为这篇文献的写定年代较晚，大约在东周中期。而且，此篇的可信度也有问题。其中主要的一点是，本篇所反映的思想与武王伐纣时所体现的思想太过相近，而因为三代传统这一理想模式在周人中的提出，可以推见本篇文献的改写应当是相当周人化和理想化的，因此不能用来作为讨论的根据。也正因为如此，我们对商代前期思想的讨论，只能付之阙如。而《盘庚》三篇虽然最终写定于周代，但里面所反映的思想和思维却始终保持着商代的特色，因此是可以使用的。顾颉刚，刘起釪. 尚书校释译论 [M]. 北京：中华书局，2005：887–889，955–965.

②　顾颉刚、刘起釪著《尚书校释译论》一书对这个问题有比较详尽的回顾与解释，最终采纳了俞曲园的《盘庚中》为上篇、《盘庚下》为中篇、《盘庚上》为下篇的看法，并将《盘庚上》的第一段独立为一篇，则《盘庚》共四篇。顾颉刚，刘起釪. 尚书校释译论 [M]. 北京：中华书局，2005：965–968. 笔者认同这个看法。

为什么反对盘庚迁殷。

历来对盘庚迁殷的原因主要有水患说、少数民族威胁说、商贵族在旧都生活糜烂说等。其实盘庚迁殷是既有内因，又有外因的。根据本篇记载，盘庚斥责贵族们："汝不谋长以思乃灾，汝诞劝忧。今其有今罔后，汝何生在上？"（《尚书·盘庚中》）意即：你们不管现在的灾害，也不做长久的打算，而只是增添忧患、苟安今日，上帝怎么会允许你们生存呢？可知贵族们是留恋旧都生活的，所以贵族在这里过着骄奢淫逸的生活是内因。而"殷降大虐"（《尚书·盘庚中》），即上天降下大灾祸的说法，显示着也有外在原因的影响。但这个外因具体是什么，文中没有明确提示，但可以感受到是个很大的威胁。总之，盘庚就是在内外交患的情况下决定迁殷的。

而贵族们之所以反对迁殷，首先是他们愿意继续在旧都享受自己骄奢的生活，而不愿意费劲搬到一个新的地方去重新开始生活。他们是既得利益和旧有生活的享有者，不愿意迁都是当然的。另外一个原因，就是他们拥有占卜显示的有利结果。在《盘庚下》中，记载了盘庚刚刚迁到新都时对众人说："肆予冲人，非废厥谋，吊由灵各；非敢违卜，用宏兹贲。"这就是说：小子我并不是废弃你们的意见，迁都之事还是通过再次占卜获得了上帝的同意的，我并非违反占卜，而是在光大上帝的意志。可见，在决定迁都与否时，是进行了两次占卜的，而第一次的结果是不应当迁都。这显然是贵族们希望看到的结果，有这个上帝的意志作为背后的靠山，他们当然反对迁殷。

正是在盘庚决定迁都与商贵族们反对迁都这一矛盾上，将一贯稳定的上帝宗教打开了缺口。因为第一次占卜的结果是不应当迁都，但盘庚深深地感受到迁都的必须性和必要性，那么该如何对占卜的结果进行反抗呢？显然，在当时上帝宗教的思维体系下，能与占卜对抗的只有占卜自己。因为决疑的唯一方式是占卜，并不是王帝，所以只有通过再一次的占卜来对第一次的占卜结果进行反驳。于是，进行了第二次的占卜，其结果是应当迁都。① 盘庚就以此为理由，要求贵族迁都。这里，问题就出现了：为什么要进行第二次占卜？凭什么要以第二次占卜的结果为准？而背后的问题则是：占卜结果的判断标准是什么？占卜和应验性之间的关系如何？正是这一系列的问题，向我们显示出原本稳定的殷商上帝宗教中的占卜这一上下沟通媒介陷入了困境。

我们知道，占卜建立的信任基础是应验性。当有了疑惑的时候，我们运用占卜来向上帝祈求指导，上帝将他的旨意在甲骨中显示并由占卜者解读出来，然后人们按照上帝在征兆中的指示进行实践，而最终获得的成功让我们相信占卜是神圣而正确的。但是，这却是一个纯粹经验性的事实，且其正误的概率比例是五五开。所以，当我们对生活中的无数事件进行占卜时，应验和不应验都会出现，而这必然会对占卜本身的神圣性产生冲击，我们会怀疑它是否能作为人和上帝沟通的媒介。对这个怀疑，如果上帝宗教本身足够强烈的话，人们会从技术手段的角度着手来对占卜进行改进，最容易想到的是进行两次甚至多次占卜，并逐渐形成一套繁杂的占卜制度。但是，人们怎么判断依照哪种占卜制度进行的哪次占卜结果是上帝的真正旨意呢？这样便会逐渐形成一套占卜解释体系，比如使用的龟甲、占卜的时空、占卜者的状态等都会被考虑进来。如此一来，事实上重要的就不再是占卜本身，而是人们对占卜的解读和思考，包括对整个占卜制度的建构和对占卜结果的判断。在盘庚迁殷中，我们看到：

---

① 《盘庚》篇中出现的是两次占卜的情况，即"习卜"。宋镇豪先生指出，习卜"可能前卜不太理想，与人王意愿有圭，唯其事又势在必行，故再三占问，以求保持人神之间的深入沟通，从而达到人的意愿与神的意志的统一性"，这"是人们出于应变复杂事态而力图在占卜场合发挥其主观能动因素的努力所致，这意味着'不违卜筮'的社会传统观念正处于削弱和衰落之中"。宋镇豪. 夏商社会生活史 [M]. 北京：中国社会科学出版社，1994：523-52. 盘庚迁殷作为文献上可考的最早一次习卜，正向我们展示了这一问题。

当他的意志和第一次占卜结果发生冲突时，他选择进行第二次占卜，并采用大宝龟，最终获得了好的结果。在这个过程中，表面上是真正的神意被发现而战胜了第一次虚假的神意，但其根本是人的意志战胜了上帝的意志。占卜不再是探求神意的媒介，而成为人意获得神意支持的工具。正是在这里，我们看到殷商旧有的上帝宗教在自身内部具有了被解构的可能，这一可能就是占卜的应验性所带来的困境。因此，对殷商人来说，不将占卜的应验性困境解决，便无法稳定住自己的上帝宗教信仰。而要解决占卜的应验性问题，一般来说有两种方式：一种是激进地彻底否定占卜，从根本上取消这个问题。显然，这在当时的思维模式和思想程度上是不可能的；另一种则是在占卜的结果和实际的结果中间加入一些解释性的因素，以弥合占卜应验性困境带来的分裂。所谓解释性的因素又可以有两类：一是消极的、自责的，即人们承认自己没有听从占卜的意见而导致了不好的结果；二是积极的、主动的，即人们为占卜赋予一个内在的、更根本的诠释性因素，通过这个因素将结果之所以变化的原因归纳到人身上来，从而承认占卜的结果和现实的结果是可以不同的。显然，前者在解释的范围上是不周全的，只能用于出现不好结果的情况；而后者则是周全的，可以对所有情况进行解释。而这样一种积极主动的解释，固然能消解掉占卜的应验性问题，但更为重要的是，它将引入人的因素，也就是人文德性因子的出现。这就是盘庚迁殷中接下来出现的情况。

通过第二次的占卜，盘庚坚决地踏上了迁都之路；但同时，反对之声始终不绝于耳。为此，盘庚将贵族叫到王宫进行训话，此即《盘庚中》。在这一篇中，人文德性的因子被盘庚采用来劝说贵族们，这就是利民的思想。

盘庚说："古我前后，罔不惟民之承保。后胥慼鲜，以不浮于天时。殷降大虐，先王不怀厥攸作，视民利用迁。汝曷弗念我古后之闻？

承汝俾汝惟喜康共，非汝有咎比于罚。予若吁怀兹新邑，亦惟汝故，以丕从厥志。"（《尚书·盘庚中》）这就是说：过去我们的先王都是顾全百姓的，百姓对君王也都亲善，所以能顺成上帝旨意。现在上帝降下大灾给我们，即使先王遇到这种情况，也会不安于旧都而根据民众的利益选择迁都。你们为何不想想先王的传说呢？我是要保护你们，让你们生活得更好，而不是要惩罚你们。我要你们迁都，是顺从你们的利益的缘故，是为了你们好啊。这一说法，直接将利民的人文德性因素作为首出庶物点给了贵族们。①

这段话分为两个层次：第一个层次是盘庚通过对先王迁都行为赋予利民的意义，而将利民定义为行动的指南。我们知道，利是人人都想要的，也是人们所以占卜的根本目的。但是因为当时人们处在上帝宗教的强烈信仰之下，这种事实上求利的行为被看作追寻上帝旨意的神圣行为，而且当时的一切行为大约都被视作按上帝意志而行，其中并不具有人间的意义。但其实，按照上帝意志而行是会好的，不按上帝意志而行是会不好的，这本身就是利的思维方式。而且作为人本性中最深切的利的因素，当然会显现自身。盘庚正是发现了这一点，并将它正式提出来。这里还有一个问题，就是到底应当是一人之利还是众人之利，盘庚作为商王要迁都而面临着贵族的反对，他当然要把利定义为万民之利，也就是利民。只有这样才能说服贵族。而正因为利民是超越了个人而具有普遍性的，所以带来了很大的解释性力量。在第二个层次上，盘庚说自己的行为是依照着先王的行为标准而行的。他并非是要违反占卜的结果来惩罚贵族们，而是要以更根本的利民原则为指南来给贵族们带来利益。这一层的关键是

---

① 当然，这个时候的"民"并不是现代意义上的公民或人民，而是指广大贵族。但重要的是，它毕竟摆脱了人帝一人的状况，因而具有了普遍性。而且，落实到民之后，就使得对应验与否的解释具有了更大的空间。因为它把实践权提了出来，而对实践是可以进行评论和操作的，这样就可以在一定程度上避免占卜造成的应验性困境。

把利民作为了占卜的内在目的，从而以利民融摄了占卜。这样，一方面使得占卜逐渐由神圣而转入工具化；另一方面也将占卜的应验性问题解决。因为利民显然是需要众人的努力才能最终实现的，这里面便产生巨大的变数，于是对占卜的应验性也就大幅削弱了。占卜的结果如果是好的，那是让我们继续努力来实现它，占卜的结果如果是不好的，那是让我们小心谨慎地对待它。这样最终行为结果的出现，在相当大的程度上是依赖我们自身行为的努力度之够与不够，占卜的结果和现实的结果当然也就可以有差别。如此，应验性问题便被消解了。

可以说，利民这一人文德性的思想，是作为重构性的因素被引入到上帝宗教中的，而且它确实也通过自身的强大解释性力量化解了占卜的应验性所带来的问题。不过，这一重构性的因素，毕竟在本质上是与上帝宗教的思维方式相分离的，它在不久的未来将对上帝宗教起到解构的作用。但是，盘庚本身并没有意识到这一点，因为他的当务之急是要劝说贵族同意他迁都的决定。

但显然，仅仅通过运用新引入的利民思想还并不足以说服贵族们，所以盘庚便同时运用了旧有的王帝信仰来对他们进行劝说。他说："予念我先神后之劳尔先，予丕克羞尔，用怀尔然。失于政，陈于兹，高后丕乃崇降罪疾，曰'曷虐朕民？'汝万民乃不生生，暨予一人猷同心，先后丕降与汝罪疾，曰：'曷不暨朕幼孙有比？'故有爽德，自上其罚汝，汝罔能迪。古我先后既劳乃祖乃父，汝共作我畜民，汝有戕则在乃心！我先后绥乃祖乃父，乃祖乃父乃断弃汝，不救乃死。兹予有乱政同位，具乃贝玉。乃祖乃父丕乃告我高后曰：'作丕刑于朕孙！'迪高后丕乃崇降弗祥。"（《尚书·盘庚中》）这是盘庚通过王帝在殷商宗教中的权威性来劝告那些反对者：在旧都的生活已经导致王帝责问我为什么使你们生活得不好，所以我要通过迁都来改善你们的生活；而如果你们不同意的话，王帝也会责备你们为什么不与我合作；所以，现在你们应当随同我迁都，否则的话，你们的祖先会通过我的祖先告诉我，让我给你们施以严酷的刑罚。

就这样，通过王帝的既有权威和利民的新解释性，盘庚暂时劝动贵族们遵从了他，并渡河迁都到新的殷都。

第三节 《盘庚》：王帝的困境和重德思想

但是在这里仍然有问题存在，这就是王帝固有的非普遍性在迁都之后也开始受到怀疑。因为王帝这一沟通媒介得以建立的基础是祖先血缘关系，它显示着人帝和上帝沟通的独断性，这是继承"绝地天通"传统而来的。① 这就是说，尽管在当时人们普遍相信自己的祖先死后都会升到天上去，也都会对人间的我们起作用，但是，只有殷商帝王的血缘系统和上帝最亲密，只有王帝才能真正知晓上帝的旨意，因此也就只有人间的帝王能够通过祖先真正了解上帝。所以，人帝通过王帝垄断了对上帝的知晓权。这一方面为人帝带来了绝对的权威性，因为他是上帝在人间的唯一代言人，所以造成了大众必须服从人帝的局面；但另一方面，这种独断性事实上也意味着非普遍经验性，因为所谓上帝的旨意只能经由人帝一个人去体验与获得，然后由他来告诉我们。在这个意义上，我们通过自己是根本不能对上帝有任何了解的。这样一种情况，在人帝所宣称的他所获得的上帝之旨意和我们的生活没有太大冲突的时候，是行得通的，但是，当它和我们的生活现状产生巨大距离的时候，我们就难以完全接受。所以，虽然盘庚通过王帝和利民暂时缓和了反对者的情绪，但却无法从根本上抚平他们。尤其是在迁都后，由于新都的生活必然造成

① 事实上，不仅殷商的"上帝是一个极具族群独占的守护神，而不是普遍的裁判者"（许倬云. 西周史 [M]. 北京：生活·读书·新知三联书店，2001：103），而且，"商王在占卜过程中握有决定性的权威"宋镇豪. 夏商社会生活史 [M]. 北京：中国社会科学出版社，1994：528）。这告诉我们，殷商的上帝宗教是一个十分封闭而独断的信仰，它的非普遍经验性是自身无法解决的一个困境。

相当的不适，所以众多民众都有了更多的反对情绪。为此，盘庚必须为自己找到新的依据以克服王帝的非普遍性问题。为此，他对贵族们又进行了两番劝导，这就是《盘庚下》和《盘庚上》的内容。

《盘庚下》是盘庚刚刚迁到殷都后对贵族们的讲话，其内容主要是告诉贵族们要勤劳努力建设新的都城，同时进一步解释为什么要迁都的理由，以坚定贵族们的信心。在盘庚的解释中，提出了一个非常有意义的概念：德。他说："肆上帝将复我高祖之德，乱越我家。朕及笃敬，恭承民命，用永地于新邑。"（《尚书·盘庚下》）意即：现在上帝要恢复我高祖的德行，以之治理咱们的国家。我谨慎恭敬地恪守天命，所以要迁都到这里，并使你们长久地生活在这里。"今我既羞告尔于朕志若否，罔有弗钦！无总于货宝，生生自庸。式敷民德，永肩一心。"（《尚书·盘庚下》）意即：现在我已经把我迁都的原因和具体的计划都告诉你们了，希望你们能了解它和恪行它。你们不要聚敛财富，而应当为民众谋求生活的幸福以让德行得以展开，还要团结一心。通过这两段话，我们可以感受到：德在这里被作为一种价值判断标准提了出来，它既是祖先们的高尚行为，也是我们应当遵从而行的。

不过这里有一个问题需要首先进行处理，这就是盘庚时期到底有"德"字与否的问题。文字学界对此历来有两种不同的看法：郭沫若、陈梦家等先生认为当时应当没有"德"字，其根据是甲骨文中没有"德"字，类似于后世写法的其实是"循"字或者是得失之"得"的意思；但目前获得更多支持的是以徐中舒、倪德卫等人之研究为代表的意见，即认为"德"字已经出现，但具体含义他们未能解说清楚。仔细看"德"这个字，我们发现它本来的意思应当是描述人向前行动而眼睛直视的一种状态。基本可以确定它是表示行动要正、眼睛要直的一个表动作状态之副词。《说文解字》以"登升"意解释它，虽然历来也有歧说，但仍可以作为一个重要参考来支持我们的上述看法。那么，"德"字为什么会以这个形态出现呢？它出现的原始状况如何呢？它为什么会在后世发展为表示内心之道德品格的意思呢？笔者认为，"德"字表示的是原始宗教生活中的一个重要状态。我们知道，祭祀是上帝宗教中最重要的一个活动。在这个活动中，要求祭祀者从下面登上祭坛去行礼。在这个由下而上的过程中，要求祭祀者路走得正、眼睛正视前方，而且心灵也要庄重和肃穆，以显示自己与神同在。这个状态，恰恰就是"德"的状态，所以，"德"的本义应当就是登上祭坛时的那一庄严而神秘的外在和心理状态，甚至有可能当时的司仪在宣布进行这一步骤时喊的号子就是"德"。由此，我们可以理出一条"德"字词义发展的脉络：由表示行动正、眼睛直之状态的副词，发展至表示登升、莅临乃至征伐之义的动词，进而又发展为具有道德意义的行为义之名词，最后才发展为表示内心道德本质之名词。至于直心为"德"的那个字，它在金文中才出现，而且它仅仅表示"德"的最内在、最深刻的名词性含义，应当是后世为了明确词义而创造的。因此，我认为，《盘庚》篇中的"德"字大部分可以确定为真实的原始用法，即"德行"意义的"德"（"德性"意义的"德"在此还未出现）。所以，我们对盘庚时候已经出现重德思想的探讨，是站得住脚的。[①]

盘庚以德作为价值判断的标准，具有非常重要的意义。我们知道，在上帝宗教中，人们判断的准绳是上帝的旨意，是一个绝对外在化的标准。正因为其外在才导致人帝之独断，也才由沟通问题导致了

---

① 对此问题，美国学者孟旦曾指出"德"字在商代和周代意义的不同：在商代是"聚精会神仰视（请教）神的意义"，而周代在继承这一意义的基础上，更加发展出升天的祭品和具体的行为标准意义。[美] 孟旦. 早期中国人的观念 [M]. 丁栋，译. 北京：北京大学出版社，2009：189-197. 另外，倪德卫也指出，"德"字在一开始就具有某种内在的心理品质的特性，也是应当认可的。[美] 倪德卫. 儒家之道 [M]. 周炽成，译. 南京：江苏人民出版社，2006：34. 因为任何外在状态都必须有相应的内在心理为基础，也正因为如此，"德"字才具有了由外在逐渐内转的可能性和必然性。

王帝非普遍性的困境。而要解决这种非普遍性的困境，只能以普遍性的因素来疏解之。这可以有两种方式：一是恢复"绝地天通"前的人皆可以为巫师的传统，使得人人通过其自身就可以获得上帝意志。然而这种方式虽然在经验上是普遍了，但在结果上却会导致更大的非普遍性，因此不会被采纳。另一种方式就是以新的解释性因素来诠释上帝的意志，让上帝的意志本身具有一个价值判断标准，从而使之成为具有普遍性的人人都必须恪守的。这样一个新的解释性因素将把王帝这个媒介涵摄在其中，解决了王帝的非普遍性困境。盘庚采取这种方式，提出了德的概念：德是上帝的判断标准，所以他要恢复高祖的德行并以之规范我们；而我盘庚秉承由上帝到高祖的这一标准，所以也以之要求你们贵族要按德的标准办事。通过这样一种处理，盘庚就很好地维护了王帝的权威性，而同时也为自己的行为找到了最终极的根据。

那么，什么样的行为才是符合德这个标准的呢？本篇中没有再进行论说，这集中在《盘庚上》里。在这篇中，盘庚具体阐释了什么是德的行为，什么是不符合德标准的行为。他说："格汝众，予告汝训汝，猷黜乃心，无傲从康。"（《尚书·盘庚上》）这是说：你们请过来，我来告诉你们，你们应当去除掉你们的私心，不要傲慢和追求享乐。"汝克黜乃心，施实德于民，至于婚友，丕乃敢大言汝有积德。乃不畏戎毒于远迩，惰农自安，不昏作劳，不服田亩，越其罔有黍稷。"（《尚书·盘庚上》）这是说：你们若能去除自己的私心，把德政施与民众，并恩泽到你们的亲友，那么你们就算是有德的。如果你们贪图安乐，不劳动耕作，而且贻害于你们周围的人，那你们就不会有好结果了。"汝无侮老成人，无弱孤有幼。各长于厥居。勉出乃力，听予一人之作猷。"（《尚书·盘庚上》）这就是说：你们不要侮慢老年人，不要轻鄙年轻人，你们要安心住在这里，并勤奋工作，以支持我的领导。归纳起来主要是三点：一是不要有私心，正因为有私心所以王帝的非普遍性才受到质疑，而德之提出正是为建立普遍性而来，所以无私当然是最关键的一点；二是要勤奋劳作而不可懈怠，以丰富社会的利益，这是针对贵族们的骄奢生活而来的；三是要把好处施及下层民众，并尽可能地关怀社会的弱者，这是因着普遍性而推扩到的。能符合这三点的行为就是有德的，对此，盘庚是要进行表彰嘉奖的；而不如此行为，甚至于与此标准相反者，盘庚则要加以严厉的惩罚。也就是说，盘庚是重德的。

就这样，盘庚通过提出重德的思想，一方面解决了王帝的非普遍性问题，稳定住了上帝宗教；另一方面为殷商人提供了一个行为的准则，有利于殷商社会的继续发展。可以说，德作为一个普遍性和标准性的概念，具有强大的解释力和权威力。它不仅保住了旧有的上帝宗教，同时又赋予它新的意义，也就是人文德性的意义。因为以上帝的价值判断标准为德，这本身就是用人的思想来规范上帝，其中就有着巨大的人文德性之跃动。而且，当德被确定为上帝的判断标准后，事实上就将行为权利交到了人的手中。人的实际行为开始产生了意义，而不再单是上帝意志的附庸。另外，重德的观念和利民的观念并不矛盾，两者恰恰是统一的，这不会造成价值和目的的分裂。尽管如此，我们仍必须知道，重德仅仅是作为上帝宗教内部的一个解释性原则而被提出的，它必须依附于旧有的上帝而存在，所以这还仅仅是对上帝的诠释，而不是重新对上帝给出一个定义。也就是说，盘庚并没有自觉到上帝宗教本身和他们对上帝的定义是否有问题。他只是在现实的冲突中不得不对上帝宗教进行一种诠释，他并不是要赋予上帝新的定义。因此，盘庚实在是在不知不觉间把人文德性的因素引发了出来——这和殷商后期人们自觉到要给上帝新的定义是不同的。

通过以上对《盘庚》三篇的考察，我们发现在上帝宗教中，占卜是一个通过经验的应验性而建立的媒介，而王帝则是一个非普遍经验性的媒介。两者既相互配合，又具有张力，所以它们并不是配合得天衣无缝的宗教活动。因此，当它们都和人们的现实生活产生了切实冲突时，就同时陷入了困境，而并不能给对方多大帮助。反映在《盘庚》篇中就是盘庚和反对者不断地用不同的宗教经验来反对对方，最终削弱了上帝宗教的神圣性，并导致盘庚不得不拉进一些新的思想因素来解说之。而要解决占卜的应验性和王帝的非普遍性问题，就必须采取既具普遍性而又超越了应验性的方式。这就是利民和重德。盘庚正是通过将这两个新的思想因子纳入殷商宗教中，从而稳定住处于困境中的上帝宗教。因此，我们说，盘庚在这里所论说的重德、利民还仅仅是作为上帝宗教中的一个支撑点而存在的，最根本的出发点仍旧是上帝宗教本身。但是，人文德性的因素一旦出现，精神发展的张力一旦出现，就必将在思想上带来一系列的影响，而这就是我们在接下来的两部分要看到的情况。

第二章　殷商后期上帝宗教与人文德性之纠葛

经过盘庚迁殷时期的思想变化后，上帝宗教被重新稳定住了。反映在文献中，就是大量的殷墟甲骨之出土。甲骨卜辞因为是在占卜中使用的，所以集中体现的是当时的上帝宗教之信仰情况，并不能对我们考察人文德性的进一步发展有所帮助。因此，我们仍旧只能借助《今文尚书》的三篇来考察当时的哲学史演变。《高宗肜日》《西伯戡黎》《微子》这三篇文献的可靠性目前基本得到学界认可，而其中的材料又比较成型，有利于我们深入探索和理解殷商中后期上帝宗教与人文德性之纠葛的时代状况。

第一节　《高宗肜日》：上帝宗教之变化

《今文尚书·商书·高宗肜日》这篇文献，是殷代史官对祖庚肜祭武丁时祖己训诫商王的记录，虽经后世史官整理，但其基本史实与思想内核大体可信。

"高宗肜日，越有雊雉。"（《尚书·高宗肜日》）在祖庚对武丁进行肜祭的典礼上，一只野鸡突然飞到了祭祀用的鼎耳上鸣叫。可以想象，这件事情对祖庚以及参加祭祀的臣子们有多大的触动：在那样一个庄严肃穆的礼仪上，竟然会有只野鸡打破这种氛围，而且还飞到了象征神圣的鼎上去叫了几声。或许今天的我们只会认为可笑，但在当时人们的心中却有极大的惊诧，甚至可能是惊怖。不过，到底是惊诧、还是惊怖，其内涵大不相同。如果人们的宗教情感是惊怖的话，那么人们会害怕这野鸡打扰了祭祀，继而造成祭祀对象之震怒，于是可能会降罪于祭祀者。但如果人们的宗教情感是惊诧的话，那么祭祀者会认为这野鸡的出现不是偶然的，是祭祀对象对祭祀者有话要说，所以通过这野鸡来表达。若是前者的话，那么将只是一种简单的、直接作用的、利害性的思维方式，其中不掺杂人的理性因素；而若是后者的话，则反映了一种带有哲学解释色彩的、颇有理性意味的思维方式。通过后面的对话，我们可以确认：殷商人产生的是惊诧心理，而不是惊怖。他们通过这一事件寻求的是背后更深的含义，而不仅仅是表面的利害问题。这就表明，这一时期的殷商宗教已不是一般的早期宗教模式，而已经进入具有理论探讨的理性宗教阶段，在强烈的宗教情感上纳入了理性的思考。接下来，我们看看殷人是如何具体讨论这一事件的。

祖庚的贤臣祖己对这件事情给出了他的解释："惟先格王，正厥事。"（《尚书·高宗肜日》）这是说：这只野鸡的出现，是要告诫大王陛下您，要端正祭祀活动。这句话里有两点要注意：首先，就是祖己为何将野鸡出现视作告诫；其次，是谁在告诫以及这种理解背后的哲学意义。对于第一点，我们知道，《诗经》中的《玄鸟》是殷人对他们图腾祖先的追记，这基本表明殷人是以禽鸟作为自己的图腾的。① 所以，野鸡在殷人心目中是具有奇异特性的，他们是将野鸡视作与自己有一定血缘联系的、非俗物的神圣物的。因此，野鸡的出现可以视作先祖意志的显现。那么，这个先祖是谁呢？应当就是彤日的对象武丁。武丁是殷代历史上的贤王，他的宰相就是著名的傅说。据说武丁一朝励精图治，将天下治理得非常好，他死后庙号高宗，为当时人所怀念，后人称作武丁中兴。我们在前面提到过，殷商的上帝宗教认为人帝死后将升到上帝的身边而成为王帝，并具有了神性，从而起到沟通上下界的作用。那么，武丁这位贤王成为王帝后，当然也具有了神性的能力，所以在彤祭他的过程中，他便通过野鸡之征兆将自己的意志表达了出来。祖己之所以认为是武丁在告诫祖庚，是因为他的思维中有两个基本认识：其一，越是时代相近，作为直接对象者越容易显示神性。这一点很容易理解。因为殷商的上帝宗教在很大程度上是建立于血缘亲族关系上的，所以关系越亲密者越容易向祭祀者显示神性；其二，祖先神意志的征兆是对时王进行的教训，是有规定性和标准的。他们不是毫无规律地、肆无忌惮地显示神意，而是以一定标准来对时王的行为进行劝诫。这一点非常重要，这表明殷商后期所理解的神不是类似于希腊神话中的那种肆意加入人间斗争、毫无标准而直接领导人们去做什么的神，而是一种有审度标准并以此标准来规诫人帝的神。这已经具有了一种理神论或者道德神论的味道。而之所以会出现这种神性论，与盘庚迁殷中加入的人文德性因素是分不开的，它是在吸收了价值标准这一重要哲学因素后而产生的。也正因为这一种转变，使得殷商后期的上帝宗教越来越多地表现出人文德性色彩。当然，这一转变并不溢出宗教自身的范围，它只是在解读神意中更多的加入人文因素而潜移默化地

---

① 《玄鸟》是宋人记载自己民族历史的一篇史诗,其中提到"天命玄鸟,降而生商,宅殷土芒芒"。结合近代以来发现的甲骨文、金文以及壁画等,可以证明商民族是以鸟为图腾的。王玉哲．中华远古史 [M].上海:上海人民出版社,2003:166–169.

转变了神观念。应当看到，这种理解方式对中国后世的哲学思维方式有极深影响。①

祖己接着对祖庚进行了具体的教导，这可以分为以下三个层次。首先，"惟天监下民，典厥义"（《尚书·高宗肜日》）。这是说，上帝考察下民，是看他是否按照义而行。显然，这个义就是上面所说的价值标准，祖己在这里明确将上帝的判断标准确定为义。

那么，这个义具体的内涵是什么？祖己接着说："降年有永有不永，非天夭民，民中绝命。"（《尚书·高宗肜日》）这是说：上帝赐予人的寿命虽然长短不一，但这不是上帝让人夭折，而是人自己为自己招祸而致。这句话并没有直接告诉我们义是什么，但却透露了两个信息：其一，人的寿命在上帝赐予中是有一个定数的，而且这个定数虽然有长有短，但一般来说似乎并不太短；其二，人自身的行为可以作用于上帝赐予的这个定数，人自己的自绝行为可以使自己夭折。这样我们就发现，祖己认为上帝的命令是定而未定的，人自身的行为是对这个命令有作用的，这样就在上帝宗教中更多地融入了人的因素。而这个关键的因素就是价值标准，人的行为如果不能符合这个标准，便会使自己中道命绝。可见，义这一标准具有多么巨大的作用了。

祖己继续解说道："民有不若德，不听罪。天既孚命正厥德，乃曰：'其如台？'"（《尚书·高宗肜日》）意即：如果人不遵循这个义，又不认清自己的错误，而且至上帝以征兆罚之时仍旧说什么"能奈我何"的话，那可就不得了了。这里的"德"字，仍如我们在第一章所说的，只是"那个样子"的意思，也就是依义而行的样子，仍是行为义。可见，祖己认为上帝只是确立了一个义的标准和给了人一个可以操作的命数，人自身的行为是可以选择服从或不服从这个义的，而其结果将导致寿命的正常与否。这是告诉祖庚，上帝虽然

---

① 这种转变就是由自然宗教转向伦理宗教，也就是以价值标准来谈至上神乃至宇宙论。此种思想之开出正是后来中国哲学以人言天道，认为天道、人道相贯通思想的前身。

不直接影响人帝的行为，但若人帝自身不端正自己以服从义之标准，那么他会给自己招致祸端，上帝会令他们的寿命减短。

以上种种，我们可以深深地体会到上帝宗教和人文德性中的那种张力：上帝决定着基本的命数并设置判断的价值标准，但却并不直接影响人们的生活，在实际生活中真正选择的是人们自己。人虽然受到一个终极的限制，但在这个限制下有充分的自主权。这里给我们的感觉是类似于孟子的有义有命、义命合一说，但是，孟子的义是自在的，而此处之义仍是外在的。不过使人服从外在之义以求正命，则已经标示出义命合一的倾向，至于如何将之内转，殷商人尚无法做到。不过到了这里，义到底是什么似乎还不明确，但祖己在最后一句中给了我们答案："王司敬民，罔非天胤，典祀无丰于昵。"（《尚书·高宗肜日》）就是说：大王你继位后应当敬民，因为他们都是上帝的后代，所以您的祭祀不能只对自己的父亲丰盛。这一下道出了野鸡为什么出现的缘故：因为祖庚在祭祀上犯了错误，他太怀念自己的父亲武丁，所以疏忽了对其他祖宗和功臣的祭祀，因此武丁托兆于野鸡以警示之。这告诉我们，祖己认为义的标准就是祭祀要合规矩，正如第一部分所说，殷人是要祭祀列祖和历代功臣的。这个行为的准则是上帝与人帝沟通中的一个基本原则，祖庚违反了它，所以导致了野鸡鸣鼎事件。或许我们会觉得，义这个词竟然仅仅指这样一个行为规范，实在缺乏哲学味道和思想意义，但尽管这个义只是外在的，一旦它作为价值标准出现，并逐渐影响人的内心，它就会改变固有的上帝宗教的思维模式，将简单的"命令－反应"模式转化为带有人为理论思考因素和具有价值判断属性的人文德性模式。①

① 冯达文先生在《中国哲学的探索与困惑》中指出，殷商人的思维模式是单向绝对决定论，而周人的思维模式则是二元双向互应的复合结构。冯达文. 中国哲学的探索与困惑 [M]. 广州：中山大学出版社，1989：20. 不过如本文所阐述的，这个区别更恰当的是用来说明上帝宗教和人文德性的区别。

第二节 《西伯戡黎》：重新定义上帝

盘庚时代是价值判断出现的时代，它使上帝宗教中出现了人文德性的萌芽，但这一萌芽相当微弱，而且招致了巨大反对。到了祖庚时代，价值判断的因素已经逐渐在殷代上层贵族中产生影响，这使得他们的思维方式处在了上帝宗教与人文德性张力的范围下，而有了相应的转变。于是，到了殷商末叶，随着一系列重大历史事件的发生，二者的张力进一步彰显。人文德性开始真正有了自己的话语权。《尚书·西伯戡黎》篇就为我们展示了上帝宗教进一步衰落而人文德性思想更加活跃的景象。

《西伯戡黎》记载了在周文王"三分天下有其二"的过程中他攻灭黎国后殷商君臣的反应。祖伊听到西伯占领黎国的消息后，十分恐惧，于是去告诉殷王纣："天子！天既讫我殷命。格人元龟，罔敢知吉。非先王不相我后人，惟王淫戏用自绝。故天弃我，不有康食。不虞天性，不迪率典。今我民罔弗欲丧，曰：'天曷不降威？'大命不挚，今王其如台？"（《尚书·西伯戡黎》）这是说：大王啊，上帝大概是要断绝我们商朝的国命了，占卜的结果都是不好的。之所以出现这种情况，不是王帝们不保佑我们，而是大王您自甘堕落于酒色而自绝于先王，因此上帝让我们吃不饱、住不安。大王您不了解天的本性，不遵守他的法典，结果闹得咱们自己的人民都希望自己的国家灭亡。上帝之命看来是不再有了，大王您打算怎么办呢？

祖伊的第一句"天既讫我殷命"虽只有六个字，但却隐含了一个重大问题：上帝到底是整个世界人民的神呢，还是只是殷人自己的嫡系神呢？在殷人当初的认识中，上帝是血缘性的至上神，所以殷商能成为现实世界的统治者。这实际内在隐含着世界的公共性被统一于一个民族的血缘性之下的内涵。但现在，殷商的统治权看来是岌岌可危、奄奄一息了，于是原来上帝的统一就面临着分裂。也就是说，血缘性的至上神已经无法再统一公共性的世界了，殷商人旧有的对上帝的定义行不通了。这一变化非常重要，因为它逼迫着当时的人们要重新给上帝下个定义。按当时已经有的思维方式，重新定义上帝将有两种模式：一是继续采用上帝宗教的血缘直系模式，由新兴者以他们的血统为标准重新建立上帝；二是将上帝由以血缘为联系改变为以其他准则为联系，建立公共的上帝，这是在人文德性模式下确立的全新的上帝。① 我们将在未来的讨论中看到，人们是如何以及为何选择了第二种方式的。这里，我们先回到祖伊的话。祖伊既然提出了这个问题，那么他自己有没有一套解决方案呢？ 一方面他认为上帝仍然是我们殷人的上帝，所以占卜的结果都是不好的；而王帝也仍然在庇佑着我们，他们仍在通过各种方式警示着商王，希图商王能有所改悟，以期延续上帝之命。这是祖伊思想中坚持上帝宗教的部分。但另一方面，他也发现，如果商王真的不改过，那么殷命就必然会断绝。因为上帝是有他的法典即价值判断标准的，商人完全违反了上帝的标准的话，他就必然使周人刑戮殷商。这样上帝就事实上彻底断绝了自己的嫡系后王，而成为一个公共的上帝。这是他思想中人文德性的部分。可见，祖伊的看法就是预见了这两种情形的出现所导致的严重后果，但他自己无法解决这个分裂的问题。所以，他的看法事实上是：或者由纣王振作起来，以重新恢复殷命，保住以继承血缘统一公共之上帝；或者承认殷亡的趋势，而最终形成一公共无私的上帝。可以说，祖伊深刻地感受到了上帝宗教所受到的人文德性的挑战，但他自身无力厘清这二者的关系。他

---

① 血缘性的至上神意味着一种没有理性的独断论，其中只包含有强烈的情感色彩，所以不可能带有人文德性的意味。但公共的至上神则意味着摆脱了种族的感情依附，而代之以理性的理解论，所以是开启人文德性思想之门。美国学者乔基姆曾指出：中国的宗教是理性主义的宗教，是认定世界可以了解的。[美] 克里斯蒂安·乔基姆. 中国的宗教精神 [M]. 王平，等，译. 北京：中国华侨出版社，1991：108-111. 显然，只有公共的至上神才能导致理性主义。

的思想处在纠缠甚至是分裂中，所以他只能把这两条道路摆出来，让纣王选择。

可他没想到，纣王的想法竟然出奇地断然："我不是有从上帝那里承受的大命么？怕什么呢？"这句"我生不有命在天"（《尚书·西伯戡黎》），在中国哲学思想史上极其出名，它一般被认为是上帝宗教的代名词，亦可以说是上帝宗教回光返照的最后一声嘶吼。因为，他向我们传达了一种绝对的命定论。但是，我认为这种命定论并不像一般所认为的那样简单，它实际上与祖伊的话一样反映了上帝宗教和人文德性的一种纠缠，只不过不易察觉罢了。我们在前面曾提到，殷人对占卜的吉凶结果是相当看重的，盘庚迁殷就因为第一次结果不好而险些未能成功，以至于后世逐渐形成了习卜乃至三卜等丰富而繁杂的占卜制度，其目的都在于获求上帝以及王帝的准确意志。这种行为的前提当然是上帝宗教的信仰，但其中蕴含的是上帝时时刻刻影响人，不断地在对人进行指示。即他的命是常变的，或者说是日新的。在这种情况下，人的自由仅在于对上帝意旨之探求和解读，在听从上帝命令和不断服从这一大前提下毫无自由可言。所以尽管这种解读中开始不断出现人文德性的因素，但仍深深地笼罩在上帝宗教的阴影下。但是，纣王的这句话却显得颇为不同，他虽然在表面上承认了上帝授命这一宗教信念，并坚定地认为他是继承了上帝之命而统治这个世界的。可是，他却对当时一系列显示出恶兆的占卜结果置之不论，而坚持认为这些恶兆对他是没有影响的，他仍旧我行我素地继续他的不良生活和武力征战。换句话说，他只承认第一次，或者说原初的上帝意旨，而他之后的行为，上帝便管不着了。也就是说，他在具有了原初的帝命后就有了完全的自由了。当然，这是一种为所欲为的、肆无忌惮的自由，而且是要以上帝的绝对授命为前提的。但是，这样一种绝对命定论和绝对自由论的奇妙结合，却向我们显示出一种溢出上帝宗教的气息。它是一种人的自我意识膨胀到一定程度的产物，否则很难想象纣王竟然敢抛弃传统的占卜于不顾。可以说，纣王以他独特的方式对传统的上帝宗教进行了一种反抗。他的反抗基础虽然不是一般正面意义上的人文德性，但也确实是人的一种突破，是一种从不断顺从的宗教中逃离出来的、带有狂妄特质的人文德性思想。尽管他还必须依靠强烈的原初授命论为基础，但确实显示出了与旧有的上帝宗教强烈的不同。如果说旧有宗教可称为有机论的人格性上帝宗教的话，那么纣王的上帝宗教则是机械论的、绝对命定论的。正是在这种机械论中，人被以反衬的方式解放了出来。① 当然，在这里我们不是对纣王进行道德判断，而是对他进行客观哲学史的分析，把他话语背后的思路清理出来。

面对纣王的回答，祖伊当然不会感受到我们所分析的哲学史的意义。对他来说，纣王的回答等于是自暴自弃，所以祖伊最后说到："呜呼！乃罪多，参在上，乃能责命于天？殷之即丧，指乃功，不无戮于尔邦。"（《尚书·西伯戡黎》）这是说：唉！你的罪过太多，已罗列于上帝的面前，怎么可能还获得他的大命呢？国家大约就要灭亡了，这都是由于你的作为啊，焉能不为周人所惩罚呢！可以说，祖伊最后不得不承认血缘性的上帝大约是无法维系了，因为纣王的所作所为已经完全违背了上帝的价值判断标准，所以应当失去大命。至此，血缘性的上帝已经无法满足当时情况所需要的至上神观念了，新的上帝定义是时代的必需，而且已经有呼之欲出之势。但是祖伊自己

---

① 陈咏明先生在分析纣王这段话时，指出："商纣提出'我生有命在天'的命定论，意思是接受神赋予的权力以后，要求不仅起媒介和傀儡的作用，而且要将人间的一切权力收归己有，让世俗统治者拥有实实在在的权力和自由。这实际是对宗教信仰提出的一个严重挑战。"并指出人的欲望本身希望神能保有自己，但当生死关头神却不能显示神力，这如何能证明神性？另外陈先生还指出，祖伊的说法是把人间的伦理道德说成神的权力的根据，"这就埋下一种神的至高无上权威和否定这种权威之间的根本矛盾"。陈咏明. 儒学与中国宗教传统 [M]. 北京：宗教文化出版社，2003：88-89.

最终没能给出上帝的定义。他的心情更多的是沉痛于旧者即逝，而对将来的新者，他从情感上还没办法真正地肯定它，而在理性上也没有清晰地整理出。

通过以上对《西伯戡黎》篇的解读，我们发现上帝宗教面临来自人文思潮两方面的冲击：一是祖伊的公共价值为标准的、不成熟的上帝新观念；二是纣王的以机械的命定论为基础的、个人膨胀下的、基本对人间无作用的新上帝观念。哲学史中的人物们将如何在这两条思路下继续他们的思考呢？这就需要我们继续探讨下去。

第三节 《微子》：父师的上帝定义

《尚书·商书·微子》是一篇公认比较可靠的文献，虽然有一些小的争议，但对它比较真实地反映了商朝末年一部分殷贵族的思想这一点，是可以确认的。本篇上半部分是微子对父师、少师陈述他对殷商末年社会动乱状况之认识，以求教出路于他们。他认为殷商即将败亡，主要原因有三：一是"我用沈酗于酒，用乱败厥德于下"（《尚书·微子》），纣王不能继承商汤的功业而沉湎于酒，这就败坏了王族的传统；二是"殷罔不小大好草窃奸宄。卿士师师非度"（《尚书·微子》），整个殷族人都开始道德败坏，作奸犯科，这就意味着殷民族的整体堕落；三是"凡有辜罪，乃罔恒获，小民方兴，相为敌仇"（《尚书·微子》），法律在民众中失去效力，于是民间出现动乱，犯上行为日益增加，王族的统治岌岌可危。因此他认为，殷商就要灭亡了，他想要"逊于荒"以逃此灭顶之灾而存王族血脉，但一时又拿不定主意，所以求教于父师、少师。在微子的话中只给我们提供了一个哲学史背景，即确认了殷商上层精英中已经认定殷商必将灭亡这一事实，但并无太多哲学史意义，真正有重要哲学史意义的是父师（比干）对他的回答。

父师的回答是下半篇，这又分为两部分：第一部分是帮助微子分析了殷商之所以出现那些情况的原因，第二部分是给出逃或留的回答。他在第二部分中申明自己忠于王族且不愿成为敌人的臣仆，所以坚决不走，而要留下与殷商共亡；但他劝微子出逃以存王族血脉。此一部分只是具体的行动指教，无哲学性可言，我们真正需要加以分析的是第一部分。

父师认为，殷商所以要败亡的原因：其一是"天毒降灾荒殷邦，方兴沈酗于酒，乃罔畏畏，咈其耇长旧有位人"（《尚书·微子》），纣王及其宠臣无视上帝的威命，而继续沉湎于酒，同时也不听贤臣的劝谏；其二是"今殷民乃攘窃神祇之牺牷牲用以容，将食无灾"（《尚书·微子》），殷朝的很多贵族们也不敬上帝，甚至偷盗祭品，使上帝震怒；其三是"降监殷民，用乂雠敛，召敌雠不怠。罪合于一，多瘠罔诏"（《尚书·微子》），上帝看到统治者没有德行地滥杀无辜、聚敛钱财，而民众对纣王的暴政残刑无处倾诉。正因为如此，所以"商其沦丧"，上帝是决心要灭绝殷商了。

就第一条而言，正如我们在分析《西伯戡黎》篇纣王语时指出的那样，是一种极度膨胀的自我意识导致的机械命定论，是带有一定人文色彩的。父师的话，佐证了我们的论述。第二条是说殷商的贵族们竟然胆敢把祭祀的牺牲都拿来享用，可见他们对上帝和王帝以及各种祖先神灵之不敬达到了何种程度。这表明第一条所说的自我意识之膨胀已经在相当多的上层乃至中层殷人中传播开来，尽管这只是一种反面的人文思想，却构成了对上帝宗教的极大冲击。在这些解读中我们发现，以饮酒为代表的个人欲望之满足，成为冲击上帝宗教思维的一个重要来源。商人好饮酒，其来有自。盘庚迁殷的一个原因就是当时的商贵族饮酒纵欲以致政治紊乱，但当时他们并没有因之而产生对上帝宗教之冲击，还以占卜的结果反对盘庚迁殷。这固然有占卜结果一时有利于他们欲望满足之缘故，但更重要的恐怕还是他们除了上帝宗教这一条固定的思维模式外别无其他思维方式，所以无法越出。但一经盘庚迁殷过程中引导出人文德性之萌芽后，事情就不那么简单了。虽然盘庚之人文思想是从重德和利民这两个角度提的，并未提及人欲之满足，甚至在某些地方有压制欲望的地方，但他毕竟让人的因素第一次出现了，从而提供了一个全新的思路给殷人。而当这种思路出现后，就会与人性深处的欲望相结合。而随着时代的发展，尤其是社会财富的丰富和个人功业的建立，就必然导致由欲望出发以求个人之满足乃至膨胀的结果。相应地，上帝宗教就会被削弱，于是种种亵渎神的行为便会出现。由此，我们发现，人文思想以欲望这一出发点强烈冲击着当时的上帝宗教。

不过父师并不是如此。他虽然在很大程度上还是信仰上帝宗教的[①]，但是，他的上帝宗教是德性化了的上帝宗教，尤其是以价值判断为标准的上帝宗教。他的标准，就是重德和利民。前两条所说可以看作对纣王等无德行为的总结，而第三条则是突出了利民这一因素。由此可知，父师以为上帝是以君主的德行和百姓的利益为标准的。当他看到人帝的行为实在是极其罪恶的，而且给百姓带来了巨大的灾害时，他会认定：这个人帝已经不再配为人帝，所以决定换掉他，让新的符合上帝标准的人帝来为百姓带来利益，来彰显德行。可以说，父师完全认可上帝意旨的判断标准就是重德和利民。由此，他

---

① 这里必须说明的一点是，所谓以上帝宗教为出发点和以人文德性为出发点的区别到底是什么。明白了这个区别，我们才能区分殷商人的思想和周人思想的区别。以上帝宗教为出发点的人，心中首先出现的是上帝观念，然后涉及如何与上帝沟通，并实践上帝旨意的问题。他的思维始终围绕着上帝转，所以当他的思想中出现人文德性的因子后，他只是拿它来解释上帝的意志和行为。对他来说，始终是上帝在先，定义在后的。但是以人文德性为出发点的人　心中的核心观念是人文德性。他虽然也会有至上神的观念，但这个至上神是作为一种冥冥中的终极存在的。而且，他是用人文德性的思想来规定至上神，他是定义在先、上帝在后的。正因为这两者之间在思维的表现结构上非常相似，所以在具体的区分上十分困难。但只要我们把自己置入当时的历史境况中，并仔细考察他们的出发点所在，还是可以做到区分的。

在很大程度上回答了祖伊的那个问题：即上帝是血缘的还是公共的，是以亲族为标准的还是以价值判断为标准的。父师的答案很明确：上帝是以重德利民为价值判断标准的公共的上帝。尽管他在感情上还忠于殷王，甚至可能极其不愿承认这一点，但是人文德性的思路让他不得不得出这一结论。因为按当时的社会现实情况来说，这是唯一可能正确的解释了。可以说，祖伊只是提出了重新定义上帝的问题，而父师则是回答了这个问题。不过他的回答是在批评纣王中提出的，因此只是也只能以负的方法来提出，并不能真正地为人文德性建立地位，也不能真正树立起一个新的至上神。这与他自身的地位和固有思维传统有很大关系。

因为尽管父师有了如此明确的人文德性思想，但他仍只是将之划归到人格性的、宗教性的上帝名下。所以上帝仍是有具体意志和具体行为的上帝，只不过他的行为和判断准则是人文德性化的重德与利民。故此父师的出发点仍旧是上帝宗教，从某种意义上说，他的人文性甚至不如纣王那种欲望性的人文思潮来得干脆。但是，他的思想却更具有德性和理性的色彩，或者说，富有相当的哲学意味。而这，才是人文德性之一贯的正宗。之后的中国哲学史的继续发展，便是沿着这一思路而进行的。而其中最当前、最紧要的，就是正面地提出新的上帝定义，这将由周人来完成。

在殷商灭亡前的商人思想之情况，便如我们以上三节所述，其要点是上帝宗教受到巨大冲击，人文思潮以正面的德性和负面的欲望强烈宣告着新时代的来临。而这，就是即将到来的大变局——殷周之变。

第三章　殷周之际上帝宗教与人文德性之转换

接下来，我们转入考察殷周之变中哲学思想界的情况。我们讨论的下限是武王去世，因为在这之间是思想界交战比较激烈的时代，而之后则将由周公正式开始一个全新时代。在这个新旧交替的时代中，殷人与周人的思想变化是我们研究中国哲学史最当关心的。所以，我的考察将从殷人的箕子和周人的武王为代表来展开。相关的文献，将以《今文尚书·周书》中的《洪范》《牧誓》和《逸周书》中的《世俘解》《商誓解》这四篇目前认为比较可靠的文献为基础，参以金文等其他文献讨论之。

第一节 《洪范》：殷人对旧有思想的总结

殷周之变后，商王朝被彻底灭亡，殷人获得了完全的失败。他们当然会对自己的失败进行总结，而其中的关键就是上帝宗教和人文德性的冲突问题。那么，失败了的殷人将如何思考这一冲突呢？我们接下来就讨论箕子的看法，也就是《洪范》①。

《洪范》篇在文献学方面有一些争议，但目前学界认为其内容大体是商末的，只不过可能仅是箕子对自己以及商代旧有思想与制度的记录，并无武王问事。即使如此，我们仍能将箕子所说的话作为我们讨论的文本。箕子说他这里所说的洪范九畴是禹时上帝所赐，也就是说都是比较古老的，我们从它们的具体内容来看，很多也确实具有很强的古代性。但是，其中也有些经过商人乃至箕子自己改造的东西，正如中国哲学史上所有哲学家所做的那样，箕子也是以述代作的。

洪范九畴的第一是"五行：一曰水，二曰火，三曰木，四曰金，五曰土"（《尚书·洪范》）。指的是在当时的社会生活中最重要的五种物质因素，既无神秘性又非西方的本源论，只是切实地与人们的

---

① 在《尚书》中，《洪范》篇在《牧誓》篇后。但本文因先要探讨商人对旧有哲学思想的总结，所以先讨论《洪范》篇。而且从我们接下来的分析中可以看到，就哲学思想的发展来说，《洪范》篇也确实当在《牧誓》篇之前。

生活最有联系的五种物质。

第二是"五事：一曰貌，二曰言，三曰视，四曰听，五曰思"（《尚书·洪范》）。即五种行为的标准，这貌言视听思其实就是当时的五德，是一种以外在表现为标准的德行。正如我们在第一章所指出的"德"字之本义，此处五事便是当时最为人们所认可的德行。而这五者也基本都是非内在的，只有行为义而已。

第三是八政，第四是五纪，分别为官员制度和历法，也只是很现实的记录。

第五是皇极，这是箕子所着力阐释的一点。皇极，就是人主的准则，它是源于上帝而使王之所以成为王者。这一段话很重要，因为它第一次明确提出了统治者的统治准则，其要点主要是赐福于民、选用贤才、以直道行事。这段话是本篇中比较奇特的一段，它具有很强的政治哲学意味，而且不像前面所说的那几样那么古老。我认为，这段话极有可能是箕子自己的思想。在殷周之变中，一方面将上帝的重新定义问题摆了出来，另一方面也将君主到底应当是什么样的问题突出了出来。周人胜利、殷人失败的一个公认原因就是周人君主的贤能和纣王的暴虐，这就逼迫当时的人们去思考一个君王到底怎么样才能受天之命并保有之，也即怎样才算得一个真正的君主。周人在思考，殷人也在反思。箕子在这里对这个问题做了回答。他将利民原则和重德原则确认为君主必须有的统治原则，即君主必须是不偏不倚地行正道的，也必须是宽容而爱护百姓的。只有这样，才能"作民父母，以为天下王"（《尚书·洪范》）。可见，箕子在这段中把人文德性的因素规定为人主的政治原则，并视之为上帝之极则。因此，他的思想在面对现实政治问题上，基本采用了人文德性作为出发点，而不再如旧时一样以上帝宗教为出发点。这是人文德性在殷周之变中又一个获得发展的推动力所在。

第六是三德，其实此处之"德"当为"得"，是人的三种禀赋：正直、刚克、柔克。这并不是后世深刻的人性论思想，而只是对人的性格的一种总结，将人的性格归类为平正、刚强、柔顺三者而已，并因之就君主如何对治这三种性格的人提出一些方法，无甚深哲学和思想史意义，至多只能说是有开始探索人是什么的倾向，但实在不够深入。①

第七是稽疑，就是用卜筮来决定在行为中遇到难题时该怎么办。有趣的是，这个卜筮决疑并非之前那种上帝宗教的纯依占卜结果的方法，而是有五个标准或判断者：汝、龟、筮、卿士、庶民。其中，掺杂了三个人为的因素。但是我们也必须看到，在箕子具体细化怎样判断吉凶的方法后，龟筮的结果是最重要的：只要龟筮皆凶，那么就必有灾祸，只有静安方可免之；而若龟筮皆吉而人事凶则结果仍吉，不过若龟筮皆吉而人事皆凶又如何，箕子没有说。但这似乎并非箕子之逻辑的不穷尽，而是因为当人们决定决疑时，必当是面对一难题而已经有一判断和想法。也就是说，汝、卿、民三种中至少有一种是肯定的，所以事实上并不存在人事上的三者都否定的事情。因为那根本不是疑，完全用不着龟筮。这和三者都肯定应当如何但可能在情感上还有疑惑，故仍旧需要卜筮以确定是不同的。所以箕子在这里所说的是很周延的。由此我们看到，箕子的思想继承了相当一部分上帝宗教的遗产，虽然在其中加入了大量人文因子，但仍依照他作为殷人之特质的占卜之俗。而且，我们还将看到，这一古老的习俗将继续存在，因为在人有疑的地方就会有不可知的因素，而这是人文德性在此时还无法消化掉，甚或是永难消化掉的原因。

第八是将天事的五种征兆与人事的吉凶联系起来，这种联系方式貌似汉人的天人感应思想，但事实上并非如此。因为它并没有说

① 余敦康先生认为这一段是"人君对天德的效法""归结于宗教神学体系"。余敦康．中国宗教与中国文化［M］．北京：中国社会科学出版社，2005：66.

人间怎样便使得天上怎样，也不是天上怎样便使得人事怎样；而只是一种简单的类比排列，更多的是一种比喻方法，借天事以喻人事，进而借天事以明人事之理。所以有人将《洪范》篇看作阴阳家的理论，实在不当。《洪范》本身并无天人相副之观念，那不过是后人的误读而已。①

第九是说人有五种福和六种恶，亦不过是简单归纳而得。不过他把"攸好德"（《尚书·洪范》）这一点视作幸福的一个条目，表示箕子有重视德行的思想。而同时，他的重视德行还仅仅是比较外在的，是依附在幸福之下的，可以想见此时期的人文德性思想还是比较原初的。

总结箕子在《洪范》中所说，主要是对旧有政治和社会知识的总结，同时对其进行符合新情况的解说：一方面，在相当程度上保留了上帝宗教中占卜的决疑作用；另一方面，又在决疑中加入人文因素，并对具体人事的原则给予人文德性的价值标准规定。尤其是对人主之准则的规定，事实上也暗示着上帝也要以此为标准。可以说，箕子是站在殷人的角度上对旧有知识和新的思潮进行了总结。而在中国哲学史上开始这一开新工作的就是武王。如果说箕子是殷人时代的总结的话，那么武王就是周人时代的开端。

第二节　武王全新的至上神观念

接下来，我们就开始探讨武王的思想。首先，我们来看《牧誓》这篇文献。这是记载周武王姬发灭纣前，在商郊牧野做的对诸侯及臣下的誓师之词。本篇的历史意义大于哲学意义，主要先指出了纣

---

① 余敦康先生认为这段是"源于原始思维的神人交感的原则，属于宗教禁忌的范畴，贯穿着天人感应的思想"。余敦康.中国宗教与中国文化 [M].北京：中国社会科学出版社，2005 :68-69.应当说，本段确实被后代的阴阳学家解读出了天人感应的意义。但就本段文字的本来意义和文章的上下文来讲，实在仅具有比喻的意义，而并没有实际的意义。

王的诸多罪过，然后说"今予发，惟恭行天之罚"（《尚书·牧誓》），最后对战士们进行激励。全篇中需要解释的就是上面这句引文。这句话的意思很简单，就是"现在我姬发奉行上帝的命令来惩罚你们"。表面看来没有什么深刻的内涵，但其实，它在哲学上蕴含着一个重要的问题：武王说自己是奉上天之命来对殷纣进行惩罚的，那么他如何确定自己是被上天授命的呢？

这里的原因仍是我们在讨论祖伊时曾提到的两种可能性：一是武王认为自己邦国信仰的天才是真正的最大的神，它大过殷人的上帝，所以他可以奉天之命而伐商；二是武王认为自己的天是公共的有价值标准的天，所以他是为了利民而伐纣。从最开始的邦国历史来说，周人自己信仰的天当然是不同于殷人的上帝的另一至高信仰，它在相当程度上也是有血缘性的，所以才有《诗经》中的感生神话。①但是随着周人臣服于商人的情况出现，一方面他们必须奉殷人之上帝为至上神，另一方面他们的情感仍使他们保有自己的信仰。这样一种冲突，便是周人面对的一个极大难题。而经过文王三分天下有其二之后，这一形势的转变再次要求他们好好思考上帝和天之间的关系，也就是对至上神最高信仰的重新定义问题。在目前掌握的文献程度上，他们到底对这一问题是经过了怎样的思考已经无从得知。但通过武王这一段话，我们知道，他们得出了自己的结论：至上神应当是无血缘性的而以一定价值标准为准绳的公共的神，所以他们对它的称谓也没有定式，有时称上帝，有时又称天。②

---

① 《诗经·生民》："厥初生民，时维姜嫄。生民如何？克禋克祀，以弗无子。履帝武敏歆，攸介攸止，载震载夙。载生载育，时维后稷。"

② 张荣明先生对上帝和天的具体内涵曾做区分，认为上帝更多的表示一种直接干预的、具体的人格神，而天则是缺少感情色彩的、抽象的绝对意志。张荣明．中国的国教［M］．北京：中国社会科学出版社，2001：100-105．这种区分正是由上帝宗教和人文德性下的至上神定义之不同。不过在当时来讲，虽然在定义上已经改变，但称谓上仍混同使用。这种情况一直延续到清代。北京天坛的至尊牌位上写的仍旧是："皇天上帝。"

　　武王由此认为他是秉天之命来惩罚商纣，因为他听信妇人言、不祀祖先、亲奸远贤、戏虐百姓的行为都是不符合天的价值标准的，所以天假武王之手以矫正之。对于周人为何形成此一定义，我们只能做以下一个推导：首先，周人自身经历的本民族被殷人征服继而又反过来征服殷人的过程，告诉他们，一个至高的信仰之神不可能是专属于一个民族的。因为如果以天为至高，则周人当初不当被殷人征服；而若上帝为最高，则商人不会最终被周人所灭。这样，周人便必须摒弃掉至上神的血缘性，从而得出任何民族、任何人都在和至上神的关系上没有先天的血缘族属上的优越性，即至上神与人间帝王的联系不可能是血缘上的结论。其次，这个至上神究竟与人间有什么关系呢？或者说，他是以什么为标准来选择人帝的呢？这里有两种可能的选择：一种是按上帝宗教的传统将此完全归于至上神，认为是至上神自由选择的结果；一种是在人文德性的角度上将至上神的判断标准赋予道德价值的因素。第一种思路是旧有的殷人和周人都有的思路，从他们众多的占卜记录就可知道。但是，这条思路在新形势下却走不通了。因为这样一个随意的上帝实在是让周人心里不踏实，若至上神的旨意随时在变，那么周人自己即使暂时接受了天命，恐怕随时也会变化。更何况，这个没有一定标准的至上神实在是让周人有些师出无名。尤其重要的一点是，人文德性的思想已经在相当程度上融入上帝宗教的解释体系中去，很多人已经开始用重德、利民的因素来阐释至上神。而在文王与商纣这两个正负面教材相当明显的对比中，人文德性更突出地具有了诠释的权威性和可操作性。所以，周人必然地选择了第二条思路，即将至上神赋予公共性，同时是以价值判断为标准的。

　　不过需要注意的是，第一种思路的可能性以一种天命常变论被保存了下来。我们今天常将周初"天命靡常"的思想归结为忧患意识，当然，这也是这里所讲的人文德性的一个方面。但是，我们更应当认识到，旧有的上帝宗教之上帝意志拥有自由改变权且随时发布命令这一点，可能在夏大程度上影响了这种思路。固然，人文德性的以价值判断为标准的至上神观念可以导出"天命靡常"的思想，但是一旦有标准就意味着一种稳定性，它的变化不会是周初人那样强烈的一种变化观念。厝初人那样一个战战兢兢的、时时谨慎小心的天命变化观，显示着它所受到的、旧有的上帝宗教之潜移默化的影响。①

这里，我们从一定程度上还原了周人形成新的至上神观念的过程。武王作为秉承这一思想的人帝，他将怎样继续伐商事业以及如何在与殷人正面的冲突中进一步发展他的思想呢？这是我们在接下来要谈的。

第三节 武王思想的继续发展

《逸周书》古人尝疑之，并不遵信，但经清末民初以降诸多学者以金文为佐证研究，已经对其中哪些篇可信、哪些篇不可信进行了深入的考察，并取得了相当丰富和可靠的成果。一般以为，就殷周之变这段历史来讲，《世俘解》《商誓解》《度邑解》三篇是相当可靠的文献，其中对历史史实和武王言论之记载皆可使用。所以，我们就以这三篇为基础，继续对武王之思想的考察。

---

① 徐复观先生在《中国人性论史》中认为周人的天命变化观主要是来自忧患意识，并指出："忧患意识，不同于作为原始宗教动机的恐怖绝望。一般人常常是在恐怖绝望中感到自己过分的渺小，而放弃自己的责任，一凭外在的神为自己做决定。"而"忧患心理的形成，乃是从当事者对吉凶成败的深思熟虑而来的远见；在这种远见中，主要发现了吉凶成败当事者行为的密切关系，以及当事者在行为上应负的责任。"徐复观. 中国人性论史[M]. 上海：华东师范大学出版社，2005：14. 徐复观先生从人文德性的角度发现了"天命靡常"思想的来源之一，确有真知灼见。但是，他没有注意到，如果没有旧有的上帝宗教中上帝时刻会有新的旨意出现的影响的话，天命常变的思想是不会那么轻易地被当时人所接受的。而且，周人之所以会形成这种思想，其中当然要有传统思想因素的根源。

《世俘解》篇记载了武王伐纣的具体经过及其战果，以及胜利返周后的祭祀典礼过程。一般的历史学家多由此考证当时战争的真实性，并由此反对历史上儒家认为武王诛一纣而无杀戮的说法。其实这是以史实反对理想，以历史学反对哲学，根本不在一个层次上，不足多论。本篇虽然记载了武王斩纣及其两妻的首级以及刑罚很多殷人的残酷过程，但在那样古老的社会中，尤其是这样一场决定性的生死之战中，如此的情况恐怕并不能影响它的正义性和必要性。我们并不是为武王掩恶，事实上孔子早就已经对武王之杀伐给予过批评，我们只是想指出，研究文献是要发现其中尽可能多的本来面貌而予以适当的解读，而不是拿来做批判用的。具体到这篇文献，我们看到武王的祭祀活动是如此的频繁，其中主要是两个对象：一是作为至上神的"天宗上帝"；二是以文王为代表的先祖。而他在祭祀中的祷词也不同。他在祀周庙（即祖先神的庙）时，说："古朕闻文考商人典，以斩纣身。"（《逸周书·世俘解》），这是在向祖先报告战果："之前我的父亲文王遵守商人的制度，到了我这里便把商纣灭了"。他对至上神则说："惟予冲子，绥文考，至于冲子"（《逸周书·世俘解》），大意是"我继承文王之志，请您帮助我"。有趣的是，周之始祖后稷是被列于后者的祭祀中，这一现象告诉我们，周人的旧有传统中也是以祖先神与至上神有血脉关系的。这从另一侧面佐证了我们前面所说的公共之天是后起的思想，是周人在与殷商的斗争中才逐渐形成的。而这两种祭祀和祷语的区别，似乎在向我们昭示着这样一个信息：周人的祖先神只有被祭祀和尊崇的资格，他们好像并没有如殷人之祖那样的活动性和对现实的作用性，真正对现实有作用并能对人帝起影响的，似只有至上神。如果在武王时，周人中已经有这种思想的话，那便表明他们对死亡已经有了一种比较理性的思考，并且有了比较彻底的血统无神性思想。不过凭这里的两句话并不能构成证明，我们将在下面的讨论中继续关注这个话题。本篇对哲学只有意义的仅此而已，所以我们转入对另外两篇的讨论。

《商誓解》是武王对商旧臣的一篇诰辞。其主要内容：一是阐释了周邦所以能战胜并统治商人的原因；二是劝诫殷民服从并恩威并施地宣布了一些措施。他在阐述周克殷的原因时，要点有三。

其一是"予言非敢顾天命，予来致上帝之威命明罚"（《逸周书·商誓解》），就是说他的率周克商并不是违反上帝命令的，而是代上帝而行其惩罚。我们在上面提过，殷人尽管出现了很多的人文德性因素，但根本的出发点还在上帝宗教的笼罩下，他们中的很多人还是相信血缘性的上帝之佑的：以纣王及其近臣为代表的一派仍相信上帝的原初授命不会改变；以父师为代表的开明一派虽已经有公共上帝观念，但在亡国这一事实面前在情感上仍旧很难接受；至于一般的民众可能更多的仍处在上帝宗教思维下，所以更无法想象本民族竟然被上帝遗弃了。而随着商王朝被灭亡这一情况的出现，纣王所秉持的那种上帝观肯定是要被抛弃的，而其他人或者保守于血统论的上帝以团结起来反抗周人，或者接受新的公共价值论的上帝而承认周人的统治。在周武王来讲，他也非常清楚这两种可能。所以他最有利的选择就是通过新的哲学诠释将殷商上帝观念中已有的人文德性因子进一步开发出来，以改变殷人的至上神观念，从而使他们接受周人的统治，不再造反。所以他上来就以这句话巧妙地把殷人旧的上帝赋予了一个新的定义：上帝是公共的，所以我讨伐你们不是违抗上帝，而是顺从上帝进行合法的革命。

其二是申明上帝之命所以转变的原因，即将上帝意志判断的标准和殷人所行进行比较。他说："今在商纣，昏忧天下，弗显上帝，昏虐百姓""今纣异成汤之典"，而成汤是"保生商民，克用三德"（《逸周书·商誓解》）的。可见，武王提出上帝的标准就是利民和重德两点。以前的汤能崇德保民，所以"克辟上帝"而得到了天命；到了纣这里无德乱行残民虐人，所以上帝抛弃了他而"命我小国曰：'革商国'"（《逸周书·商誓解》）。因此，我才敢率我周国人来讨伐你们。这样一个解释有三点效用：第一，是将殷之罪归于纣一人，而将殷人给予宽恕，强调他们只要从周即是从天命，就不会再受惩罚；第二，指出殷商祖先成汤之命的正当性和纣王之行的不正当性，这样通过殷人自身两位君主的对比就显出了德性和民众的重要影响，使得殷人不得不承认上帝之命有变易的理由；第三，正面地将全新的至上神观念指示给了殷人，虽然在名称上还更多地使用"上帝"这一殷人旧有至上神之名，但把重德利民的价值判断标准和公共性全面注入至上神观念中，而剔除了旧有殷商上帝宗教中人格化和血缘化的因素，从而使殷人能在分裂的思想状况中重新确立一个稳定而又全新的信仰系统。

其三，是表明周朝是符合上帝的判断标准的。武王先从自己祖先后稷的功劳说起，之后说"肆商先哲王维厥故，斯用显我西土"（《逸周书·商誓解》)。商代先王因为我周民族在农业上的突出贡献让我们在西土大显，而我的父亲文王之政更是合后稷之政，所以上帝才把讨伐商纣的任务交给了我周朝。而我继承了我父亲的志向，也就是继承了后稷的政治，事实上也是符合原来殷商贤王受命时的政治的，所以我合乎上帝的判断标准。[1]

通过以上解读，我们发现周武王的这篇讲演实在有极好的逻辑意蕴：他首先指出上帝到底是以什么为判断标准的，然后又以之衡量商与周之所行，于是必然地得出了商亡周兴之结论。其论述之严密

---

[1]　周人对这点的一个重要信心来自文王。正如《诗经·维天之命》："维天之命，于穆不已。于乎不显，文王之德之纯。"文王作为周人的杰出代表，是作为一种判断标准而存在的，所以用"纯"来形容他。而周人的这一思想，对他们宗教观之变化也产生了重要作用。徐复观先生在《中国古代人文精神之成长》中指出："祖先神中，主要是以文王为中心……这便和殷人把所有的祖宗经常扯在一起，有所不同。"徐复观. 中国人的生命精神 [M]. 上海：华东师范大学出版社，2004：175.

令人赞叹。我们可以想见殷人在这样一篇诰辞下所受到的触动，他们那本来面临分裂崩解的生活信仰基础又重新找到了立足点，而他们自身也就重新获得了生活的意义。

本篇的另一部分是武王宣布了他的政策，要点就是恩威并施：识天命而服从的就会享和平而获得"休命"；不听天命而造反的则会被"刘灭之"。其中，很关键的一点就是武王说："天王其有命，尔百姓献民其有缀芳"（《逸周书·商誓解》），意即上帝之命是要让殷商百姓也得到新生。新生就是在周人的统治下摆脱纣王的暴政重新获得好的生活，或者说接受新的天命以非受命民族的人民的身份而生活。这一说法强调了命的新生性，是对商人颇有吸引力而又很有震撼力的说法。前面提到的箕子思想中的先进部分，可以与此相互印证。

武王克商后没几年，就因为操劳过度而患病过世。他将王位暂时传给了周公姬旦，让他稳住当时尚未完全服气的殷人及其方国。他对周公的嘱托记录在《度邑解》这篇文献中。此篇开头便点明了武王对天命的认识："永叹曰：'呜呼，不淑，兑天对。'遂命一曰，维显畏弗忘。"（《逸周书·度邑解》）这是说要以纣王失掉天命为教训，时刻谨记天命能坠这一点。正因如此，在克殷不久的四方之民尚未完全臣服，而自己的功臣又无以安置的情况下，武王感受到了强烈的内忧外患之压力。这令他日夜操心而寝食不安。于是他对周公讲了心底的话，并最终以天下相托。在这几段话中，有三点富有哲学意义的话语需要阐释。

首先是武王的天命和神灵观念。如上所说，武王秉持一公共的价值判断的至上神，即天观念。所以他相信天命变易，且由于时势以及传统的至上神随时改变观，使得他对自己所获的这个天命战战兢兢，唯恐失去，所以他让周公一定要努力保住这个天命。这段话可能会带给我们一个疑问，就是这里提到的天室和天保两个词。天室指的是嵩山，天保指的是京都。当时天室是武王所居，天保是殷人势力最强之地，所以武王忧愁的就是天保不定。因此他让周公建造度邑以近依天室以得天助，同时亦靠近天保而能定殷民。这个疑问就是：好像武王认为天帝是有实际居所的，而他又能实际地保有一地，如此的话，武王之天便是一个人格之天了。其实问题并没有这么复杂。天室是周人的根据地，天保是殷人的大本营，这是在原有两个不同的信仰体系中两个天命之所在。但当统一后，二者就发生了冲突矛盾。而且所谓近于天保以求得天命之帮助，也不过是应靠近根据地而易得援助，更能在天命的影响下进行活动。

其次是武王对占卜的态度。当他决定采用兄终弟及制时，他说："乃今我兄弟相后，我筮龟何其所即？"（《逸周书·度邑解》）这是说如今我们兄弟相继，我哪里用得着占筮龟卜呢？这表明在武王这里，以占卜为特性的上帝宗教已经降低到了相当的层次。他在继承人选择这样一个重大的问题上，尤其是当时有弟有子的情况下能力排众议，立周公为后王而不求于占卜，实在是令人惊叹。他已经将人文德性的因素在占卜这一事件上发挥到极致，将上帝宗教的影响几乎不计。可见，当时人的上帝宗教信仰已经相当衰落了。至少在周人上层精英中，已经大都以人文德性的宗教观为出发点了。

最后是武王的生死观念。前面曾提到武王或许已经有了比较理性而现世的死亡观，那么在本篇武王将死时的文献中，他到底是怎样看待生死的呢？他说："予有不显。朕卑皇祖不得高位于上帝。汝幼子庚厥心，庶乃来班，朕大肆环兹于有虞，意乃怀厥妻子，德不可追于上民，亦不可答于朕，下不宾在高祖，维天不嘉于降来省。"（《逸周书·度邑解》）这是武王自谦说自己德性不好，所以使皇祖们不能升到上帝那里，而要周公好好治理天下，不以妻子为念，而以天下为念，这样武王就会安心了。否则百姓会不安，武王也不能列位于高祖，而天也会降下灾难。这里透露了两个信息：其一是人的生命是被天神决定的，且人死了要去到天神那里，是能以别的方式存在的；其二是人死之后会受到在世之后代人行为之影响，而他不能反过来影响后人，只有天能影响人。由此，可见武王之生死观处在上帝宗教与人文德性之纠缠中。由上帝宗教，他认为人死不灭而有归宿；由人文德性，他认为人死后便不能再影响人世。其中最值得注意的一点是：在世之人能影响亡人，这其实是因为在世人之行为会受到至上神之判断，而其正误与否会牵连到死去的人。这样，事实上将亡人的神灵性逐渐剥去，也就是把殷商上帝宗教中的王帝一层基本除去，而只保留有上帝与人的二元格局。也就是说，祖先不再成为具有活动性的神灵了，而只是成为我们心中怀念的对象，这就为人文德性的继续发展清除了阻碍，而将死亡观念更加理性化了。而且随着王帝这一中间媒介的退出，人和天之间的鸿沟被消除了，人不必再通过祖先来认识天，而是直接站在了天面前。人直接认识天，这样就在一定程度上规定了后世中国哲学天人合一思想的模式。①

由以上几篇文献的解读，我们发现，武王虽处在上帝宗教与人文德性之激烈交锋情势下，但他坚定地以人文德性为解释原则而给予上帝宗教新的诠释，从而改变了人们对至上神的定义：将一个公共性的、以重德利民为价值判断标准的至上神正式而全面地树立了起来。相应地，占卜态度、生死观念等也都开始发生了重要变化。当然，武王自身并没有彻底完成这一转变，他的思想在一定程度上还是具有上帝宗教的性质。或者说他还没有完成扭转以上帝宗教为出发点

---

① 需要注意的是,祖先神的隐退并不代表祖先就不重要了,而正如李泽厚先生在《己卯五说》中所指出的,中国文明的两大特征是血缘宗法和理性巫史。李泽厚. 历史本体论、已卯五说 [M]. 北京: 生活·读书·新知三联书店, 2006: 157. 血缘性的祖先在神性褪去了之后,随着至上神观念中价值判断标准的提出,内转为一种核心伦理,也就是孝的观念。而这个观念由于是人伦道德中最基本、最原初的,所以成为一切道德的本源所在。因此,它仍旧在中国文化中起着至关重要的作用。

到以人文德性为出发点这一使命，他只是最大限度地将上帝宗教人文德性化了。真正完成将上帝宗教消化于人文德性中，从而完全形成以人文德性为出发点的是武王的继任者——周公。他不仅在文治武功上继承武王未竟的事业，创设了封建制、嫡长子继承制、宗法制等一系列对后世影响至巨的政治制度；而且，在哲学思想上使人文德性在中国哲学史上获得了决定性的发展。[①]

结　语

对周公哲学思想的探讨是一个很大的题目，已非本篇论文所能论及，因而需要留待以后再做他文讨论。在这里，我们只简要分析周公哲学思想中最重要的一点：即他是如何在武王的基础上，把人们思维的出发点由上帝宗教转为人文德性，并将人文德性的思想予以进一步发展的。[②]

首先，他通过"以德配天"的命题，将至上神的人格意义拿掉，使天的主宰性完全建立在义理的道德之上，而且把自主权拿到了人的手中。从上面三章的论述中，我们知道，从祖己开始，至上神的价值判断标准问题被提出；而在祖伊的时代，至上神是血源性的、还是公共性的，成为哲学界讨论的核心；经过父师和箕子纠缠于理性与情感间的思考后，周武王正式将至上神定义为以重德利民为价值判断标准的公共性的主宰者。至此，上帝宗教中的至上神已经被赋予

---

① 王国维先生认为"中国政治与文化之变革，莫剧于殷周之际""殷周之兴亡，乃有德与无德之兴亡""然手定此者，实唯周公""欲知周公之圣，与周之所以王，必于是乎观之"。王国维.观堂集林 [M]．北京：中华书局，1959：451-480.

② 探讨周公的思想有两点需要注意：一是周公思想有前期、后期之分，前期周公的思想与武王相同，仍是在上帝宗教的背景下谈人文德性，而到了后期，周公才转变为由人文德性出发。二是周公依语言表达对象的不同，他的思想之表现也不同。当他面对殷商遗民时，他更多地从上帝宗教出发，因为要说服他们也就必须做出一定的迁就；而当对周人自己来说话时，他就基本从人文德性出发了。

了相当浓重的人文德性意义，但是，人们的思维方式仍旧是这样的：先毋庸置疑地相信有个至上神，然后思考这个至上神以什么为标准来对人间进行判断和管理，这显然还是以上帝宗教为出发点的。但到了周公这里，则首出庶物地把德确立为出发点，他的思维方式是这样的：人必须首先是有德的，这是第一原则，而只要人先有了德，那个冥冥中的主宰之天就必然会保佑你。可以说，周公在中国哲学史上完成了类似康德"哥白尼革命"式的一个哲学思维方式的转换。因为，他把由至上神在先以及相信在先的上帝宗教，转换为以人为第一位的，在先的是人的德，之后才是天的人文德性的哲学思维方式。尽管周公还承认至上神，且这个至上神还有授命的作用，但至上神的影响是被动的，主动权掌握在人的手中，是人用自己的德行来把握天命，人自己给自己做主。从此之后，德就不仅是个外在的判断标准了，而具有了内在的本质性。它开始成为人的价值规定性。

然后，周公以"敬德保民"的思想作为帝王之所以为帝王的必要条件。这就把重德、利民这两个人文德性的因子提高到至高无上的地位，而且他是以敬德来统摄利民的。通过前面的论述，我们发现：盘庚在迁殷事件中引入了重德与利民两个人文德性因子以重新稳定上帝宗教；而在父师和箕子的思想中，二者被视作上帝的价值判断标准，不过似乎利民的重要性要超过重德；在周武王那里，重德和利民并列为人间与至上神的两个基本准则。可以说，二者的地位是越来越高的，但二者之间到底是什么关系，未有明确说法。而周公经过前面所说的第一步工作，已经把德确立为人的第一性原则。因此，他在这个问题上继续这个方式，即利民是道德的一个方面，是道德实现中的必然阶段。换句话说，就是一个有德行的人当然不会仅仅自利，他必然地要去利别人，因此重德中就包含着利民。这一点看似简单，却非常重要。这一方面使德的内在本质性获得了肯定，另一方面又开创了中国哲学中先内圣而后外王的思维范式。

　　总之，周公在充分继承了由盘庚以来的人文德性的哲学思想资源之基础上，经过上面所述的两步工作，正式将德的思想确立为贯通天与人、连接自己和他人的核心观念；中国哲学人文德性的基调至此完全奠定。

参考文献

[1] 李民，王健．尚书译注 [M]．上海：上海古籍出版社，2004．

[2] 顾颉刚，刘起釪．尚书校释译论 [M]．北京：中华书局，2005．

[3] 黄怀信．逸周书校补注译 [M]．西安：三秦出版社，2006．

[4] [日] 岛邦男．殷墟卜辞研究 [M]．上海：上海古籍出版社，2006．

[5] 陈梦家．殷墟卜辞综述 [M]．北京：中华书局，1988．

[6] 周振甫．诗经译注 [M]．南京：江苏教育出版社，2006．

[7] 王辉．商周金文 [M]．北京：文物出版社，2006．

[8] 马骕．绎史 [M]．北京：中华书局，2002．

[9] 郭齐勇．中国哲学史 [M]．北京：高等教育出版社，2006．

[10] 冯达文，郭齐勇．新编中国哲学史 [M]．北京：人民出版社，2004．

[11] 北京大学哲学系中国哲学教研室．中国哲学史 [M]．北京：北京大学出版社，2003．

[12] 孙叔平．中国哲学家论点汇编 [M]．上海：上海人民出版社，1986．

[13] 蒋善国．尚书综述 [M]．上海：上海古籍出版社，1988．

[14] 刘起釪．尚书学史 [M]．北京：中华书局，1989．

[15] 王晖．商周文化比较研究 [M]．北京：人民出版社，2000．

[16] 陈咏明．儒学与中国宗教传统 [M]．北京：宗教文化出版社，2003．

[17] 朱天顺．中国古代宗教初探 [M]．上海：上海人民出版社，1982．

[18] 王治心．中国宗教思想史大纲 [M]．北京：东方出版社，1996．

[19] 张光直．青铜挥麈 [M]．上海：上海文艺出版社，2000．

[20] 郭沫若．青铜时代 [M]．北京：中国人民大学出版社，2005.

[21] 郭沫若．中国古代社会研究 [M]．北京：中国华侨出版社，2008.

[22] 傅斯年．性命古训辩证 [M]．桂林：广西师范大学出版社，2006.

[23] 王国维．观堂集林 [M]．北京：中华书局，1959.

[24] 钱穆．黄帝 [M]．北京：生活·读书·新知三联书店，2004.

[25] 王玉哲．中华远古史 [M]．上海：上海人民出版社，2003.

[26] 晁福林．夏商西周的社会变迁 [M]．北京：北京师范大学出版社，1996.

[27] 胡厚宣，胡振宇．殷商史 [M]．上海：上海人民出版社，2003.

[28] 宋镇豪，刘源．甲骨学殷商史研究 [M]．福州：福建人民出版社，2006.

[29] 陈来．古代宗教与伦理：儒家思想的根源 [M]．北京：生活·读书·新知三联书店，1996.

[30] 宋镇豪．夏商社会生活史 [M]．北京：中国社会科学出版社，1994.

[31] 许倬云．西周史 [M]．北京：生活·读书·新知三联书店，2001.

[32] 徐复观．中国人性论史 [M]．上海：华东师范大学出版社，2005.

[33] 徐复观．中国人的生命精神 [M]．上海：华东师范大学出版社，2004.

[34] 余敦康．中国宗教与中国文化 [M]．北京：中国社会科学出版社，2005.

[35] 李民．尚书与古史研究 [M]．郑州：中州书画社，1983.

[36] 李泽厚．历史本体论、已卯五说 [M]．北京：生活·读书·新知三联书店，2006.

[37] 冯达文．中国哲学的探索与困惑 [M]．广州：中山大学出版社，1989.

[38] 李玄伯．中国古代社会新研 [M]．上海：上海文艺出版社，1988.

[39] 张荣明．中国的国教 [M]．北京：中国社会科学出版社，2001.

[40] 颜炳罡．心归何处 [M]．济南：山东人民出版社，2005.

[41] [美] 倪德卫．儒家之道：中国哲学之探讨 [M]．周炽成，译．南京：江苏人民出版社，2006.

[42] [美] 孟旦．早期中国人的观念 [M]．丁栋，译．北京：北京大学出版社，2009.

[43] [美] 克里斯蒂安·乔基姆. 中国的宗教精神 [M]. 王平, 等, 译. 北京: 中国华侨出版社, 1991.

[44] [意] 安东尼奥·阿马萨里. 中国古代文明 [M]. 刘儒庭, 等, 译. 北京: 社会科学文献出版社, 1997.

后　记

　　本书是在我的博士论文的基础上修改而来，同时又附录了本人硕士论文的修订版。之所以如此，是因为我认为：当中国人走出上帝宗教而进入人文德性后，对如何实践道德并重建天人关系的思考与解决的最重要成果，就是形成了中国哲学特有的工夫论。因而讨论工夫论的来源问题就必须追溯到从上帝宗教到人文德性的转变，所以我的硕士论文实是我博士论文的导言，故而将它收入本书。

　　当然，本书的论述还有不尽完善之处。尤其是我在北京大学高等人文研究院跟随杜维明先生作博士后的两年时间，杜老师的指点令我的学术视野更加开阔、思维水平也得到了相当提高。我深感工夫论在整个儒家的天人关系中具有十分重要的意义和作用，但我目前还没有把它彻底讲清，其中的主要原因在于我对宋明儒学的工夫论还未有深刻研究，这有待于我未来的努力。

　　本书在写作和修改期间得到了我的博士生导师李存山先生很大的帮助。李老师对学术客观严肃、治学严谨不苟，同时又对学生认真负责。记得在社科院读博士时，研究生院因为特殊的培养模式所以很多导师并不给学生上课。但李老师坚持给我们上了一整年的专业课，而且每周不落，有时侯课上讨论到很晚。一次冬天的课，由下午两点一直上到了晚上七点多，等到楼下李老师点起一支香烟时，漆黑一片的社科院里就只有这一点光亮了。感谢我的硕士生导师颜炳罡教授，是他让我对儒学有了切实的体认，从而坚定了我把研究、践行儒家思想作为一生追求的人生方向。本书的完成也离不开社科院张志强、陈静、陈霞以及北京大学王中江、首都师范大学陈明等老师的热情提点与悉心指导。本书的完成还应向一直以来对我帮助颇多的诸位师友致谢：石秀梅、陈佳红、陆胤、赵法生、任蜜林、张培高、申祖胜等。

当然，我能在学术上有所发展，离不开父母的支持。父母从来没有对我在经济上对家庭的缺乏贡献有任何怨言，反而始终支持我追逐自己的梦想。还要感谢我的妻子王思惠，她让我在学术研究之余得有一方休憩的乐土。

本书草草写就，其中需要修改的地方肯定还有很多，期待读者诸君的指正。

2015 年 7 月

"儒生文丛"第一辑(三册)

一、《儒教重建——主张与回应》
任重、刘明主编,中国政法大学出版社 2012 年版

对儒教重建的关注,是当代"大陆新儒家"的一大突出特点。中国自古儒、释、道三教合一,儒教居三教之首。在传统向现代交替的过程中,儒教是否宗教、儒教是否该重建、儒教在今天应该是何种形态等命题成为学术思想界的热点,不断引发讨论。本书刊载了当代儒家新锐对儒教有关问题的深入讨论和最新看法,为中国现代精神价值体系建设提供了新的思路。

二、《儒学复兴——牲绝与再生》
任重、刘明主编,中国政法大学出版社 2012 年版

因为儒学是治世之学,与一般的儒学研究者不同,儒门中人学习、研究、弘扬儒学,绝不是为了学术而学术,而是有着明显的问题意识和现实感。儒者、儒生、儒教徒对于儒学,不仅在理念上自觉认同,有明确的身份意识,而且还有着强烈的历史担当,立足当下,直面现实。本书所选编的当代"大陆新儒家"的思想探索成果,对当代中国所遇问题进行了精彩解答,乃"为往圣继绝学",而非"纯学术"之作,值得一读。

三、《儒家回归——建言与声辩》
任重、刘明主编,中国政法大学出版社 2012 年版

尽管儒家在今天的中国已呈回归之势,但人们对他们的所作所为知之甚少。本书对"大陆新儒家"参与当代文化建设的一些事件，如五十四位学者联署发布《以孔子诞辰为教师节建议书》、十名青年博士生《我们对"耶诞节"问题的看法》、五十多个儒家团体《致电影〈孔子〉剧组人员公开函》、十学者《关于曲阜建造耶教大教堂的意见书》，以及参与讨论读经、国学、教师节、通识教育、国服、礼仪、节日等热点问题，予以了集中展示和说明。

"儒生文丛"第二辑（七册）

一、《儒家宪政主义传统》
姚中秋著，中国政法大学出版社 2013 年版

全书着力探讨中国历史上两个立宪时刻儒家之理念筹划和政治实践，即汉初儒家进入政体、驯化秦制，与近百年来儒家构建现代国家。就前者，重点解读董仲舒"天人三策"，阐明其天道治理观之宪政主义意涵。就后者，通过思想史的梳理，揭明现代中国存在着一个保守—宪政主义的思想与政治传统。

二、《儒家文化实践史（先秦部分）》
余东海著，中国政法大学出版社 2013 年版

《儒家文化实践史（先秦部分）》共两部。从儒家道统的角度，对先秦历史和历代政权进行梳理和评判。第一部：大同王道的原始模式（尧、舜、禹）；第二部：小康王道的三代实践（夏、商、周）。《儒家文化实践史（先秦部分）》旨在：集儒家外王学之大成，揭道德实践史之真相，破先秦政治史之天荒。这是一本与众不同的关于中华政治、历史和儒家义理之书，道眼烛史，新见迭出。

三、《追望儒风》

米湾著，中国政法大学出版社 2013 年版

本书收录作者历年来课余之暇各种机缘下所撰文字，约二十万言。或议或叙，或文或白，修短随意，不拘一格，其要则欲追武前修，跂望儒风也。略分六部分：儒学视野中之现实问题；儒学讲演；儒者传论；时论短评；游访纪事；实用文笔。得也失也，达者鉴之。

四、《赫日自当中——一个儒生的时代悲情》

张晚林著，中国政法大学出版社 2013 年版

本书是作者多年来浸习圣学之心得与体会，固然与其精研儒家经典有关，但绝非徒从读书得来，更有其切磋砥砺之功，故非有切身之痛痒，谨策之信仰，不可读其书也。本书内容共分五个部分：第一部分校正了社会大众对儒家相关义理之误解，以确立儒学之纲目与信仰；第二部分痛斥当代职业化教育对儒家教育精神的背离，以期回到儒家之人文精神之中，既而阐道翼教，匡扶人心；第三部分乃以心性学重述儒家之婚姻伦理精神，以批判当代社会把美学形态之爱情作为唯一基点的婚姻观，由此而修身齐家，和谐社会；第四部分资儒家之根本义理，以隽永之小品文，思考当今社会之相关问题，其形式虽短小精微，但其理却醇厚悠长；第五部分乃作者与友人之论争与讲辞，以见作者捍卫与宣扬儒学之决心与情怀。总之，本书乃作者用"心"之验，而非"才"气之作，有心者当善会也。

五、《"亲亲相隐"问题研究及其他》

林桂榛著，中国政法大学出版社 2013 年版

"亲亲相隐"问题是横跨文、史、哲、法诸领域的一个重大问题。本书对孔子"父子相为隐，直在其中矣"是何语义、唐律以来中国古代法制或律典中的"亲属得相容隐"为何内容、"亲属得相容隐"与"干名犯义"两律制有何区别、"亲属得相容隐"和汉律"亲亲得相首匿"有何区别、柏拉图或柏拉图笔下的苏格拉底是否赞成Euthyphro"告父杀人"为绝对虔敬或公正及何理由等做出系统辨正；以"不显"及"知而不言（隐默）"训正"隐"，以"视"及"辨别是非"训正"直"，以"容许什么样亲属对犯案人什么样行为保持沉默不发"训正唐律以来的"亲属得相容隐"律条，从而指出"亲属得相容隐""亲亲得相首匿"是权利设置而"干名犯义"等不许告亲尤告尊亲是义务设置，且"亲属得相容隐"仅仅是指言语行为而非其他行为。本书另有《孟子》"徒法不能以自行"究竟何意、儒家思想与人权话语的交集、儒家应该向基督教学习什么、儒家书院的文化功能与重建前景等专论，视野开阔，内容丰富，思想锐利，见解独辟，于儒家礼乐刑政问题多有阐发及学术辨正。

六、《闲先贤之道》
陈乔见著，中国政法大学出版社 2013 年版

本书所收录的文章，以儒家义理为中心，以儒学辩诬为羽翼，以中西比较为背景，辅以学术评论和短议，对儒家伦理尤其是"亲亲互隐"、仁义孝弟、公私观念等皆有自己独到的理解和阐释，对中西哲学中的论说方式、思维方式、家庭观念、伦理特质等提出了一些新颖的见解。作者秉持独立思考之精神，不苟同于学术权威，不苟合于流俗之见，字里行间流露出作者闲先圣之道、阐儒学之蕴、解现实之惑的思想旨趣和现实关怀。

七、《政治儒学评论集》
任重主编，中国政法大学出版社 2013 年版

本书以蒋庆先生"政治儒学"思想为中心，收录了来自各界的

学术论文和思想性评论。甲编为儒门内部批评，乙编为较有明显思想立场的儒门外部批评，丙编为较为中立的评论。

"儒生文丛" 稿约

出版目的：弘扬儒学，提携后学，促进各界对儒家的全面了解，推动中国学术繁荣、文化发展、社会进步、民族复兴。

征稿对象：自觉认同儒家的学术研究者，主动弘扬儒学的社会实践者。

内容要求：学术性与社会性相结合，要有担当意识、价值关切和文化情怀。既收编学术研究专著，也收编各界同道的弘道文集。学术论文要言之成理，文化评论要立场明确，经验总结要翔实严谨，诗文随笔要有儒家趣味。

投稿程序：请作者投稿至主编电子邮箱（rujiarz@126.com）。主编初审后交"儒生文丛"学术委员会审议。若学术委员会审议通过，则列入下一辑出版计划。

学术委员：蒋　庆　陈　明　康晓光　余东海　秋　风

"儒生文丛"主编任重　敬告